公共图书馆社会化运营探索与实践：晋中模式

胡　萍　主编

国家图书馆出版社

图书在版编目（CIP）数据

公共图书馆社会化运营探索与实践：晋中模式 / 胡萍主编 . — 北京 ：国家图书馆出版社，2022.9
（图书馆业务指南丛书）
ISBN 978-7-5013-7537-0

Ⅰ.①公… Ⅱ.①胡… Ⅲ.①公共图书馆－图书馆服务－研究 Ⅳ.① G258.2

中国版本图书馆 CIP 数据核字（2022）第 138306 号

书　　名　**公共图书馆社会化运营探索与实践：晋中模式**
GONGGONG TUSHUGUAN SHEHUIHUA YUNYING TANSUO YU SHIJIAN: JINZHONG MOSHI
著　　者　胡　萍　主编
责任编辑　王炳乾
封面设计　耕者设计工作室

出版发行　国家图书馆出版社（北京市西城区文津街 7 号　100034）
（原书目文献出版社　北京图书馆出版社）
010-66114536　63802249　nlcpress@nlc.cn（邮购）
网　　址　http://www.nlcpress.com
排　　版　北京旅教文化传播有限公司
印　　装　河北鲁汇荣彩印刷有限公司
版次印次　2022 年 9 月第 1 版　2022 年 9 月第 1 次印刷

开　　本　710mm×1000mm　1/16
印　　张　21
字　　数　330 千字
书　　号　ISBN 978-7-5013-7537-0
定　　价　99.00 元

编委会

序

当刘锦山先生将《公共图书馆社会化运营探索与实践：晋中模式》电子版全文传来的时候，已经是傍晚时分了，我不仅一口气读完了全书，而且还来回查阅了几遍，边阅读边思考这些年来业界一直在争论和探索的问题——图书馆如何走出一条管理创新之路？

2020 年元旦，我与朋友一起参观了日本佐贺县武雄市图书馆。这座建于 2000 年的图书馆一开始没多大名气，2013 年交由日本知名的茑屋书店母公司 CCC 集团经营后，该公司按照“为生活方式导航”的核心理念，将图书馆打造成不仅可以看书，而且可以交流的“知性空间”，并将茑屋书店和星巴克咖啡引进图书馆。如今武雄市图书馆已成为佐贺地区的知名景观。

在阅读《公共图书馆社会化运营探索与实践：晋中模式》的过程中，我一直将晋中市图书馆与武雄市图书馆和我曾参观过的国内几个社会化运营的图书馆做比较。国内图书馆界虽有不少服务创新的案例，但管理创新上有突破的并不多，在地市级以上层面更是少之又少。晋中市图书馆在短短几年的实践探索中，形成了一整套具有特色的地级市公共图书馆社会化运营模式——晋中模式，在全国公共文化领域产生了很大的影响。晋中市图书馆的成功范例给予我们什么样的启示呢？

第一，体制机制创新正当时

改革开放 40 多年来，图书馆界始终没有停止创新发展的探索，以晋中市图书馆为代表的一系列创新实践表明，图书馆事业改革正进入纵深发展阶段。2017 年 7 月，文化部发布《“十三五”时期全国公共图书馆事业发展规划》，明确提出公共图书馆事业发展要坚持“政府主导、社会参与”的基本原则，在充分发挥政府在组织协调、支持保障和监督管理方面作用的基础上，通过落实公共图书馆法人自主权、支持行业组织依法承接政府职能等方式，提升图书馆行业自我管理和自我发展能力，同时鼓励社会力量参与公共图书馆建设，增强公共图书馆事业发展活力。《中华人民共和国公共文化服务保障法》《中华人民共和国公共图书馆法》也将“政府主导、社会力量参与”的公共文化服务建设模式纳入相关条款。“十三五”期间，政府推动公共文化服务社会化发展的力度是空前的，公共文化服务社会化发展成效显著。进入“十四五”时期，公共文化服务面临新的发展形势，建设更加成熟的、社会力量广泛参与的公共文化服务供给机制，仍然是提升公共文化产品和服务品质、增强公共文化发展活力的重要手段。2021 年 6 月，文化和旅游部印发的《“十四五”公共文化服务体系建设规划》，进一步将推动公共文化服务社会化发展作为主要任务之一，为图书馆改革的深化发展提供了政策保障。

第二，晋中模式开风气之先

图书馆创新发展的最大难点在于体制机制创新。虽然这些年来全国各级各类图书馆在创新发展方面取得可喜进展，涌现出一大批先进典型和优秀事例，但触及体制和机制层面的经验不多，社会力量和民间活力也还没有被充分调动起来。这是因为我国公共文化服务社会化发展才刚刚开始，不同地域、不同城市的经济发展水平以及基层情况千差万别。公共文化服务社会化发展需要不断探索，既要找到普适的发展规律，还要适应各地的实际情况，要具有本地特色，才能持续健康发展。本书有两个鲜明的特点：一是理论与实践案例前后呼应，增强了本书的可读性与可参考性。本书前半部分对公共图书馆社会化运营的背景和现状以及基本问题进行了全面细致的研究，尤其是在基本问题部分，对公共图书馆社会化运营涉及的主体、模式、绩效、问题、保障五个方面进行了全面详尽的论述。本书后半部分全面生动地展示了晋中市图书馆所取得的成效及社会反响，分析了晋中模式成功的经验，与前面的理论部分相呼应。二是理论剖析清晰深刻。本书提出了公共图书馆社会化运营的“五元”主体体系，每一主体的论述都能使读者深入理解公共图书馆社会化运营过程，并在其后的晋中模式论述中得到验证。政府购买公共文化服务的难点在于能否实施有效的监督和评价，而“五元”主体体系将政府购买公共文化服务的各利益相关方囊括其中，对于促进政府购买公共文化服务的事前、事中、事后监管体系以及由第三方参与的评价体系的建立与完善有理论指导意义。晋中模式无论在普适性方面，还是在地方特色方面，都为中西部地区乃至全国相同规模的图书馆社会化运营提供了很好的借鉴和示范。

第三，改革创新永远在路上

《中华人民共和国国民经济和社会发展第十四个五年规划和2035年远景目标纲要》和文化和旅游部《“十四五”文化和旅游发展规划》为公共文化服务事业向更广空间和更深层次发展指出了明确的方向和任务。图书馆事业在适应经济社会高质量发展的同时，也面临转型和多元发展的考验，更需要体制机制的开拓创新和社会力量的广泛参与。在今后较长的一段时期里，吸引社会力量参与、推进相关机构共享将成为图书馆事业发展的新课题和新机遇。图书馆不仅要进一步激发自身活力，而且要善用活用社会资源，重塑服务业态，“借船出海”，借力发展，有效提升图书馆高质量发展的能力。

如今，图书馆事业发展正进入创新驱动、转型发展的纵深阶段。围绕晋中模式而展开的《公共图书馆社会化运营探索与实践：晋中模式》的出版可谓恰逢其时，作为公共图书馆领域管理创新中的一个成功范例，晋中模式一定会激励更多的图书馆开拓进取，锐意创新，开创公共文化服务社会化发展的新局面。

吴建中

澳门大学图书馆馆长

2022 年 6 月 28 日

目　录

表目录

地级市公共图书馆社会化运营的创新探索（代前言）

晋中市位于山西省中部，东依太行，西临汾河，北与省会太原市毗邻，是1999年经国务院批准撤销晋中地区而设立的地级市。晋中市是晋文化的发祥地之一，也是晋商文化的摇篮，历史文化底蕴深厚，文化气质鲜明独特。由于建市时间短，“十二五”之前，晋中市还没有一座市级公共图书馆。随着晋中市经济社会的快速发展，人民群众生活水平和文化需求的不断提高，建设一座现代化的公共图书馆已迫在眉睫。

十八大以来，以习近平同志为核心的党中央将加快构建现代公共文化服务体系纳入“四个全面”战略布局，明确提出到2020年公共文化服务体系基本建成，现代公共文化服务体系建设步入发展快车道。为加快晋中市公共文化服务体系建设，自2011年正式筹建晋中市图书馆以来，市委、市政府高度重视，多次召开专题会议，就图书馆设计规模听取各方意见，最终确定晋中市图书馆建筑面积为19800平方米，并于2014年正式开工建设。2018年4月1日，晋中市图书馆采用整体服务外包模式正式对外开放。开馆几年来，在晋中市委、市政府的高度重视和大力支持下，在晋中市文化和旅游局的正确领导下，理事会、图书馆、运营商共同发力，倾力打造形成了一整套可操作、可复制、可推广的公共图书馆创新发展的社会化运营模式——晋中模式，实现了公共图书馆服务提速增效时间短、成本少、见效快、群众满意度高的目标，在全国公共文化领域产生了很大的影响，受到有关专家和媒体的高度关注和好评。回顾晋中市图书馆的整个发展历程，晋中模式的形成除了当地党委、政府的高度重视和支持外，还得益于以下几个因素：

一是国家相关政策的出台。2015 年 1 月，中共中央办公厅、国务院办公厅印发《关于加快构建现代公共文化服务体系的意见》，明确提出要吸引社会资本投入公共文化领域，建立健全政府向社会力量购买公共文化服务机制，鼓励有条件的地方探索开展公共文化设施社会化运营试点。此后，《中华人民共和国公共文化服务保障法》《中华人民共和国公共图书馆法》相继正式施行，两部法律均对社会力量参与公共图书馆建设做了明确规定，并强调了政府对社会力量参与公共文化服务和公共图书馆建设的主导作用。彼时晋中市图书馆即将完工，面临着开馆运营资金和人员编制不足的问题。上述法规的出台，坚定了晋中市委、市政府通过政府采购实施图书馆社会化运营的决心。

二是公共图书馆社会化运营在国内外已有一定的理论和实践基础。21 世纪初，尤其是十八大以来，我国沿海地区图书馆率先探索政府购买公共图书馆服务，已经取得了一定的成效。2016 年到 2017 年间，晋中市文化局派图书馆负责人对较早实施图书馆社会化运营的郑州高新区图书馆、江苏无锡新区图书馆等进行实地考察，但在已有的案例中，唯独没有地级市图书馆，为稳妥起见，市委、市政府多次召集市科协、市财政、市文化局等相关部门，聘请文化部公共文化司和图书馆相关专家组成专家团队，召开专题会议，对晋中市图书馆的管理运营模式进行研讨。同时，通过查阅文献，了解世界各国图书馆社会化运营情况和公共图书馆社会化运营的最新理论，多方合力，力争办出晋中特色。

三是各方的倾力支持、合作与努力。整个建设过程中，晋中市委、市政府高度重视、大力支持，晋中市文化和旅游局正确领导，发挥了政府的主导和协调作用，为晋中市图书馆消除了后顾之忧，让我们能够放开手脚大胆创新，走好晋中特色的发展路子。理事会、图书馆、运营商通力合作，充分发挥各自的职能作用，始终坚持以人民为中心的发展理念。值得一提的是，广大市民、热心读者为图书馆提出了中肯的建议和意见，并在评估和考核中积极参与，这也给了我们巨大的前进动力。

本书围绕公共图书馆社会化运营的理论与实践展开，全书共分为“公共图书馆社会化运营背景与现状”“公共图书馆社会化运营基本问题”“晋中模式：公共图书馆社会化运营的典范”“晋中模式的实践成效与经验启示”以及附录五个部分。

其中，“公共图书馆社会化运营背景与现状”包括公共图书馆社会化运营的发展背景、实践现状和研究现状；“公共图书馆社会化运营基本问题”包括公共图书馆社会化运营主体研究、运营模式研究、运营绩效研究、运营问题研究和运营保障研究五部分内容；“晋中模式：公共图书馆社会化运营的典范”介绍了晋中模式产生背景及发展历程，总结了晋中模式决策主体与决策机制、管理主体与管理机制、执行主体与执行机制、监督主体与监督机制、考核主体与考核机制的构建与创新；“晋中模式的实践成效与经验启示”介绍了晋中模式在馆舍建设、文化建设、队伍建设、资源建设、技术建设、体系建设、品牌建设和服务工作等方面取得的成效，分析和总结了晋中模式的经验和启示；附录部分包括晋中市科技馆、博物馆、图书馆机构编制和专业人员选聘方案、晋中市图书馆购买服务方案、晋中市图书馆管理运行方案、晋中市图书馆章程（草案）、晋中市图书馆绩效评估调查问卷等。

晋中模式是地级市公共图书馆社会化运营的创新探索。通过本书的出版，我们希望总结和提炼晋中模式的经验，起到抛砖引玉的作用，为公共图书馆社会化运营的理论研究和实践操作提供借鉴。

由于水平有限，不足之处在所难免，恳请图书馆同人批评指正。

胡萍

2022 年 5 月 1 日

1　公共图书馆社会化运营背景与现状

1.1　公共图书馆社会化运营发展背景

1.1.1　公共图书馆自身发展逻辑驱动

20 世纪 70 年代，西方资本主义遭遇严重的经济危机，导致公共图书馆预算大幅削减。为应对困境，一些国家的公共图书馆受新公共管理思想的影响，开始考虑将图书馆业务外包给私营企业。新公共管理思想主张在政府等公共部门采用私营部门的管理方法提升政府业绩，强调公共管理应以市场或顾客为导向。在美国，20 世纪 80 年代开始，一些图书馆开始将编目等部分业务外包，甚至还出现了整体业务外包的实践活动，大大提高了图书馆服务效率。如加利福尼亚州河滨县图书馆整体业务外包后，读者服务时间增加了 34%，图书的购买量几乎翻了一倍。英国政府则在 1988 年发布绿皮书《公共图书馆的资金筹措》，提出通过与民营企业合资、实施外包等手段解决公共图书馆经费紧张的问题。在这一政策影响下，英国的公共图书馆纷纷通过业务外包来降低日常管理费用和人员开支，例如大英图书馆的 CIP（在版编目数据）业务就实施了外包。20 世纪 80 年代，受新公共管理思想影响，日本政府将企业经营理念推广到国家和公共部门，一些公共图书馆出现了部分业务的外包，如编目、保洁、警卫、计算机系统维护等，以降低运营成本[①]。

20 世纪 90 年代末，业务外包开始引起我国图书馆界的关注。一些高校

① 刘淑华. 图书馆业务外包及其发展趋势[M]. 北京：国家图书馆出版社，2015：7-23.

图书馆为节约人力，提高新书上架速度，借鉴国外图书馆的做法，开始接受民营书商提供的编目、加工、上架等一整套服务。到 21 世纪初，一些公共图书馆为应对人员缺乏、经费紧张的问题，将业务外包的范围逐步扩大，除编目外，出现了流通业务、文献资源采访、计算机系统维护、数据库建设、网站建设、文献数字化、人力资源、物业、绿植、物流、安保、馆内咖啡厅和小卖部经营等外包，直到 2010 年出现了图书馆整体业务外包。虽然业务外包应用初期在我国图书馆界引发了大量讨论，褒贬不一，但将非专业服务外包给企业，腾出精力来发展核心业务，仍然是许多公共图书馆的选择，解决了图书馆发展中遇到的技术、资金、人员等种种问题。

业务外包将公益性的图书馆与私营企业和社会组织联系起来，使得私营企业和社会组织有机会参与公共图书馆的建设、发展和服务，成为各国公共图书馆提高服务质量的有效途径之一，为公共图书馆的社会化运营奠定了基础。

1.1.2 公共文化供需矛盾亟待化解

20 世纪 30 年代后，美国经济萧条加上冷战消耗，市场失灵和收入分配失衡导致公民的基本文化权益无法保障，迫使美国政府在全境建立起由政府、企业和非营利组织构成的公共文化服务体系。尽管参与各方运营目的不同，但其共同的价值诉求就是将文化资源利用率和服务对象满意度最大化，政府通过税收激励机制和配套资助制度成功地将社会资源引入公共文化领域①。在英国，由于政府削减公共事业投入，大量公共图书馆固定网点和流动网点关闭，加上政府直接供给的公共文化服务缺乏灵活性和多样性，公民的文化权利难以保障。为解决供需矛盾，很多地方政府选择借助社会力量，将

① 赵益民，李雪莲，韩滢莹. 公共文化服务可及性研究：美国经验[J]. 图书馆建设，2021(1)：140-146.

图书馆的管理运营服务工作外包，交由私营公司、社会组织或志愿者运营①。

在我国，党的十八大开启了全党全国各族人民为全面建成小康社会、实现中华民族伟大复兴的中国梦而团结奋斗的新征程，让人民享有健康丰富的精神文化生活成为全面建成小康社会的重要内容。习近平总书记在党的十九大报告中明确指出："中国特色社会主义进入新时代，我国社会主要矛盾已经转化为人民日益增长的美好生活需要和不平衡不充分的发展之间的矛盾。"在精神文化层面，随着物质生活水平的不断提高，人民对美好精神文化的需求不仅有量的扩大，还有质的提升，而与之相对的是文化需求和文化供给之间的结构性矛盾却日益突出，主要表现在以下几个方面：

一是区域间公共文化服务发展的不平衡。改革开放以来尤其是党的十八大以来，中西部和农村地区的公共文化服务体系建设虽然得到明显加强和改善，但与东部和城市地区相比，仍然存在一定差距。从宏观上来讲，经济发展较好的区域，公共文化事业经费、设施、网点建设和布局、活动开展、服务质量都要优于经济发展相对落后地区；从微观上来看，同一城市的不同区域、同一乡镇的不同村落也存在着公共文化服务发展的不平衡。例如中心城区的公共文化设施和服务要优于城市郊区，离镇政府较近的农村要优于较远的农村等，区域间公共文化事业发展的不平衡使人民群众的精神文化需求得不到充分满足。

二是公共文化服务的供需错位。随着人们物质生活水平的不断提高，人们对公共文化的需求日渐呈现出个性化、多样化、多层次、品质化的趋势。而公共文化服务的供给却由于服务机制不完善、供给方式不合理等因素的影响，存在一定程度的供需错位、有效供给不足、高质量文化产品缺乏等问题，不能与群众的文化需求无缝对接，从而带来了公共文化服务供给"相对过剩"问题，导致一方面公共文化服务设施利用率不高，甚至无人问津，另

---

① 关思思.从承接者角度浅析英国公共图书馆社会化管理运营实践[J].图书馆学研究，2019(5):87-93.

一方面群众找不到“对胃口”的文化产品和服务，公共文化服务供需的匹配程度不高。

要解决这些问题，就要发挥公共文化供给主体的作用，以群众需求为导向，提高公共文化产品和服务质量。我国各级政府是公共文化服务的供给主体，但政府的供给能力有限，公共财政对于满足群众文化需求来说，还存在较大缺口，在供给方式、范围等方面也难以满足所有区域群众的多样化需求。因此，转变政府职能，充分调动各种市场主体和社会力量参与到公共文化服务建设中，实现公共文化供给主体、供给方式和资金投入多元化，推动公共文化服务社会化发展，逐步建立起适应社会主义市场经济的公共文化服务供给机制就成为必然选择。

1.1.3 相关政策法规的推动

1983 年，美国管理与预算办公室（OMB）发布第 A-76 通告，明确指出联邦机构的图书馆运营可以外包给私营企业或私有化。这一政策直接导致 20 世纪 90 年代业务外包和社会化运营在全美各类图书馆中的应用。1988 年，英国政府发布绿皮书《公共图书馆的资金筹措》，提出通过与民营企业合资、实施外包等手段解决公共图书馆经费紧张的问题。1992 年，英国政府又推出私人融资计划，鼓励私人资金投资公共项目的建设，政府授予私人委托特许经营权。这一政策为经费紧张的英国公共图书馆实施业务外包和社会化运营提供了法律依据。1997 年，日本政府出台《关于促进运用民间资金等整备公共设施的法律》，允许私营部门进行公共设施的建设和运营。2003 年，日本修订《日本地方自治法》，导入“指定管理者制度”，允许地方政府将公共设施的管理外包给私营企业、非营利组织和公社等。2006 年，日本颁布《公共服务改革法》，明确除部分服务外，官方和民间可以平等竞标公共服务项目，为社会提供优质、廉价的公共服务。从 2007 年到 2014 年，采用指定管理者制度的公共图书馆的总数增加了230.2%[①]。

在我国，近10年来，党和政府陆续出台了一系列方针、政策和法规，鼓励和支持社会力量参与公共文化服务建设，推动公共文化服务社会化发展。2011年10月18日，党的十七届六中全会通过的《中共中央关于深化文化体制改革推动社会主义文化大发展大繁荣若干重大问题的决定》指出“引导和鼓励社会力量通过兴办实体、资助项目、赞助活动、提供设施等形式参与公共文化服务”。

2013年9月，国务院办公厅印发《政府向社会力量购买服务的指导意见》，明确要求在公共服务领域更多利用社会力量，加大政府购买服务力度。

2013年11月12日，党的十八届三中全会颁布《中共中央关于全面深化改革若干重大问题的决定》，明确指出“引入竞争机制，推动公共文化服务社会化发展。鼓励社会力量、社会资本参与公共文化服务体系建设，培育文化非营利组织”。

2015年1月，中共中央办公厅、国务院办公厅印发《关于加快构建现代公共文化服务体系的意见》，明确提出：要吸引社会资本投入公共文化领域，建立健全政府向社会力量购买公共文化服务机制；鼓励有条件的地方探索开展公共文化设施社会化运营试点，通过委托或招投标等方式吸引有实力的社会组织和企业参与公共文化设施的运营；同时提出建立事业单位法人治理结构，推动公共图书馆等组建理事会，吸纳社会各界人士参与图书馆管理与决策。

2015年5月5日，国务院办公厅转发文化部等部门《关于做好政府向社会力量购买公共文化服务工作的意见》，对政府向社会力量购买公共文化服务的指导思想、基本原则和目标任务进行了部署，对购买主体、内容、机制、资金保障、监管、绩效评价等提出了详细要求，在同时发布的《政府向

---

① 曹磊.日本公共图书馆社会化运营发展历程及问题[J].中国图书馆学报,2017,43(3):119-131.

社会力量购买公共文化服务指导性目录》中就包括了公共图书馆的运营和管理。此后，为深入贯彻落实该意见精神，各省（自治区、直辖市）陆续出台了适用于本地区的实施意见和指导性目标，引导和鼓励地方政府开展购买公共文化服务的实践。

2017 年 3 月 1 日起施行的《中华人民共和国公共文化服务保障法》第十三条规定，“国家鼓励和支持公民、法人和其他组织参与公共文化服务”。2018 年 1 月起施行的《中华人民共和国公共图书馆法》第四条规定，“国家鼓励公民、法人和其他组织自筹资金设立公共图书馆。县级以上人民政府应当积极调动社会力量参与公共图书馆建设，并按照国家有关规定给予政策扶持”。两部法律都有条款涉及国家推动公共图书馆建立健全法人治理结构，吸收有关方面代表、专业人士和社会公众参与管理。至此，鼓励社会力量、社会资本、社会组织、社会公众参与公共图书馆建设被上升到法律层面，政府对社会力量参与公共文化服务和公共图书馆建设的主导作用得以明确。

2017 年 7 月 7 日，文化部印发《“十三五”时期全国公共图书馆事业发展规划》，明确“十三五”期间支持社会力量参与公共图书馆建设。有条件的公共图书馆可探索引入社会专业机构，进行委托经营，或将公共图书馆的信息采集、书刊编目等业务外包，推动公共图书馆专业化、社会化发展。深入推进公共图书馆法人治理结构改革，进一步提升公共图书馆管理水平和服务效能。

2017 年 9 月，中宣部、文化部等七部门联合印发《关于深入推进公共文化机构法人治理结构改革的实施方案》，对公共图书馆等公益性文化事业单位建立以理事会为主要形式的法人治理结构进行了具体部署，提出到 2020 年底，全国市（地）级以上规模较大、面向社会提供公益服务的公共图书馆基本建立以理事会为主要形式的法人治理结构。

1.2 公共图书馆社会化运营实践现状

1.2.1 政府向社会力量购买公共图书馆服务

早在 1988 年，英国保守党就制定《地方政府法》，明确要在图书馆公共服务购买中引入强制性竞标模式[①]。2008 年，伦敦豪恩斯洛自治区以政府购买的方式将其图书馆服务整体外包给约翰综合服务公司。截至 2010 年底，公司运营图书馆为政府节省资金 125 万英镑，到馆率提高 7%。2012 年 9 月，约翰综合服务公司又成功中标克罗伊登图书馆的社会化运营[②]。在美国，政府部门在做出购买图书馆公共服务决策之前，必须进行“投入—产出”绩效评估，既要保证图书馆服务质量达到预期标准，运营成本还要低于政府自己提供服务所需的成本。图书馆系统和服务公司（LSSI）是美国一家承接图书馆管理的私营公司，截至 2022 年 4 月，承接着 75 家公共图书馆的管理运营[③]。LSSI 负责图书馆的管理、购置资源、监督、雇佣等工作，当地政府或图书馆理事会负责制定图书馆发展政策。以阿普兰市政府购买图书馆公共服务为例：阿普兰市政府负责通过市议会和图书馆董事会制定政策和指导方向，并支付建筑维护、内部保洁费用；LSSI 负责日常管理、雇佣员工、资源采购、提供图书馆服务、支付员工工资和资源采购费用，并向市议会报告图书馆绩效[④]。在日本，大阪府于2008年根据《市场化测试法》，开始推动民间和政府通过公开竞标的方式获取大阪相关公共设施的运营管理权限。2010 年 4 月，日本企业“图书馆流通中心”通过公开招投标被确定为大阪府立图书馆窗口业务以及参考咨询服务的运营单位，为

---

① 李姝娟.英国政府购买图书馆公共服务的演进、特征及启示[J].图书馆建设,2016(11):84-88,101.

② 关思思.从承接者角度浅析英国公共图书馆社会化管理运营实践[J].图书馆学研究,2019(5):87-93.

③ Library Systems & Services.75 public libraries rely on LS&S to operate their libraries [EB/OL].[2022-04-08].https://www.lsslibraries.com/our-libraries.

④ 刘海丽.美国公共图书馆“管理外包”:模式、争论与冲突[J].图书馆建设,2015(7):10-13,18.

期3年。3年后，经过政府部门、专门的监理委员以及府立图书馆协议会等多方多次评估后，图书馆被认可继续采用市场化测试法运营。这一时期，日本在立法和行政层面明确政府和民间可以平等竞争图书馆的建设、管理和运营①。

在我国，21世纪初以来，随着《中华人民共和国政府采购法》的正式实施，政府购买公共服务的实践范围越来越广，并逐渐成为政府提供公共服务的重要方式。受其他领域政府购买公共服务实践的影响，东部一些发达城市开始积极探索公共图书馆服务的政府购买，如早在2011年，无锡新区图书馆、广州市南沙区图书馆就通过招投标的方式将图书馆业务整体委托给企业运营和管理。随着《政府向社会力量购买服务的指导意见》以及文化系统相关政策和法规的出台，尤其是“十三五”期间，我国政府大力推进公共文化服务的社会化发展，政府购买包括公共图书馆服务在内的公共文化服务进展明显。近10年来，随着我国公共文化服务的社会化发展渐成趋势，公共图书馆的社会化运营实践也越来越多，从业务范围来分主要有整体业务委托和部分业务委托两种形式。

一是整体业务委托。通过政府采购方式将公共图书馆整体委托给第三方机构（企业、社会组织等）运营管理，双方通过签订合同规定服务的数量、质量和所需经费，承接者依据合同规定提供运营管理服务，政府根据合同进行监督检查、支付费用②。典型的案例如无锡新区图书馆、安徽省芜湖市镜湖区图书馆、安徽省滁州市图书馆等。无锡新区图书馆新馆落成后，由无锡新区政府将图书馆空间规划、技术支持、运行管理以及园区两个分馆、6个街道联盟馆的读者服务全部委托给企业，并每年向该企业支付专项经费；新区

① 曹磊.日本公共图书馆社会化运营发展历程及问题[J].中国图书馆学报，2017，43（3）：119-131.

② 关思思，刘晓东.我国公共文化机构社会化发展的主要形式及特点[J].图书馆建设，2020（4）：23-29.

居民代表与政府工作人员共同组成项目监督管理委员会审议图书馆服务效果并做出决议，对政府财政资金使用情况进行监督和跟踪[①]。

安徽省芜湖市镜湖区图书馆由镜湖区政府通过政府购买的方式委托企业管理，管理内容包括：图书馆日常运营，如图书借还、系统维护等；读者建设，通过对图书馆的宣传提高到馆读者数量；组织开展活动，积极打造活动品牌；配合政府做好其他工作，如精神文明创建等。镜湖区政府按照考核标准对企业完成计划情况进行考核后，根据合同约定分期分批向企业支付服务费用。镜湖区文化广电新闻出版局负责制定考核标准和方法，对图书馆运营进行全面监督，并实行"两代表一委员"监督和群众满意度测评[②]。

安徽省滁州市图书馆则以政府购买的方式将滁州市图书馆新馆的建设、管理、运行和服务外包给企业。企业按照国家一级馆的工作任务和要求完成合同规定；滁州市文化和旅游局组织制定标准化指导性技术文件《滁州市图书馆运营服务外包质量管理规范》，建成对外包服务事前规划指导、事中监督控制、事后绩效评估的体制机制；在质量管理规范框架下，引入ISO 9001质量体系认证，对图书馆各方面工作加以规范[③]。

二是部分业务委托。公共图书馆将部分业务委托给外部企业或社会组织，并根据其提供的服务数量和质量支付费用。委托的业务范围通常包括图书期刊加工、采编、流通、数据库建设、纸质资源数字化、信息化建设、阅读活动开展、服务效能评估、安保和物业管理等图书馆非核心业务。近几年随着公共图书馆总分馆体系建设的全面展开，将分馆、服务网点部分业务委托第三方机构运营和管理成为很多公共图书馆丰富服务内容、加快体系建设

---

① 贺伟.政府购买图书馆公共服务的新尝试——以无锡新区图书馆为例[J].图书馆杂志，2014,33(2):37-40,94.

② 李祝启，陆和建.我国基层公共图书馆社会化管理实证研究——以安徽省芜湖市镜湖区图书馆社会化管理为例[J].图书情报工作，2015,59(1):73-77.

③ 杨茜，郭俊杰，王玉荣.滁州市引入社会力量参与推动公共文化服务建设[DB/OL].[2022-04-13]. http://www.chinalibs.net/ArticleInfo.aspx?id=484454.

的重要途径。这一类模式有的由社会机构提供场地和后期的运营维护，图书馆提供图书资源和业务指导及考核，如江苏省江阴市图书馆与咖啡馆、茶楼、音乐吧、银行、社区等社会服务机构合作建立图书馆服务网点，将场地、借阅设备、日常服务人员委托社会服务机构运营，图书馆提供图书资源并定期流转和管理，快速建立起名为“三味书咖”的城市阅读联盟，对市区图书馆网络形成了有益的补充①。类似的项目还有北京西城区公共阅读空间②、呼和浩特市图书馆的鸿雁书房③等。还有的由图书馆提供场地，社会力量进行管理运营，如合肥市图书馆的24H悦书房由图书馆提供场地和图书，企业进行空间建设并负责后期的管理运营服务，承担功能规划设计、品牌创意、文创产品的设计及销售、日常管理等④。

在部分业务委托的实践中，一些图书馆将部门业务辅助工作或一些非核心业务通过劳务派遣的方式进行社会化管理，如活动策划、古籍修复、保洁、物业等。2020年3月1日起施行的《政府购买服务管理办法》明确规定“购买主体的人员招、聘用，以劳务派遣方式用工，以及设置公益性岗位等事项”，不得纳入政府购买服务范围。也就是说，劳务派遣作为一种用工方式，不属于政府购买服务范围，不再参加政府采购。

无论是整体业务委托还是部分业务委托，虽然各地公共图书馆具体的委托模式因经济、文化、图书馆规模等的差别而不尽相同，但实施业务委托的原因却颇为相似，如编制紧张、人员匮乏，希望通过社会化运营减轻财政负担，实现公共图书馆服务的高质量发展等。如无锡新区图书馆社会化运营后

① 刘锦山，刘剑英，宫昌俊．宫昌俊：“图书馆+”开启阅读新体验（图）[DB/OL]. [2022-04-13]. http://www.chinalibs.net/ArticleInfo.aspx?id=398590.

② 杨松，孟兰．北京西城区：打造城市公共阅读空间的创新实践[J]. 国家图书馆学刊，2015，24（4）：3-8.

③ 卜险峰．鸿雁飞过草原 书香浸润青城——呼和浩特市图书馆“鸿雁悦读”计划[J]. 内蒙古科技与经济，2020（24）：131-133.

④ 张晗．合肥市公共图书馆社会化管理与服务调查报告[D]. 合肥：安徽大学，2018：17-19.

其运营成本比同类图书馆节约了 2/3①。社会化运营为公共图书馆服务创新提供了新的途径，一些地区的做法也取得了较好的效果，但实践中也发现一些亟待解决的问题：政府的监督评价机制有待完善，购买流程还需规范；承接主体数量少，缺乏竞争力且专业化素养有待提高；管理运营以及读者服务的创新意识、创新能力有待加强等。这些问题直接影响着公共图书馆社会化运营的效果和可持续发展。

1.2.2 PPP 模式

政府与社会资本合作模式（PPP 模式）不仅引入了社会力量的运营和管理，还将社会资本引入图书馆建设和服务中。西方发达国家图书馆领域应用 PPP 模式起步较早，已形成一定规模。美国的慈善家卡内基及其基金会在 1883 年至 1929 年间，共捐建了 2509 个图书馆建筑。在捐建公共图书馆时，卡内基要求所有公共图书馆要依照“卡内基公式”建设，即申请捐助的地区政府须无偿提供土地，当地政府负责维护图书馆并承担员工工资，必须为公众提供免费图书馆服务。亨内平县一些图书馆建设资金全部来自私人机构，建成后租赁给政府并由私人机构负责运营，到期后无偿移交给公共部门继续使用。在加拿大，政府近 10 年来投入 13 亿多美元带动了近 70 亿美元的社会资本参与公共事业，PPP 模式在图书馆领域的应用使服务质量得到有效提升②。澳大利亚在发展公共文化事业过程中采取“PPP模式+第三方评级”的运行机制，在公共部门与私人部门之间建立起合作伙伴关系③。

在我国，公共图书馆社会化运营实践中已有 PPP 的应用案例，但总体数量少，投资金额少。2017 年，丽水市政府通过公开招投标，与某企业签订

---

① 丁文安.政府购买图书馆服务实现方式分析——以三个典型案例为例[J].图书馆工作与研究，2017(5):14-17,40.

② 李英珍.国外图书馆政府与社会资本合作（PPP）模式的发展及启示[J].图书馆工作与研究，2019(9):22-28,128.

③ 孟祥林.公共文化服务：发达国家的经验与我国的发展选择[J].贵州社会科学，2019(9):91-97.

丽水市图书馆新馆建设 PPP 项目合同。按照合同，该项目合作期为 15 年，其中 2 年是建设期，13 年是运营期。由该企业负责在两年内完成新馆建设并且承担所有的建设资金；新馆建成后，该企业负责图书馆日常的物业管理工作，政府每年为此支付其一定资金，按照物有所值测算，企业收益率为 5.36%[①]。广东清远市城市馆与博物馆、图书馆、科技馆与青少年活动中心工程 PPP 项目，清远市人民政府通过公开招标，授予某企业特许经营权，由企业负责项目的设计、建设、投融资、维护以及项目商业部分的运营，通过政府付费使项目企业获得合理回报。项目建设期 3 年，授权经营期为 10 年，合同期满后整体移交给清远市人民政府或其指定部门[②]。此外，类似案例还有海口市龙华区文化馆、图书馆建设 PPP 项目，柳州市图书馆（新馆）PPP 项目[③]等。

1.2.3 公共图书馆法人治理结构改革

法人治理是基于法人所有权与经营权的分离，为保障所有者利益而在委托者和代理者之间形成的委托代理关系和制度。法人治理是许多国家公共图书馆普遍采用的最有效的制度安排，尤其是西方发达国家，19 世纪中期就有图书馆建立理事会的实践。例如，美国波士顿市的公共图书馆 1848 年就建立了理事会制度，全美 95% 的图书馆实行理事会制[④]。公共图书馆理事会制度的普及源于完善的立法保障制度。如美国的图书馆法规定图书馆的管理机构是图书馆理事会，理事会负责研究确定图书馆的方针、政策、经费、实施

① 韩丹.国内外公共图书馆PPP模式应用比较研究[J].图书馆研究，2020，50（6）：33-39.

② 广东省机电设备招标中心有限公司.清远市城市馆与博物馆、图书馆、科技馆与青少年活动中心工程PPP项目预中标、成交结果公示[EB/OL].[2022-01-11].http://www.ccgp.gov.cn/cggg/dfgg/gkzb/201703/t20170314_8000680.htm.

③ 环球建筑.柳州市图书馆方案公布，设计取意“城市书匣”，总投资超11亿（图）[DB/OL].[2022-04-13].http://www.chinalibs.net/ArticleInfo.aspx?id=489218.

④ 马玲.国外图书馆法人治理结构建设特色与启示[J].图书馆工作与研究，2015（9）：53-56.

等问题[①]。英国《大英图书馆法》规定国家文化新闻体育部职责之一就是“保证由该法形成的（地方）图书馆理事会监督当地图书馆功能的妥善实施”。德国、法国、澳大利亚、新加坡等国家的图书馆法或专门法中也都明确规定理事会作为图书馆的管理主体[②]。

在我国，2014 年 8 月，文化部在全国开展公共文化机构法人治理试点工作。在全国遴选的 10 个国家级公共文化机构试点单位中，共有 7 家公共图书馆，涵盖了东、中、西部不同地域、不同层级的公共图书馆，并按照两年的时间周期进行安排[③]。这 7 家图书馆基本完成了理事会组建，初步探索出具有中国特色的公共图书馆法人治理结构政策和措施。2017 年 9 月《关于深入推进公共文化机构法人治理结构改革的实施方案》发布后，法人治理结构改革在全国各级公共图书馆展开。2017 年，文化部组织开展了第六次全国县级以上公共图书馆评估，“法人治理”被列为一级指标“社会化和管理创新”下的二级指标的加分项，一定程度上也加速了各级公共图书馆理事会的组建。经过几年的实践，公共图书馆通过建立法人治理结构、实行理事会制度，在促进政事分开、吸纳社会各界群众参与图书馆管理、激发图书馆活力、提升管理效率和服务效能等方面取得了初步成效，但也存在着一些亟待解决的问题，阻碍着公共图书馆法人治理结构改革的持续和深入推进。如理事会定位不明，只有议事权而无决策权；有些图书馆只是制定了理事会章程，在人事、财务、业务管理等方面未能进行配套改革，仍然沿用以前的制度和做法，理事会的职能形同虚设，流于形式，未能真正在图书馆管理和社会化运营中发挥作用。

---

① 许蕴茹.谈我国公共图书馆法人治理结构的建立和完善——基于中美公共图书馆治理结构的比较分析[J].图书馆,2015(1):59-63.

② 曲蕴,马春.国外公共图书馆法人治理政策研究及运行实践[J].图书馆杂志,2016,35(11):9-13,44.

③ 郑海鸥. 法人治理，让文化服务更精准(图)[DB/OL]. [2022-04-13]. http://www.chinalibs.net/ArticleInfo.aspx?id=515651.

1.3 公共图书馆社会化运营研究现状

目前，我国学者对公共图书馆社会化运营的研究主要集中在两个方面：一是政府购买公共图书馆服务的研究，二是公共图书馆法人治理结构的研究。本节仅对近5年来相关研究进行分析和总结。

1.3.1 政府购买公共图书馆服务的研究

政府向社会力量购买公共文化服务是推动公共图书馆社会化发展的重要途径，研究多以实践为基础，主要集中在政府购买公共图书馆服务的意义、监管和绩效评价、各利益相关方的关系以及相关法律问题等主题。

（1）政府购买公共图书馆服务的意义和作用。Anup Das（2015）通过分析阿姆拉瓦提市（Amravati City）图书馆的外包实践，认为没有证据表明外包对图书馆服务和管理会产生负面影响，相反，谨慎和明智地利用外包，能够有效地改善图书馆的服务和管理，同时还能为馆员提供更多的工作机会[①]。高海虹（2017）认为政府遵循一定的程序与规则向社会力量购买公共图书馆服务，是弥补我国公共文化服务供给不足，推动现代公共文化服务的重要方式[②]。王文（2018）认为图书馆服务作为一种公共产品，在政府购买公共服务的背景下，通过分离图书馆服务的提供者和生产者，打破了公共图书馆垄断图书馆服务供给的格局，推动了图书馆供给机制的多元化[③]。韩国学者金昌河等（2020）通过调查韩国847所公共图书馆的运营，认为由于公共图书馆服务具有非竞争性和非排他性，由政府直接运营很难将其效率提高到私人服务的水平，将业务委托给私人机构是提高效率的一种有

---

① DAS A. Outsourcing of library services in Amravati City：a case study[J]. Global journal of multidisciplinary studies，2015，4（6）：55-62.

② 高海虹.政府购买公共图书馆服务的利益相关者研究[J].图书与情报，2017（1）：105-110，127.

③ 王文.图书馆服务供给机制研究——以政府购买图书馆服务为背景[J].图书馆理论与实践，2018（1）：28-33.

效方式[①]。杨恒、王凤姣等（2020）认为公共文化服务体系构建的宏观环境和公共图书馆事业发展的微观实践以及公共图书馆建设的法律制度，都迫切需要推动公共图书馆创新服务，政府购买公共图书馆服务就成了一个不容回避的可行选项[②]。

（2）政府购买公共图书馆服务的监管与绩效评价。Yoshiya Kuwabara（2008）调查了公共部门评价中采用的公共图书馆评估结果指标的状况，认为一些成果指标更适合从经济价值、对用户的好处和对社区的贡献三个角度来评估公共图书馆[③]。刘利（2018）借鉴新公共服务理论、4E 原则理论以及受托经济责任理论，通过德尔菲研究法，构建出包括投入、过程、产出、结果四个一级指标的政府购买公共图书馆服务效率评价指标体系[④]。周玉希（2020）构建了一个以公正和满意度为导向的多元化绩效评估体系，并以成都图书馆为例进行实践验证，结果显示该指标体系具有一定的专业性、权威性、实用性和可操作性[⑤]。Simon V. De Leon（2021）通过对菲律宾帕拉尼亚克市公共图书馆 2018 年的数据采用社会投资回报率（ SROI ）进行评估，以确定图书馆是否可以和如何使用 SROI 方法来衡量其社会价值，同时找出

---

① KIM C，KIM H，CHOI K. Efficiency analysis of public library services based on establishing entity and outsourcing[DB/OL]. [2022-04-08].https://www.researchgate.net/publication/346735440.

② 杨恒，王凤姣，龚蛟腾.政府购买公共图书馆服务的四维体系研究[J].图书馆学研究，2020（1）:16-21.

③ KUWABARA Y. Outcome indicators for public library evaluation：a proposal based on case studies of administration evaluation by local governments[J]. Library and information science，2008（6）:61-86.

④ 刘利.政府购买公共图书馆服务绩效评估指标体系研究[D].保定：河北大学，2018:17-36.

⑤ 周玉希.政府购买公共图书馆服务发展现状及绩效评估研究[D].成都：电子科技大学，2020.

哪些因素能够提升其社会价值[①]。程莉（2021）选取5家已实施全馆外包的公共图书馆进行全面比较分析后认为，政府监管存在着对采购行为管得多，对运行效果管得少，监督主体单一，引入第三方力量进行监督管理还未形成机制等问题[②]。易斌、蔡明等（2021）提出应从建立健全监管制度体系、提高监管主体的认识和能力、明确政府部门的监管职责、加强民众的监管作用、发挥第三方机构监管优势等方面完善政府监管体制建设[③]。此外，将“4E”评价法经过改良后应用于政府购买公共图书馆服务绩效评价的研究也逐渐增多。

（3）政府购买公共图书馆服务中各利益相关方的关系。高海虹（2017）认为，在政府购买公共图书馆服务的过程中，政府部门、社会力量和公民三大利益相关主体因背景和立场各不相同而不可避免地存在着摩擦与冲突，激发各利益相关者的主动性与协作，是政府购买公共图书馆服务走向成熟的关键[④]。辛娜（2018）认为公众参与对实现政府购买公共图书馆服务目标有其现实意义与价值，并提出了公众参与政府购买公共图书馆服务的实现路径，即保证参与主体的大众化、专业性与独立性，确保公众参与的全面、适度与合理以及构筑便利、畅通的参与方式与渠道[⑤]。李杨（2019）将政府与社会组织间的合作关系分为契约型和志愿型，两种类型的关系中政府与社会组织之间都存在较强的依赖性，良好合作关系的建立需要端正合作动机，完善合作制

---

① DE LEON S V. The social return on investment methodology as a tool for valuation and impact assessment for libraries: a case study[J].Journal of the Australian library & information association, 2021, 70(2): 177-193.

② 程莉.公共图书馆全馆外包模式中的政府管理职能研究[J].图书馆研究，2021，51(6)：38-49.

③ 易斌，蔡明，伍莉，等.政府购买图书馆服务的监管成效、困境与对策[J].图书馆学研究，2021(2)：19-23.

④ 高海虹.政府购买公共图书馆服务的利益相关者研究[J].图书与情报，2017(1)：105-110，127.

⑤ 辛娜.公众参与政府购买公共图书馆服务研究[J].图书馆工作与研究，2018(11)：50-53，111.

度，规范合作行为[①]。

（4）政府购买公共图书馆服务的相关法律问题。包欣（2019）通过对政府购买公共图书馆运行服务案例的分析，从健全相关法律制度、完善监督评估机制、健全财政保障制度、健全社会组织扶持制度几个方面提出了构建我国政府购买公共图书馆服务的法律制度路径[②]。胡安琪（2021）以政府、社会力量和公众三方在公共图书馆服务购买中的法权角色定位为整体视角，深度解构三者的三维互动关系以及存在的风险，并构建了政府购买公共图书馆服务的法权互动关系模型[③]。

1.3.2 公共图书馆法人治理结构的研究

国外公共图书馆法人治理制度起步早，普及快，发展已经相对成熟和完善，研究主要集中在20世纪90年代前后，研究内容包括制度优化、相关法律制度体系、学术思想等。如：通过对农村地区和城市公共图书馆理事会制度的对比寻找优化途径，围绕公共图书馆立法讨论理事会制度的法律保障和理事会的监督权利范围，与图书馆法人治理相关的图书馆理念等[④]。

在我国，公共图书馆领域法人治理结构的实施，意味着公共图书馆社会化步伐的加快。随着实践的增多，通过对已实施法人治理结构改革的公共图书馆进行调研，发现存在的问题并提出对应的策略成为多数学者的研究方向。周子强（2017）在调研江西公共图书馆法人治理结构改革各试点情况后，认为江西公共图书馆法人治理改革存在着理事会流于形式、相关配套政

---

① 李杨.公共图书馆服务供给政社合作关系研究[J].图书情报工作,2019,63(7):30-37.

② 包欣.我国政府购买公共图书馆服务的法律制度构建研究[D].乌鲁木齐:新疆财经大学,2019:10-30.

③ 胡安琪.公共图书馆服务政社合作供给三维法权互动风险及配置路径[J].图书馆建设,2021(6):81-92.

④ 陈汝南,蒋永福.美国公共图书馆理事会制度研究现状与启示[J].中华医学图书情报杂志,2021,30(2):20-24.

策缺乏、理事的社会荣誉机制缺失等问题，提出应扩大理事参与的群众基础、加强顶层设计、对有创新的试点单位进行表彰和奖励的应对措施[①]。王纲等（2019）对四川省公共图书馆法人治理结构情况调研后认为：在实际运行中，由于理事会职能出现偏差，导致政事分离、管办分享不彻底的情况；理事会没有人事管理权，导致理事会运行机制出现根本问题，影响干部梯队建设；理事会只管事不管钱的角色以及自身的建设问题使其难以在图书馆事业中发挥作用[②]。

徐玉兰等（2020）调查广东省、市、县三级公共图书馆法人治理结构改革情况后发现存在的主要问题是：改革步伐不一，呈不平衡状态；理事会决策权未完全落地；理事履职机制不完善；法人治理结构改革宣传不够等。针对这些问题，提出加强党的领导、探索总分馆型和联合型理事会、建设专业咨询委员会、完善理事考核激励制度、权责清单明细化等应对策略[③]。

米传振（2020）对国内部分公共图书馆章程进行了实证研究，发现虽然部分公共图书馆章程为法人治理结构中相关主体积极设定了应当履行的义务，部分章程通过一些制度设计加强了理事会的决策能力，但章程在公共图书馆法人治理结构中的制度角色未能得到很好的发挥。提出要充分利用选择规定事项和任意记载事项，提高公共图书馆的自治水平，同时应积极回应现行法律法规的新要求，并确保章程条款的合法性和合规性[④]。

综上所述，国内学者对公共图书馆社会化的研究推动了实践中相关问题的解决，对公共图书馆社会化运营起到了一定的促进和指导作用。但研究的

---

① 周子强.江西公共图书馆法人治理结构改革的理论与实践[J].图书馆研究，2017，47（3）：45-49.

② 王纲，陈瑶，赖柯，等.四川省公共图书馆法人治理结构概况调研[J].四川图书馆学报，2019（4）：24-28.

③ 徐玉兰，伍德嫦，陈嘉敏.广东公共图书馆法人治理结构改革调查[J].图书馆论坛，2020，40（8）：138-145.

④ 米传振.章程在公共图书馆法人治理结构中的制度角色与完善路径——以部分公共图书馆章程为考察对象[J].国家图书馆学刊，2020，29（1）：11-19.

系统性和全面性还有待提高，很多研究成果虽然是基于实践而展开，但对案例剖析还不够深刻和全面，不能彻底找出存在的根本矛盾和解决办法，同时鲜有将政府购买与法人治理同时纳入公共图书馆社会化运营研究者，而这正是本书写作的重点所在。

2　公共图书馆社会化运营基本问题

2.1　公共图书馆社会化运营主体研究

政府购买公共图书馆服务是创新政府公共文化服务提供方式、推动政府职能转变、全面实施绩效管理的一项重要改革举措，是推动公共图书馆社会化运营的重要途径。按照财政部2020年印发的《政府购买服务管理办法》的规定，所谓政府购买服务，是指各级国家机关将属于自身职责范围且适合通过市场化方式提供的服务事项，按照政府采购方式和程序，交由符合条件的服务供应商承担，并根据服务数量和质量等因素向其支付费用的行为。政府购买公共图书馆服务的主体结构包括购买主体、承接主体、管理主体、使用主体和评估主体，作为直接参与者和关键力量，它们在政府购买公共图书馆服务主体体系中的地位不同，职责各有侧重，并且共同构成了政府购买公共图书馆服务的“五元主体”体系，任何一方的基本职责都贯穿于购买服务的全过程，各主体的职责是否明晰、主体间的关系是否协调都会影响到公共图书馆社会化运营的效果及其公益性质。

2.1.1　购买主体

按照《政府购买服务管理办法》的规定，各级国家机关是政府购买服务的购买主体。公益一类事业单位、使用事业编制且由财政拨款保障的群团组织不作为政府购买服务的购买主体和承接主体。2015年国务院办公厅发布的《关于做好政府向社会力量购买公共文化服务工作的意见》（以下简称《意见》）指出，政府向社会力量购买公共文化服务的主体是承担提供公共文化与体育服务的各级行政机关。2016年财政部、中央编办出台的《关于做好事业单位政府购买服务改革工作的意见》明确指出：政府购买服务的购买主体是各级行政机关和具有行政管理职能的事业单位以及纳入行政编制管理且经费由财政负担的群团组织；承担义务教育、基础性科研、公共文化、公共卫生及基层的基本医疗服务等基本公益服务，不能或不宜由市场配置资源的公益一类事业单位，既不属于政府购买服务的购买主体，也不属于承接主体，不得参与承接政府购买服务。按照我国的事业单位划分，公共图书馆属于公益一类事业单位，原则上不承担行政执法职责，其功能定位是负责直接提供公益性文化服务的主体；同时，作为由政府举办并保障经费的公益一类事业单位，如允许承接政府购买服务，将不利于其集中精力履职尽责，也会造成在为其提供预算拨款保障的同时又向其购买服务的问题。政府购买公共图书馆服务的购买主体应是其行政主管部门，或由行政主管部门委托图书馆进行购买，图书馆本身不具备购买权限。

购买主体要解决的问题是谁来买、买什么以及怎么买。它在“五元主体”体系中占据主导地位。其基本职责为：

一是确定购买项目。购买主体根据工作需要和政府向社会力量购买服务的指导性目录，提出年度政府购买服务项目需求，随部门预算编制本部门购买服务的采购预算。目前，在购买服务项目需求方面，我国各级政府已经发布的政府向社会力量购买公共文化服务指导性目录中，只笼统地规定“公共图书馆（室）的运营和管理”，没有更为具体的可购买业务分类和指导细则，没有规定究竟需要购买哪些服务项目。若采取整体业务委托，需要以服务目标为导向，开展需求调研，了解图书馆的具体业务需求，必要时还需征求承接主体和专家的意见后再行确定。在预算编制方面，购买主体应当充分发挥行业主管部门、行业组织和专业咨询评估机构、专家等专业优势，结合公共图书馆项目特点和市场调研情况，综合物价、工资、税费等因素，合理测算政府购买服务项目所需经费，做好政府购买服务预算编制的基础性工作。

二是制订购买计划。购买主体应依据预算批复，编制购买服务实施计划，明确购买服务项目基本情况、购买方式和购买时间等内容，并及时向社会公布。对于购买方式的确定，应根据市场发展程度、服务供给特点等因素向财政部门提出科学、合理的购买方式。《中华人民共和国政府采购法》和《政府采购非招标采购方式管理办法》（财政部令第 74 号）规定：符合政府采购竞争性条件的，统一纳入采购程序，通过公开招标、邀请招标、竞争性评审、询价、单一来源采购等方式进行购买；具有特殊性、不符合竞争性条件的，可以采取委托、特许经营、战略合作等方式进行购买。

三是组织实施采购。政府向社会力量购买服务要及时充分向社会公开相关信息，并按照方式灵活、程序简便、竞争有序、结果评价的原则组织实施，采购环节的执行和监督管理按照政府采购法律、行政法规和相关制度执行。

四是进行合同管理。购买主体要按照合同管理要求，与承接主体签订合同，明确所购买服务的范围、标的、数量、质量要求以及服务期限、资金支付方式、权利义务和违约责任等，并跟踪监管服务全过程，检查验收服务成果。

五是组织绩效评价的组织工作。

2.1.2 管理主体

公共图书馆作为管理主体，在政府与承接主体之间发挥着承上启下的作用，其主要职责是协助购买主体跟踪监管服务全过程，指导承接主体按照合同要求向公众提供文化服务，最终实现整体合同目标。管理主体的管理目标主要体现在其实现自身职能和保持服务专业性方面。众所周知，公共图书馆承担着保障公民基本文化权益，提高公民科学文化素质和社会文明程度，传承人类文明，坚定文化自信等的重要社会职能，社会化运营的目的就是促进其社会职能的有效发挥。因此，在整个管理过程中，实现其社会职能、保持公益性是图书馆的主要管理目标。而专业性管理是社会化运营后服务质量提升的重要保证。一项对福建省政府购买公共图书馆服务岗人员的总体满意度调查显示，涉及专业性质的岗位反馈满意度不高，该省公共图书馆政府购买公共服务的选择仍集中于专业性不强、风险较低的非核心业务①。这一调查结果也从一个侧面反映出图书馆社会化运营后专业性管理的重要性。为了实现上述的管理目标，图书馆的具体职责应包括以下几个方面：

一是根据社会化运营情况制定图书馆发展战略和发展规划。社会化运营只是将部分或全部业务外包给承接主体，图书馆的发展方向和顶层设计还是应由图书馆自己把握，发展战略和发展规划也应由图书馆自己来完成。当然，在持续社会化运营的情况下，发展战略和发展规划的制定除了要接受文化主管部门的指导，也要充分听取各方的意见，尤其是使用主体和承接主体的意见，充分了解内外部发展环境与自身发展态势，制定出科学且适用的战略规划。由于承接主体与使用主体在具体服务中的接触和互动，双方的意见和建议可为图书馆战略方向的确定提供重要参考。

二是对部门结构和人员的合理调整和规划。对于部分外包的图书馆来说，由于工作重心发生变化，要及时安排原部门人员去做更专业和核心的工作，同时对外包业务进行监督、管理和指导；对于实施整体社会化运营的图书馆来说，一般编制人员较少，员工多为承接方人员，此时的部门结构和人员安排要在保证图书馆服务效能的前提下与承接方充分沟通和协调。对于主要的业务管理及部门结构形式，既要考虑图书馆服务和发展的需要，亦要考虑社会化运营的特点和图书馆的实际情况。

三是制定图书馆规章制度。对于整体社会化运营的图书馆来说，规章制度是针对图书馆整体业务的规范和管理，是双方人员均需遵守的工作制度和业务规范，是各项工作顺利开展和管理水平提升的制度保障。图书馆规章制度主要包括：图书馆的基本规章制度，如组织机构与职责、人员业务素质

① 党蕾，巴锦博，傅文奇.政府购买公共图书馆服务的调查与分析——以福建省公共图书馆为例[J].图书馆研究，2020，50(2)：14-21.

要求、岗位责任制等；图书馆的行政管理规章制度，如人员管理制度、经费管理与使用制度、图书馆建筑与设备管理与使用制度、安全保卫制度、统计制度等；图书馆业务管理规章制度，如业务技术标准和规程、业务管理制度等。

四是加强对承接方人员的专业培训和指导。虽然承接主体的选择由公开招标把关，但在实践中承接方委派人员的业务素质和能力并不能完全达到图书馆要求，同时随着新业务的不断开展，对人员的要求也在不断提高。馆方的培训和指导是与承接方委派人员进行磨合、帮助他们提高业务能力和服务水平的重要途径。

五是主持和参与对承接方工作的绩效考评。部分业务外包的考评工作往往由图书馆独立完成，整体外包时对承接方的考评则通常由文化主管部门组织实施，图书馆作为管理方是考评主体的重要组成部分，不仅要全程参与整个考评过程，还是考评指标、考评方法的主要制定者。

六是执行理事会决议。对于实施法人治理结构改革的图书馆来说，图书馆是理事会的执行机构，执行理事会决议，按照理事会决议开展工作是其主要职责。

2.1.3 承接主体

承接主体是政府购买公共图书馆服务的生产者，在“五元主体”体系中起着连接购买主体和使用主体的作用，其基本职责为按合同履行提供服务的义务，组织实施服务项目，按时完成服务项目任务，保证服务数量、质量和效果，主动接受有关部门、服务对象及社会监督。

按照《政府购买服务管理办法》的规定，依法成立的企业、社会组织（不含由财政拨款保障的群团组织），公益二类和从事生产经营活动的事业单位，农村集体经济组织，基层群众性自治组织，以及具备条件的个人可以作为政府购买服务的承接主体。也就是说，政府购买服务的承接主体主要为企事业单位和社会组织等专业服务机构；在可能存在组织型承接主体缺乏或优势不足的情形，政府可以向个人购买服务，专家学者也可以以个人身份提供政府咨询、专业评审等服务。《意见》同时也指出，承接政府向社会力量购买公共文化服务的主体主要为具备提供公共文化服务能力，且依法在登记管理部门登记或经国务院批准免予登记的社会组织和符合条件的事业单位，以及依法在工商管理或行业主管部门登记成立的企业、机构等社会力量。也就是说，政府购买公共图书馆服务的承接主体主要为企事业单位和社会组织等专业服务机构，在城乡基层社区等组织型承接主体缺乏或优势不足的情况下，亦可考虑向个人购买服务。

《意见》强调，各地要结合本地实际和拟购买公共文化服务的内容、特点，明确具体条件，秉持公开、公平、公正的遴选原则，科学选定承接主体。由于政府购买服务是按照政府采购方式和程序进行，对于承接主体的资质审核应当按照政府采购的相关规定执行。我国 2014 年修订的《中华人民共和国政府采购法》规定供应商参加政府采购应当具备以下条件：具有独立承担民事责任的能力；具有良好的商业信誉和健全的财务会计制度；具有履行合同所必需的设备和专业技术能力；有依法缴纳税收和社会保障资金的良好记录；参加政府采购活动前三年内，在经营活动中没有重大违法记录以及法律、行政法规规定的其他条件。政府购买公共图书馆服务的承接主体资质审核应在满足与《中华人民共和国政府采购法》有关供应商资格、条件规定的前提下结合购买服务内容具体需求而确定。

在已有的政府购买公共图书馆服务的实践中，如江苏省无锡市新区图书馆、广东省广州市南沙区图书馆、安徽省芜湖市镜湖区图书馆、晋中市图书馆等整体委托案例中，承接主体均为企业。而部分业务委托的实践中，承接主体则既有企业，也有社会组织。一项对福建省政府购买公共图书馆服务的调查显示，在 25 个政府购买服务项目的公共图书馆中，选择企业作为承接主体的有 17 个（73.9%），选择社会组织作为承接主体的有 14 个（60.9%）[①]。但总体来看，政府购买公共图书馆服务的承接主体较为单一，且数量少、规模小。2016 年，民政部发布《关于通过政府购买服务支持社会组织培育发展的指导意见》，提出通过改善准入环境，加强分类指导和重点支持，完善采购环节管理，加强绩效管理，推进社会组织能力建设，加强社会组织承接政府购买服务信用信息记录、使用和管理等政策和措施，壮大承接政府购买服务的社会组织队伍，引导社会组织加强自身能力建设，提升服务能力和水平。在公共文化服务领域，《意见》也提出要培育市场主体，进一步发挥市场在文化资源配置中的积极作用，推进政府向社会力量购买公共文化服务与培育社会化公共文化服务力量相结合，规范和引导社会组织健康发展，逐步构建多层次、多方式的公共文化服务供给体系。因此，要使更多的社会力量加入政府购买公共图书馆服务中，增加承接主体的数量和规模，提升承接主体的服务能力，促进良性市场竞争关系的形成，还需要政府财政和政策再发力。

2.1.4 使用主体

使用主体是政府购买公共图书馆服务的服务对象，即全体社会公众，是公共图书馆服务的最终需求方，“五元主体”体系中其他三个主体的行为均是以满足使用主体的基本公共文化需求为目标。但在政府购买公共图书馆服务的实践活动中，使用主体虽能直接获得或接受文化服务，往往并不能满足他们真实的文化需求，或者说得不到他们想要的服务，公众的公共文化服务满意度和获得感处于较低水平。究其原因，是使用主体的职责和权利并没有贯穿在购买服务的全过程中。在政府购买公共图书馆服务中，作为使用主体的广大公众具有知情权、监督权、评价权、选择建议权以及配合公共服务的满意度调查和评估的职责，这些权利和职责的良好运用和发挥，能够使公众

① 党蕾，巴锦博，傅文奇．政府购买公共图书馆服务的调查与分析——以福建省公共图书馆为例[J]．图书馆研究，2020，50（2）：14-21.

真实表达其需求诉求，确保购买公共服务的供求匹配。

但在我国当前的政府购买公共文化服务领域，尚未建立广泛的意见征求机制，政府部门习惯于“代民做主”，公众的文化主体地位被忽视、文化需求表达权利被遮蔽①。从现有的政府购买服务的制度和规范上来看，使用主体事实上是严重缺位的。如《政府购买服务管理办法》、《关于政府向社会力量购买服务的指导意见》和《关于做好政府向社会力量购买公共文化服务工作的意见》三部主要法规的规范文件中，在购买内容的确定部分均未提及使用主体，仅在监督管理、绩效管理和评价中提及“服务对象”，也就是说使用主体只在监督管理和绩效评价过程中才会被征求意见，现有的政府购买公共服务的制度框架是以政府为中心，而不是以使用主体为中心。2014 年，财政部发布《关于推进完善服务项目政府采购问题的通知》，提出要分类推进服务项目政府采购工作，加强政府采购服务项目采购需求管理，并按照服务受益对象将服务项目分为三类，对于第三类中“以人为对象的公共服务”的需求管理，强调应当征求社会公众的意见。这是在制度框架上将使用主体列为需求主导的一个良好开端，但还需要在实践中持续和有效地贯彻执行。

此外，由于宣传力度不够，公众往往认为公共文化服务供给与自身利益关系不大，因而表达自身文化需求的意识淡薄，缺乏主动积极参与公共文化服务建设的动力。这也是导致使用主体在政府购买公共图书馆服务过程中的基本职责和权利得不到充分和有效发挥的因素之一。

2.1.5　评价主体

绩效评价是评价政府购买公共图书馆服务绩效，规范购买服务行为的重要举措。评价主体是“五元主体”体系中不可或缺的部分，也是联系其他三方的重要纽带。理论上，要保证评价结果的客观、公正、可信，评估主体应由政府、图书馆、社会公众和第三方评价机构共同组成，承接主体作为评价

① 汪圣.流失与重塑:政府购买公共文化服务的公共性问题研究[J].图书馆,2021(9):1-6.

对象也应纳入评价主体范畴。

2.2 公共图书馆社会化运营模式研究

2.2.1 公共图书馆社会化运营模式的分类

（1）依据契约关系分类

有学者依据契约关系类型将公共图书馆社会化运营模式分为市场型契约关系、参与型契约关系和网络型契约关系三种类型。其中市场型契约关系是指企业通过市场竞争取得服务合同，政府与企业是互不隶属独立关系，二者围绕图书馆服务进行的合作是基于市场化契约。如无锡新区政府通过招标，由某企业接手新区图书馆管理、运行和服务。合同规定了企业需实现图书馆年新增注册读者 1 万人，馆藏图书外借率达到 70%，年接待到馆读者 10 万人次以上，并为两个园区分馆、6 个街道联盟馆提供服务。无锡新区政府只在事关公益的发展大计上把关，不具体干涉企业运营，每年付给企业一定的服务费。参与型契约关系是指政府提供场地和部分运营开支，通过购买引进企业的专业化运营和日常管理，是一种民营公助、市场补充的运作模式。如北京市东城区体育馆路街道引进皮卡书屋，由其运营和管理社区图书馆，为辖区居民提供阅读服务。街道免费提供活动场地、承担水电费开销，并提供启动资金。网络型契约关系是指由政府、公共图书馆、图书馆服务企业和非营利性机构等不同性质的多元主体共同构成的图书馆服务网络契约。如朝外街道文化服务中心、朝阳区图书馆、民营图书馆三方签署运营合作协议，街道与区图书馆制定服务标准、考核办法，承担运维费用，民办图书馆负责日常管理以及活动的开展[①]。

（2）从运营主体的角度分类

还有学者从运营主体的角度将公共图书馆社会化运营模式分为整体服务

---

① 丁文安.政府购买图书馆服务实现方式分析——以三个典型案例为例[J].图书馆工作与研究，2017（5）：14-17，40.

外包模式、合作建设模式和“官办民助”“民办官助”经营模式。其中，整体服务外包模式是指将图书馆的日常业务全部交给社会力量去负责，或者图书馆仅保留如书刊采集等专业性较强的工作，运营主体为社会力量。合作建设模式是指由图书馆与社会力量合作共同运营和管理图书馆。例如，北京东城区第一图书馆和民营图书馆合作，双方都投入大致相当的工作人员，相互参与到对方擅长的具体服务项目中去，东城区第一图书馆的馆员们学习民营图书馆的服务理念与服务技巧，民营图书馆的工作人员也在图书馆专业化服务方面不断增进理解，从而促进双方的可持续发展。“官办民助”“民办官助”经营模式中，“官办民助”是指政府提供服务场地，由社会力量负责经营和管理。“民办官助”即“功能搭载”，在民营企业中开辟一定空间，搭载公共阅读的功能，民营企业负责经营，政府提供相关支持。例如，北京西城区图书馆帮助一家戏剧企业开设的书吧强化特色，提供戏剧方面的剧本、研究著作，并配置了“云借阅”电子书刊借阅机，让观众在观看戏剧的同时能够了解戏剧文化①。

（3）从政府购买的角度分类

从政府购买的角度将图书馆社会化运营分为单纯购买模式、PPP 模式、协同服务模式和志愿服务模式。其中，单纯购买模式又分整体性购买和选择性购买。整体性购买就是政府把图书馆的建设、管理、运营等一切事项均交由第三方组织进行，政府通过财政支持等直接向第三方组织寻求图书馆公共服务的供给，如无锡新区图书馆就是整体性购买；选择性购买是指选取部分项目外包给社会组织。单纯购买一般仅涉及场馆的运营管理工作，但整体性购买偶尔也会涉及场馆的前期规划、建设等工作。公共图书馆领域的 PPP 模式通常是政府在建设图书馆时，引入社会资本，解决财政资金问题，而在后期的运营管理过程中，向社会资本提供部分收益、资源或者政策、资金扶

① 孙慧明. 基层图书馆服务社会化模式研究——以北京市为例[C]// 中国图书馆学会. 中国图书馆学会年会论文集（2016年卷）. 北京：国家图书馆出版社，2016：153-160.

持等。也就是说，PPP 模式既有场馆建设，又涉及图书馆日常运营管理。协同服务模式是指政府与第三方组织进行合作，政府提供图书资源、技术支持等，第三方组织提供场地、设备并负责日常管理运营，二者协同服务，共同向社会提供图书馆公共服务①。志愿服务模式是由社会组织、志愿组织和志愿者自愿捐赠和管理的模式。如北京西城区的“书香驿站”由社区文明推进协会协调社会组织、企业和居民共同捐助建立，驿站的管理人员也多为居民和志愿者②。

2.2.2 公共图书馆社会化运营模式特点

公共图书馆社会化运营不同模式的分类依据也恰恰反映了这些运营模式在某一方面的特点，了解这些特点有利于图书馆从不同的角度权衡利弊，做出运营模式的选择和决策。

依据契约关系进行的分类反映了公共图书馆社会化运营中政府与市场的契约关系。不同的契约关系，达成的社会化运营目标也不相同。例如，如果社会化运营的目的是加强图书馆联盟或网络的服务能力，拓展联盟或网络的服务范围，丰富联盟或网络的服务内容，毫无疑问应选择网络型契约关系实现公共图书馆的社会化运营，这种模式也同样适合于公共图书馆总分馆体系建设中的基层网点布局。如果社会化运营的目的是要将图书馆部分或整体业务外包，并希望择优选择专业的企业或社会组织进行管理和运营，市场型的契约关系则是首选。而参与型契约关系更适合于寻求社会力量以特定形式参与公共图书馆服务，从而节约政府直接办馆成本、提高办馆效率的运营目标。在参与型契约关系中，政府提供场地和部分运营开支，社会力量提供专业服务；或者社会力量提供场地和运营服务，图书馆提供资源和技术等支

---

① 丁逸斌. 政府购买图书馆公共服务的“互利共生”模式研究[D]. 上海：上海师范大学，2020:17-21.

② 王真真. 我国公共图书馆服务供给政社合作模式的调查与分析[D]. 合肥：安徽大学，2019:29-35.

持。双方以互补共赢的方式共同为公众提供服务。

在依据运营主体进行的分类中，整体服务外包模式的运营主体为社会力量，图书馆的日常业务工作均由社会力量负责，是否选择这一模式除考虑政府资金等方面的问题外，还要考虑图书馆的专业发展问题。此外，对于承接主体为营利性企业的，图书馆服务的公益属性是否能保持也是选择时需要慎重考虑的。合作建设模式由图书馆与社会力量共同运营，其优点是双方在服务方面可以实现优势互补，缺点是实现合作的可持续性有较大难度。图书馆服务的公益性决定了这样的合作无法营利，如何保证社会力量在合作中能够获得除金钱外的其他收益（如知名度、社会影响力等）是图书馆需要考虑的。“官办民助”“民办官助”经营模式则体现了运营中谁出资谁出力的问题，这一模式更适合于基层图书馆网点的布局和发展。“官办民助”模式中，政府出资建设服务场地并购买服务，社会力量负责运营和管理，政府是购买主体和责任者。政府将改造、整合推出的阅读空间交由社会力量运营和管理，一方面发挥了这些空间和设施的价值，另一方面也培育和发展了社会力量。“民办官助”则是社会力量出资经营，政府提供支持。图书馆借由社会力量的经营场地向更多的人提供服务，社会力量则因提供图书馆服务而扩大影响，增加自己的美誉度和知名度。无论是“官办民助”还是“民办官助”，都需要社会力量有一定的专业基础以及投身公益事业的理念和决心。

从政府购买角度进行的分类中，单纯购买模式引入的是社会力量的运营和管理能力。PPP 模式引入的是具有投资、运营管理能力的社会资本。协同服务模式则引入的是社会力量的场地、设施和日常管理，图书馆需要对社会力量进行专业和技术方面的支持。其中 PPP 模式与政府购买公共服务存在诸多区别：PPP 模式不受政府购买服务指导性目录的约束，范围更广；政府购买的合同年限最长不超过 3 年，PPP 项目的合同年限则最短不低于 10 年；政府购买在政府短期预算资金中安排，PPP 项目在财政中长期预算计划中安排；在实施程序方面，PPP 模式比政府购买要复杂得多，需要在招标前经过识别和准备阶段，要进行物有所值评价、财政承受能力评价、实施方案审批等。

PPP 模式包含有多种模式，公共图书馆项目一般采用 BOT（建设—运营—移交）模式，也有少数使用 TOT（移交—运营—移交）。BOT 模式是指政府和社会资本就公共图书馆服务供给签订特许权协议，社会资本承担图书馆的设计、融资、建造、运营、维护和用户服务等职责，政府部门负责服务标准制定、履约管理和检查监督，合同期满后项目资产及相关权利无偿移交给政府。TOT 与 BOT 的不同之处在于政府将已建好的公共图书馆馆舍设施有偿移交给社会资本，由其扩大投资进行建设和运营，合同期满后再无偿移交给政府。依照不同的社会资本回报机制，PPP 模式可分为使用者付费型、政府付费型和可行性缺口补助型。使用者付费型是社会资本完全通过向用户收费来支付运营费用、收回投资，并实现合理利润；政府付费型是社会资本通过政府付费来收回投资；可行性缺口补助型则是指使用者付费不足以社会资本收回投资和获得合理回报，则由政府以财政补贴等形式给予社会资本经济补助。公共图书馆由于其服务的公益性质，PPP 项目一般采用政府付费型和可行性缺口补助型。鉴于以上这些特点，公共图书馆服务的 PPP 模式实践较少，截至 2019 年第 1 季度末全国仅有 8 个处于不同阶段的公共图书馆 PPP 项目[①]。

2.3 公共图书馆社会化运营绩效研究

公共图书馆社会化运营的目的是逐步建立起适应社会主义市场经济的公共图书馆服务供给机制，丰富图书馆服务内容，创新图书馆服务方式，提升图书馆服务水平，扩大图书馆服务覆盖面，增强图书馆服务适用性，为人民群众提供更加方便、快捷、优质、高效的公共文化服务。而要达到这一目

① 邓银花.公共图书馆的PPP项目建设探讨[J].图书馆论坛,2020,40(8):155-162.

标，就必须实施有效的全过程绩效管理，建立健全评价指标体系和评价机制，将绩效管理贯穿政府购买服务全过程，对图书馆社会化运营的经济性、规范性、效率性、公平性进行评价并反馈，使政府购买图书馆公共服务形成一个不断循环、持续改进的闭环管理过程，借此规范政府购买公共图书馆服务行为，提高公共图书馆服务质量。

2.3.1　评价内容

政府购买公共图书馆服务绩效评价分为财政部门开展的针对购买主体和承接主体的综合绩效评价和购买主体针对承接主体开展的服务绩效评价。其中：综合绩效评价包括购买主体对政府购买公共图书馆服务项目的立项决策情况、购买主体对项目的采购与监管情况；服务绩效评价包括承接主体对项目的组织与管理情况、服务产出情况、效益情况以及使用方或项目受益人满意度以及后续的评价结果使用等。从建立全过程绩效管理来看，政府购买公共图书馆服务绩效评价应包含事前评价、事中监控、事后评价以及评价结果应用几个方面。

事前评价，也就是购买前评价，主要考察：在项目立项阶段，购买主体是否广泛征求社会公众意见并按照相关规定的程序申请申报并获得批复，是否征得同级财政同意后实施；在项目预算编报阶段，购买主体是否充分结合项目特点和相关经费预算综合物价、工资、税费等因素合理测算安排政府购买服务支出，项目所设定的绩效目标是否依据充分、是否符合客观实际等。

事中监控，也就是购买过程评价，考察：购买主体是否根据公开公正、方式灵活、程序便捷、竞争有序的原则合理确定购买方式；购买程序是否符合《中华人民共和国政府采购法》《政府购买非招标采购方式管理办法》《政府购买服务管理办法》等相关规定。

事后评价，也就是购买后的评价，是对承接方合同履约阶段的评价，主要考察承接方的公共图书馆运营管理能力、图书馆服务效能、社会公众满意度等。事后评价内容的图书馆专业性强，它是对承接方图书馆运营能力的全面考察，需要构建专门的公共图书馆业务管理与评价指标体系。事后评价是目前政府购买公共图书馆服务绩效评价实践中最受重视，也是最重要的环节，评价结果不仅决定着承接方的去留，也是决定整个购买服务成败的关键。

2.3.2 评价主体

近年来，我国政府一直在提倡和推进政府购买服务中引入第三方评估机构。如《关于政府向社会力量购买服务的指导意见》就提出要健全由购买主体、公共文化服务对象以及第三方共同参与的综合评审机制。《关于做好政府向社会力量购买公共文化服务工作的意见》也强调健全由购买主体、公共文化服务对象以及第三方共同参与的综合评审机制。2018 年，财政部发布《关于推进政府购买服务第三方绩效评价工作的指导意见》，要求受益对象为社会公众的政府购买公共服务项目，应当积极引入第三方机构开展绩效评价工作，就购买服务行为的经济性、规范性、效率性、公平性开展评价。其中：各级财政部门负责政府购买服务第三方绩效评价制度建设和业务指导，必要时可直接组织第三方机构开展绩效评价工作；购买主体负责承担第三方机构开展绩效评价的具体组织工作；承接主体应当配合开展绩效评价工作。

理论上讲，要保证评价结果的客观、公正、可信，评价主体应由政府、图书馆、社会公众、第三方评价机构和承接主体共同组成。其中：政府是购买主体，是图书馆服务的监督者和评估者；图书馆起着衔接政府和社会力量的作用，也是代表政府对图书馆服务进行监督和管理的主体；社会公众作为政府购买图书馆服务的使用主体，对服务质量的优劣、水平高低最具发言权，政府购买图书馆服务质量的评判最终都是以是否能满足社会公众文化需求为准，因而社会公众是评价主体中不可或缺的部分；第三方评价机构是评价工作的主要实施者；承接主体则是主要的评价对象。评价主体的多元化组成涉及公共图书馆社会化运营的各个利益相关方，有利于提高评价结果的公信力和权威性，也有利于后期评价结果在提升和改善服务质量方面的充分和有效利用。

第三方评价机构是指研究机构、依法设立的会计师事务所、从事预算绩效管理的专业咨询机构、高等院校、科研院所、行业协会及具有政府购买服务项目承接主体资格的事业单位和具备条件的其他社会力量。作为评价工作的主要实施者，其资质、业务能力等直接影响着评价结果的专业性和权威性。财政部《关于推进政府购买服务第三方绩效评价工作的指导意见》提出，要择优确定评价机构，严格按照政府购买服务相关规定，择优选择具备条件的研究机构、高校、中介机构等第三方机构开展评价工作，确保评价工作的专业性、独立性、权威性。一些地方性法规和政策依据这一要求，对第三方评价机构的选取范围和原则进行了规定。如山西省财政厅《关于推进政府购买服务第三方绩效评价工作及绩效评价结果应用等有关事项的通知》规定第三方评价机构选择应遵循的基本原则是：公平、公正原则，能力优先原则，利益冲突回避原则以及权利主张和奖惩激励原则。其中利益冲突回避原则指第三方机构与被评价单位存在利益关系的不得接受委托；权利主张和奖惩激励原则指购买主体应充分落实主体责任，确保绩效评价结果有效应用，并通过合同约束予以奖惩激励。

上述通知强调，第三方机构除满足委托方的具体工作要求以外，还应具备以下资质：依法设立并具有独立承担民事责任能力；具有独立健全的财务管理、会计核算、资产管理、内部控制制度和工作质量控制制度；具有提供绩效评价服务所必需的专家队伍或专业结构合理的专业技术；具有良好信誉，有依法缴纳税收和社会保险的良好记录，且近三年没有重大工作失误、违法违规、违反职业道德等不良记录[①]。

在实际操作中，由于作为购买主体的政府的独特地位，多数情况下政府

① 山西省财政厅. 山西省财政厅关于推进政府购买服务第三方绩效评价工作及绩效评价结果应用等有关事项的通知[EB/OL].[2022-01-12]http://czj.yq.gov.cn/zcfg/202110/W020211020326326769569.pdf.

仍占主导地位，很容易成为单一的评价主体而影响最终的评价结果。由政府、社会公众（使用主体）、第三方评价机构组成的评价主体，在承接主体的配合下共同完成绩效评估，是政府购买公共图书馆服务绩效评价的发展方向，需要各级政府出台更为细致的、可操作性强的实施意见和细则，尽快建立综合性的评估机制。

2.3.3 评价指标

（1）评价指标选取原则

20 世纪 70 年代，美国学者提出了经济性、效率性、效益性的“3E”绩效审计准则，并将此准则推广到地方政府管理中。随着实践的发展，学界和业界将“3E”理论扩展为“4E”，即经济性（Economy）、效率性（Efficiency）、效益性（Effectiveness）、公平性（Equity），并成功将此准则应用到政府绩效评价中。近几年，“4E”评价法在我国政府购买公共服务中的应用逐级增多，根据公共图书馆服务的特点补充、改良后的 4E”原则应用于政府购买公共文化服务乃至公共图书馆的服务绩效评价，也进入了学者们的研究视野。

在“4E”原则中：经济性关注的是政府购买行为是否节约了成本投入和资源投入，以尽可能低的投入成本获得更优质和高效的公共服务；效率性关注投入产出比，衡量政府购买的公共服务是否达标，服务成本与服务结果是否成正比，运营方是否以高效的方式利用投入的资源；效益性指以投入成本后实现的目标或结果计算服务产出和预期目标比值，衡量是否实现了效益最大化；公平性关注不同的服务对象是否有平等地获得服务的机会，特殊群体和弱势群体是否受到歧视或不平等待遇等。“4E”原则中没有提及公益性，考虑到公共图书馆服务所具有的公益性特点，评价指标的选取还应将公益性纳入其中。

财政部《关于推进政府购买服务第三方绩效评价工作的指导意见》指出，就购买服务行为的经济性、规范性、效率性、公平性开展评价。其中规范性指政府购买服务是否符合相关法律法规的要求，财政资金是否得到了安全、规范、有效的使用。政府购买公共图书馆服务也涉及规范性问题，因此，规范性也应纳入评价指标选取原则中。

如果说上述选取原则是理念层面上的设计原则，那么在实际的操作层面，还要考虑指标的可操作性和实用性。尽量将指标通过直观、可测量的方式表现出来；对难以量化的定性指标，如没有直接可测性，可通过间接可测指标来测量。实用性则是指评价指标不能过于理论化，脱离实际的评估环境，要让指标的考核结果能够有效展示考评目标①。

（2）事前评价指标

事前评价指标应包括三个方面的内容，一是项目立项的规范性，指项目的申请、设立过程是否符合相关要求，用以反映和考核项目立项的规范情况。指标内容可包括：项目是否按照规定的程序申请设立；所提交的文件、材料是否符合相关要求；事前是否已经过必要的可行性研究、专家论证、风险评估等。二是绩效目标的合理性，指项目所设定的绩效目标是否依据充分，是否符合客观实际。指标内容可包括：是否符合国家相关法律法规、国民经济发展规划和党委政府决策；是否与项目实施单位或委托单位职责密切相关；是否为促进公共文化事业发展所必需；项目预期产出效益是否符合正常的业绩水平。三是绩效指标的明确性，指依据绩效目标设定的绩效指标是否清晰、细化、可衡量等，指标内容可包括：是否将项目绩效目标细化分解为具体的绩效指标；是否通过清晰、可衡量的指标值予以体现；是否与项目年度任务数相对应；是否与预算确定的项目投资额或资金量相匹配。

（3）事中评价指标

事中评价主要是对购买过程的评价，评价指标主要涉及两个方面的内容。一是承接主体的确定方式，指标内容可包括：是否充分向社会公开购买

① 李煜宁. 政府购买公共图书馆服务绩效评估指标体系研究[D].成都：电子科技大学，2018：28.

信息；是否通过公开招标、邀请招标、竞争性谈判、竞争性磋商等任一方式择优确定承接主体。二是购买服务文件内容，指标内容可包括：购买服务文件是否包括承接主体资格要求、服务需求、评审方法、评审标准、合同文本（草案）等内容；采用竞争性谈判、竞争性磋商采购方式的，购买服务文件是否列明谈判、磋商过程中可能实质性变动的内容等。其中，合同文本及条款应明确购买服务的范围、标的、数量、质量以及服务期限、资金支付方式、与资金支付挂钩的考核评价标准或考核办法、双方权利义务和违约责任、解决争议的方法等。这些要求应在评价指标中体现。

（4）事后评价指标

事后评价指标是对承接方合同履约阶段的评价，评价指标可包括过程、产出、服务对象和公众满意度三个部分。

①过程评价。过程评价包括业务管理评价和财务管理两部分。业务管理主要考察承接单位为达到项目质量要求而采取的必要的管理措施。我国县级以上公共图书馆评估定级标准重点关注图书馆自身的建设、管理和服务，与事后评价中对承接方图书馆业务管理的评价相吻合，因此，这部分指标的设定可以参考第六次全国县级以上公共图书馆评估定级标准中的业务管理部分和保障条件的部分指标，并根据图书馆实际情况进行增减（表 2-1 根据第六次全国县级以上公共图书馆评估定级中省级评估标准整理）。

表 2-1　业务管理评价指标

一级指标	指标说明
馆藏发展政策与馆藏结构	文献资源采集规定和各类文献资源结构占比情况
编目与馆藏组织管理	文献编目的标准化、时效性，文献保护与馆藏揭示情况
数字资源建设	数字资源建设情况
地方文献工作	地方文献的征集和入藏情况

续表

一级指标	指标说明
本区域公共图书馆服务建设体系	总分馆服务体系建设情况
图书馆行业协作与社会合作	参与本区域和区域外图书馆行业协会活动情况
业务管理与研究	图书馆宣传、用户管理以及业务研究与学习情况
社会化与管理创新	志愿者管理制度、规范化；管理方式创新
行政与人力资源管理	年度计划；员工数量、学历结构、岗位管理与馆员培训情况

财务管理评价包括：管理制度和资金使用，考察承接单位的财务制度是否健全，是否制定或具有相应的项目资金管理办法；项目资金使用是否符合相关的财务管理制度规定，是否存在截留、挤占、挪用、虚列支出等情况。

②产出评价包括服务效能指标以及成本节约率。服务效能指标指实际上是与投入相关的产出数量指标和质量指标，指标设定可参考第六次全国县级以上公共图书馆评估定级标准中服务效能指标，如表 2-2。

表 2-2　服务效能指标

一级指标	指标说明
基本服务	开馆时间、持证读者占比、年读者人均到馆量、年文献外借量、年文献流通率、馆际互借与文献传递量、是否提供政府公开信息服务等
未成年人及其他特殊群体服务	未成年人（包括低幼儿童）服务、残疾人服务、老年人服务、农民工服务等
阅读推广与社会教育	年讲座、培训、展览、阅读推广活动次数；年数字阅读量、每万人参加读者活动人次；阅读指导组织与策划；服务宣传推广等
信息咨询服务	普通参考咨询、专题咨询、立法决策信息咨询
网络资源服务	图书馆网站建设，年人均网站访问量，可远程访问数字资源数量
新媒体服务	微信公众平台、微博的关注数量或粉丝数量，服务信息推送数量；移动图书馆服务、触摸媒体服务

成本节约率指完成项目计划工作目标的实际节约成本与计划成本的比率。如晋中市图书馆社会化运营后相比省内同类型公共图书馆，运行费用平均每平方米减少开支 163 元，节约率达 34.2%。产出评价还可以视情况增加人员数量节省率指标。其中应配备人数是按照《公共图书馆服务规范》（GB/T 28220—2011）相关规定测算的应配备工作人员数量。

③服务对象和公众满意度。通过社会调查方式，获取服务对象和社会公众（包括单位、群众和个人）对服务的评价。

④设施设备评价。对于 PPP 模式，由于社会资本承担了图书馆的设计和建造，因此还应进行设施设备的评价。主要评价指标见表 2–3。

表 2–3　图书馆设施设备评价指标

一级指标	指标说明
馆舍建筑面积	不含租赁和正在改扩建的建筑面积
阅览座席	阅览室内可供读者使用的座位数
少儿阅览座席	少儿阅览室可供少儿读者使用的座位数
计算机数量	可供读者和工作人员正常使用的计算机数量
读者服务区无线网覆盖范围	
宽带接入	接入因特网带宽
存储容量	指专用存储设备容量，不含普通服务器、微机的硬盘容量
图书馆自动化管理	有业务管理系统以及业务系统自动化程度

2.3.4　评价流程

以引入第三方评价机构为例，政府购买公共图书馆服务绩效评价流程分为以下几个阶段：

①政府提出由第三方评价机构对图书馆社会化运营进行评价，撰写并提交可行性报告进行审批。

②通过政府采购选择第三方评价机构。

③委托方和第三方评价机构签订合同。

④成立评价小组。评价小组成员由行业主管部门、图书馆协会、评价机构、购买主体、服务对象代表、专家等组成。

⑤制订评价方案。评价小组对评价范围、评价标准等进行研究分析，制订评价方案。

⑥开展评价工作。按照项目评价方案，由承接主体提出自评报告。评价小组采取查阅资料、听取情况介绍、实地查看、对社会公众开展满意度测评、财政资金审计等方式进行评价。

⑦出具评价报告。评价小组根据绩效评价内容经综合分析评价后，提出评价意见并形成书面评价报告。

2.3.5 评价结果应用

评价结果是合同资金支付、编制政府向社会力量购买公共图书馆服务年度预算和选择政府向社会力量购买公共图书馆服务承接主体的重要参考依据，同时也是发现问题，改进和提高图书馆服务质量、效率和管理水平，满足使用主体需求的重要依据。由于财政部门和购买主体均可以组织开展第三方绩效评价，因此，如果是由财政部门直接组织开展第三方绩效评价的，应及时向购买主体和承接主体反馈绩效评价结果，提出整改要求，并将评价结果作为以后年度预算安排的重要依据。由购买主体组织开展第三方绩效评价的，应及时向承接主体反馈绩效评价结果，根据合同规定对承接主体提供的服务进行检查验收，根据合同约定和绩效评价结果与承接主体进行项目经费结算，做好项目实施情况的总结及项目终结存档工作，并将评价结果作为以后年度选择承接主体的重要参考。承接主体则要根据评价结果反馈，对发现的问题及时整改，查漏补缺。

2.4 公共图书馆社会化运营问题研究

2.4.1 相关法律制度不健全

在现有的法律法规和政策性文件中，与公共图书馆社会化运营最为密切的有《政府向社会力量购买服务的指导意见》、《关于做好政府向社会力量购买公共文化服务工作的意见》以及《中华人民共和国政府采购法》、《政府购买服务管理办法》等，为政府购买公共图书馆服务提供了政策和法律基础。各地也相应出台了一些地方性法规和政策，如河南省的《政府购买服务操作指南（试行）》，河北省人民政府办公厅《关于政府向社会力量购买服务的实施意见》，山东省烟台市出台的《政府向社会力量购买服务工作规程（暂行）》，四川、青海、陕西、天津等出台的《关于做好政府向社会力量购买公共文化服务工作的实施意见》，浙江省财政厅《关于进一步加强和规范政府购买服务管理的通知》，等等。但这些法规和政策性文件只规定了政府购买的原则性问题和大的方向，多数较为笼统，没有给出具体的实施细则、监管体系和考核机制。针对政府购买公共图书馆服务的相关规定基本没有涉及。

上述法律法规和政策性文件中，仅有与政府购买公共图书馆服务关系最为密切的《关于做好政府向社会力量购买公共文化服务工作的意见》中提及图书馆服务，即将"公共图书馆（室）、文化馆（站）、村（社区）综合文化服务中心（含农家书屋）等运营和管理"纳入政府购买目录。毫无疑问，公共图书馆服务属于公共文化服务范畴，但与博物馆、美术馆、体育设施等公共文化设施的运营管理有很大区别，因此，迫切需要一个针对政府购买公共图书馆服务的全局性法规出台，辅以政府向社会力量购买公共图书馆服务的地方条例，并细化购买指导性目录、制定购买公共图书馆服务标准。实践中各地经济文化的差异导致各地自发探索的实践经验也各不相同，顶层设计的缺失使得地方根据实际情况出台地方性法规和政策的也相对较少，也容易造成各地自行其是，没有统一规范和标准的情况，不利于政府购买公共图书馆服务的长期发展。

2.4.2 社会化运营受财政资金制约

在我国，对公共文化事业政府投入占绝对主导，因此政府资金是公共图书馆社会化运营能够顺利开展的基本保障，资金投入需要保证充足性和延续性，一旦出现资金明显减少或不足的情况，与社会机构的合作将难以持续。一项对福建省政府购买公共图书馆服务的调查显示，25 家有政府购买服务项目的公共图书馆在购买服务过程中遇到的最主要的问题是经费不足，占所有参与调查图书馆样本的 68%，表明经费不足几乎是各个图书馆都面临的问题[①]。无独有偶，一项对江西省公共图书馆政府购买服务情况的调查显示，由于各地政府对公共图书馆事业重视程度的不同以及经济发展水平的不同，资金投入也有所不同，省级馆要高于市级馆，但整体经费投入有限，不能满足事业发展需求。从调研问卷的建议反馈来看，希望政府进一步重视公共图书馆服务，加大经费投入是被反复提及的建议内容[②]。除了资金不足影响社会化管理开展外，在支付方面，政府购买公共图书馆服务采取的付款手段主要为事后支付，即经过绩效评估后根据承接主体的完成情况进行支付，在运营过程中承接主体由于先期的人力、物力等的投入，资金压力较大，不利于服务的拓展与创新。在资金预算编制方面，政府财政资金为事前预算，也就是在项目开展前就决定了资金的多少，对于运营过程中突发的额外资金需求难以预判，也会极大地影响图书馆与社会机构合作的稳定性。

另外，由于政府购买公共图书馆服务还处于初级阶段，事前绩效评价还很不完善，预算不够细化，对于政府购买公共图书馆服务的价格和资金规模还没有形成统一的标准，没有较为成熟的核算办法，购买资金往往是由政府确定，对承接方钱够不够用，资金到底能发挥多大效益“心里没底”，导致

---

① 党蕾，巴锦博，傅文奇. 政府购买公共图书馆服务的调查与分析——以福建省公共图书馆为例[J]. 图书馆研究，2020，50(2)：14-21.

② 黄珣. 基于供给侧视角下政府购买公共图书馆服务研究——以江西省为例[J]. 老区建设，2020(4)：63-68.

在运营过程中往往出现资金短缺，影响社会化运营的稳定性及延续性。

2.4.3 承接主体少缺乏竞争力

目前，按照《关于做好政府向社会力量购买公共文化服务工作意见的通知》，承接政府向社会力量购买公共文化服务的主体主要为具备提供公共文化服务能力，且依法在登记管理部门登记或经国务院批准免予登记的社会组织和符合条件的事业单位，以及依法在市场监督管理或行业主管部门登记成立的企业、机构等社会力量。

在社会组织方面，根据民政部《2020 年民政事业发展统计公报》的数据，截至 2020 年底，全国共有社会组织 89.4 万个，其中社会团体 37.5 万，民办非企业单位 51 万个，基金会 8432 个，都较上年度有所增长[①]。数量虽多，但能够满足政府购买公共文化服务对承接主体资质、专业、服务质量等要求的社会组织非常少，难以形成规模，缺乏竞争力。

而作为政府购买公共图书馆服务承接主体的社会组织更是少之又少。笔者在民政部社会组织管理局主办的全国社会组织信用信息公示平台以“图书馆”为检索词进行检索，结果显示全国共有名称中带有“图书馆”字样的社会组织 358 个，其中多数为各级图书馆协会（学会）。众所周知，图书馆协会（学会）的主要任务是开展图书馆领域学术研究活动，促进图书馆间的学术交流。虽然一些省级及以上的图书馆协会（学会）具有较高的专业能力和组织能力，但图书馆协会（学会）的工作人员较少，会员多为图书馆馆长和图书馆工作人员，除去协会（学会）的工作，会员主要还是忙于各自所在图书馆的业务工作。因而从人力资源的角度看，图书馆协会（学会）基本上不具备承接政府购买公共图书馆服务的能力，实践中也未见报道。在资金方面，图书馆协会（学会）的资金来源主要是会费收入、企业赞助和社会捐赠，但筹款能力普遍较低，缺乏完善的筹款机制，不能达到预期的筹款效

---

① 民政部. 2020 年民政事业发展统计公报[EB/OL].[2022-01-09].http://images3.mca.gov.cn/www2017/file/202109/1631265147970.pdf.

果，在政府购买公共图书馆服务事后付费的支付方式下，也不具备作为承接主体的资金实力。另外，在上述检索得到的358个社会组织中，具有公开募捐资格的仅有杭州市图书馆事业基金会一家。虽然以“图书馆”作为检索词并不能检索到所有的能提供图书馆服务的社会组织，但也从一个侧面反映了这一类社会组织的规模和数量。

在企业方面，目前全国范围内涉足图书馆领域的企业较少，承接政府购买公共图书馆服务的企业主要以部分业务委托为主，如提供硬件、网络、家具、文献数字化、编目等的业务委托。由于整体委托涉及图书馆的所有核心业务，对企业专业能力要求较高，加上实施整体委托的图书馆数量不多，相关企业形不成规模，整体竞争性较差，甚至出现了一些图书馆通过公开招标的方式选择承接主体时，因只有单一企业竞标不得不改为单一来源的情况。

2.4.4 公众参与程度不高

公众参与是指公众依法通过各种途径和形式，参与公共图书馆社会化运营的决策、管理、评价等过程。从我国现阶段的公共图书馆社会化运营实践来看，公众参与的广度与深度还远远不够，主要原因如下：

一是缺乏保障公众参与的制度与规范。2015年出台的《关于做好政府向社会力量购买公共文化服务工作的意见》中，未提及公众参与的问题。《中华人民共和国公共文化服务保障法》第二十二条规定“各级人民政府应当建立有公众参与的公共文化设施使用效能考核评价制度”，第二十四条规定“国家推动公共图书馆、博物馆、文化馆等公共文化设施管理单位根据其功能定位建立健全法人治理结构，吸收有关方面代表、专业人士和公众参与管理”。《中华人民共和国公共图书馆法》的相关规定与此类似，即在考核评价公共图书馆服务和建立法人治理结构中提到吸纳社会公众参与。这些规定虽然确定了公众参与图书馆管理的合法性，但并未就公众参与的途径和程序进行明确规定。在目前的公共图书馆服务绩效考核实践中，大多数所谓的公众参与仅是读者满意度调查，或是对入馆读者进行的问卷调查，或是通过网络进行的读者满意度调查，参与人数有限，不足以代表广泛的公众意见。法人治理虽是公众参与图书馆运营管理的有效途径，但参与人数少，在政府购买公共图书馆服务的实践中，建立理事会制度的公共图书馆也寥寥无几。

二是社会公众参与公共文化事务的思想意识淡薄。首先，受传统观念影响，公共文化并不能和衣食住行一样受到社会公众的特别关注，很多人认为公共文化服务和自己的生活关系不大、可有可无。这与我国公民社会发育还未成熟，公众参与由政府自上而下推动不无关系。其次是因为政府信息公开的力度不够。信息公开是公众有效参与的前提，实践中各项目虽然也公开发布了招投标公告，但有关政府购买公共图书馆服务的信息公开范围不够宽泛，公众获取相关信息的途径有限，这种信息的不对称也阻碍了公众参与的积极性。再次，由于公共图书馆布局问题，那些因距离太远而没有享受过公共图书馆服务的人，也就更谈不上积极参与公共图书馆事务了。最后，在政府购买公共服务的过程中，没有充分考虑公众的需求，公众被视为消极被动的服务对象，已经习惯了“送什么，就接受什么”。一些地方政府忽视公众对公共服务的选择权，而是基于政府绩效或部门利益，往往以政府的需要为前提，将公共服务强加于被服务者，导致群众需要的服务没有开展，而对政府送上门的服务群众没有真正需求[①]。

2.4.5 绩效评价机制尚待完善

从政策环境来看，近几年从中央到地方越来越重视政府购买公共服务的绩效评价。一方面，中央层面有关政府向社会力量购买服务的文件，如《关于政府向社会力量购买服务的指导意见》《财政部关于推进政府购买服务第三方绩效评价工作的指导意见》《关于做好政府向社会力量购买公共文化服务工作的意见》等对绩效评价做了相关规定，尤其强调第三方绩效评价的开

① 杨成，刘潇潇．论政府购买公共服务中的公众参与[J].行政与法，2016(10):17-23.

展，但缺乏相配套的管理办法或实施条例来指导地方开展绩效评价工作；另一方面，响应绩效评价相关规定的地方也较少，多地还未从政策规章层面强调政府购买公共服务的绩效评价工作，已有政策规章也存在不全面、不细致等问题，直接导致第三方评价的有效性不足。相关调查研究发现，除了中央对社会组织参与公共服务供给实施了第三方项目评估与审计外，超过一半的政府对社会组织参与公共服务没有规范的第三方项目评估[①]，此类现象在政府购买公共图书馆服务中也并不鲜见，尤其是实施部分业务委托的图书馆甚至连评估考核制度也没有建立。一项对江西省设区市以上公共图书馆政府购买服务的调查显示，10 家购买服务的公共图书馆没有一家引入第三方评价机构进行绩效评估，仅凭合同协议来进行考核，另有 4 家图书馆未建立评估考核制度[②]。

公共图书馆社会化运营没有第三方评价机构介入的原因，除了评价机制不健全外，还有目前真正了解图书馆行业、具备图书馆学相关领域专业知识的第三方评价机构还不是很多，政府购买公共图书馆服务绩效评价的专业性难以保障。一些公共图书馆为了保证评价质量，根据当地实践，采取了不同的评价考核办法。如某项目中，北京市东城区体育馆路街道作为购买主体，民办图书馆皮卡书屋（少儿中英文图书馆）作为承接主体负责社区图书馆的运营管理，评估考核由街道和皮卡书屋、家长三方共同组成理事会来负责，通过每季度的理事会会议对皮卡书屋的服务进行评测。无锡新区政府购买图书馆公共服务的案例中，由居民代表与政府工作人员共同组成项目监督管理委员会，定期举行工作例会，审议图书馆服务效果。而在芜湖市镜湖区购买公共图书馆服务的案例中，镜湖区文化广电新闻出版局通过建立图书馆考核评定专家库，随机抽派专家进行月、季、年度服务质量综合打分，确保考核

---

① 张晓红.公共治理视角下加强政府购买公共服务监管的思考[J].财政监督，2014(33)：42-45.

② 黄珣.政府购买公共图书馆服务研究[D].南昌：南昌大学，2019：18-22.

过程公平公正。服务过程由“两代表一委员”实时监督，聘请图书馆行风监督员参与日常的巡查暗访，收集反馈读者的意见和建议，参与年度目标任务完成情况的考核[①]，虽没有第三方评价机构介入，但馆外专家及“两代表一委员”也发挥了第三方评价的作用。

总体看来，公共图书馆社会化运营尚未建立起一套完整、有效的考核体系。虽然一些图书馆根据实际情况采用了不同的考核形式，但没有统一的行业规范作为评价标准和方法制定的参考依据，因而其科学性和灵活性、评价结果的公正性等还有待商榷。

2.4.6 对社会化运营的不足研究不够

在已有的对图书馆社会化运营的研究中，虽然也探讨了社会化运营中出现的不足和矛盾，如经费问题，政府、图书馆、承接主体三方的职责定位问题，社会力量的参与度不足问题，评价机制不健全问题等，但对更深层次的问题，如营利性企业与公共文化服务公益性之间的结构性矛盾、公共图书馆的长期可持续发展与承接主体的短期经营之间的矛盾等缺乏研究。这些矛盾是相对隐性的，是由公共图书馆和承接主体的性质决定的，存在于整个社会化运营的全过程，解决不好会直接影响社会化运营的效果。例如受短期利益驱使，承接主体缺乏长远规划，反映在资源建设上，就会导致承接主体为迎合部分读者需求，不采购或较少采购一些具有馆藏价值但非畅销图书，长此以往，必然影响整个馆藏结构和馆藏质量。

2.5 公共图书馆社会化运营保障研究

2.5.1 制度和组织保障

完善的法律法规和制度体系是公共图书馆社会化运营顺利进行的保障。如前所述，现行政策对政府购买公共文化服务的规定太过笼统，基本没有涉

---

① 全国宣传干部学院．宣传思想文化工作案例选编（2017）[M]．北京：学习出版社，2017：154-164.

及公共图书馆的条款，同时也缺乏具体的操作办法，仅凭各地政府和图书馆在实践中摸索。另外，由于公共图书馆服务与公共服务、其他公共文化服务的差异性，现行的相关法规和政策也并不完全适用公共图书馆社会化运营。公共图书馆是公共文化服务体系的重要组成部分，在整个公共文化服务体系中，发挥着其他文化设施所不可替代的重要作用，在新时代坚定文化自信、推动社会主义文化繁荣兴盛伟大事业中担负着巨大责任。因此笔者认为为公共图书馆事业的全面发展制定专门法律是有必要的。建议出台针对公共图书馆社会化运营的专项法律法规或规范性文件，对政府购买公共图书馆服务的采购内容、方式、流程控制、后续监管等予以清晰界定和明确规定，为公共图书馆的社会化运营提供法律保障，使政府购买公共图书馆服务工作能够有法可依，有章可循。

一是出台针对政府购买公共图书馆服务的全局性法规，对购买主体和承接主体、购买内容和目录、购买机制、资金管理、绩效管理等根据政府购买公共图书馆服务的特点进行详细规定，为实践活动提供总体的指导原则和实现路径。为了使政府购买公共图书馆服务更具可操作性，还应考虑颁布政府购买公共图书馆服务的相关实施细则。

二是鼓励各地根据地方特点出台政府购买公共图书馆服务的地方条例或指导意见，对购买内容和目录进一步细化，研究制定相关的公共图书馆社会化运营地方标准，培育和引导社会力量参与。地方条例、指导意见和相关标准是建立在全局性法规基础之上，根据当地实际情况而制定，其主要目的是规范和指导当地的公共图书馆社会化运营项目。例如，北京市西城区政府通过购买服务，以公办民助和民办公助方式引入社会力量创建公共阅读空间，成功打造了“砖读空间”“宣阳驿站”“白云驿站”“书香酒店”等一系列深受读者喜爱的城市阅读空间。从 2017 年起，西城区陆续出台了《促进全民阅读建设“书香西城”的若干意见》《北京市西城区特色阅读空间考核指标体系》《北京市西城区实体书店、阅读空间扶持资金暂行管理办法》等系列文件，对公共阅读空间的社会化运营进行规范、引导和帮扶。

2.5.2 资金投入保障

如前所述，我国公共文化事业政府投入占绝对主导，投入主体单一，现阶段资金保障应从以下两个方面着手：

一是提高预算编制的科学化、规范化，把钱花在“刀刃”上。2015 年，文化部等四部门出台的《关于做好政府向社会力量购买公共文化服务工作的意见》提出，政府向社会力量购买公共文化服务所需资金列入财政预算，从部门预算经费或经批准的专项资金等既有预算中统筹安排。要把钱花在“刀刃”上，可通过强化事前绩效评审和预算评审来实现。所谓事前绩效评估主要是针对资金申报的必要性、合理性、经济性、可行性和合规性进行定性和定量相结合的评估，确定项目是否符合申报要求，解决支持与否的问题；预算评审是预算安排前进行的审核工作，重点对申报的预算内容进行定量评审，从而控制资金支持规模，解决支持多少的问题，是对事前绩效评估的进一步细化和深化。其中，事前绩效评估中单独成立的专家组作为定性判断和定量分析的技术人员，同时还能发挥监督责任；预算评审则需要借助行业专家（如公共文化服务和公共图书馆领域的专家、馆长、学者）的专业力量和独立身份，对项目预算支出进行详细的定量分析，达到既节约财政资金，又能保证项目正常运营所需资金目的。

二是建立多元化的投入机制。所谓多元化的投入机制，就是要发掘政府投入之外的其他投入方式。前述的引入社会资本的 PPP 模式，就是通过引入市场化的第三方投入机制对政府财政投入方式加以补充的一种方式。此外，亦可借鉴国外的“一臂之距”公共文化管理方式，即在政府与民间文化组织间建立非政府公共文化机构，一方面对政府负责，承担经费协调分配，就政府政策执行提供建议和咨询，另一方面为民间文化组织提供发展平台，给予它们同等的经费分配使用机会，将财政直接拨款转变为资金扶持和奖励，以吸纳更多社会力量参与。

2.5.3 市场培育和能力建设

承接主体只有具备较强的服务承接能力和社会影响力，才能够真正保障公共图书馆社会化运营的质量和效果。2016 年民政部发布的《关于通过政府购买服务支持社会组织培育发展的指导意见》(以下简称《指导意见》) 提出的主要政策也适合对公共图书馆社会化运营的市场培育和能力建设。由于《指导意见》为民政部所发，因此培育范围只限定于社会组织，而未将民营企业纳入其中，但其中一些政策对相关企业的培育也具有指导意义。因此，为论述方便起见，在本节以下的内容中，均将社会组织扩展为社会组织与民营企业。

首先，关于改善准入环境。《指导意见》指出，社会组织参与承接政府购买服务应当符合有关资质要求，但不应对社会组织成立年限做硬性规定。对成立未满三年，在遵守相关法律法规、按规定缴纳税收和社会保障资金、年检等方面无不良记录的社会组织，应当允许参与承接政府购买服务。这一政策为新近成立、有能力承接图书馆运营的社会组织和企业提供了实践机会。《指导意见》还指出，要充分发挥社会组织在发现新增公共服务需求、促进供需衔接方面的积极作用。相对于公共图书馆领域，在一些社会力量参与运营的服务项目中，对于读者新需求的发现也正是它们的长项，例如在民营书店与图书馆合作建设阅读空间或服务网点的案例中，书店发挥其优势发现与满足读者对新书、阅读环境和服务方式的需求，弥补图书馆的不足，吸引更多读者。《指导意见》还指出：探索由行业协会商会搭建行业主管部门、相关职能部门与行业企业沟通交流平台，收集、汇总公共服务需求信息，向相关行业主管部门反馈；有关部门应当将新增公共服务需求纳入政府购买服务指导性目录，鼓励和支持社会组织参与承接。在公共图书馆领域，应探索发挥图书馆行业协会的作用，搭建与图书馆主管部门、社会组织与企业的交流平台，发现图书馆行业新需求，鼓励和支持社会力量参与承接。

其次，政府要为社会力量承接公共图书馆运营提供指南。《指导意见》

提出“有条件的地方和部门，可以制定政府购买服务操作指南并向社会公开，为社会组织等各类承接主体参与承接政府购买服务项目提供指导”。目前，专为公共图书馆社会化运营而制定的政府购买服务国家级操作指南还未出台，但一些省份已经进行了先行尝试，制定了相关的地方标准。如2021年1月25日，安徽省市场监督管理局发布了由安徽省文化和旅游厅提出，安徽省图书馆与相关企业共同起草的《社会力量参与公共图书馆服务工作指南》（DB34T 3878—2021），提供了社会力量参与公共图书馆服务的总则（包括准入条件和参与方式等）、服务保障、服务内容、资料与档案、质量控制与改进、监督与考核等工作的指南，适用于指导社会力量参与公共图书馆服务工作。

再次，推进承接主体的能力建设。《指导意见》指出，要加强社会组织承接政府购买服务培训和示范平台建设，采取孵化培育、人员培训、项目指导、公益创投等多种途径和方式，进一步支持社会组织培育发展。在图书馆领域，广东大音文化发展有限公司就是在广东省文化厅、广东省图书馆学会、《图书馆论坛》杂志及中专图书情报协会的指导与支持下成立的提供图书配送及图书数据加工服务的专业机构[①]，曾是原广东省文化厅民营资本进入文化产业的三大典型案例之一。因此，要推进承接主体的能力建设，需要政府、图书馆为社会力量提供更多的业务培训和指导，加强三方沟通与交流，根据图书馆需求提升承接主体的社会化运营能力。从社会力量自身来讲，要增强对公共文化政策和市场的敏锐度，拓展收集政府购买公共文化服务的信息渠道，主动加强与公共图书馆的交流与合作，提高图书馆服务专业能力，最终形成政府、社会力量、图书馆三方协调发展、共促互补的共赢局面。例如，北京西城区出台《北京市西城区实体书店、阅读空间扶持资金暂行管理办法》，通过资金奖励、购买服务、项目支持和项目合作扶持等方式，帮助

① 弘恢大音文化——专业的图书馆全面服务提供商[J].图书馆论坛，2003（4）：168.

实体书店参与公共阅读空间建设[①]。

2.5.4 完善监督评价机制

首先，在内部监督方面，研究制定政府购买公共图书馆服务的相关财政与财务管理办法，细化和完善有关规定，并与部门预算管理的相关政策、制度有效衔接，确保政府购买公共图书馆服务资金使用的公开、透明、规范和有效运行。加强政府对承接主体的资格审查和认定以及运行监管和财务监管，防止诈骗、挪用、浪费等财务问题的发生。

其次，要完善外部监督机制，对政府购买服务进行全过程跟踪，保证资金规范管理、安全使用，绩效目标如期实现，并及时向社会公开购买的服务项目、服务标准、预算安排、购买程序和结果等信息，主动接受社会监督。强化社会监督意识，增加公众监督渠道，帮助公众了解服务购买的初衷是提高公共文化服务效能，满足人民群众的精神文化需求。充分发挥媒体的监管作用，公开报道政府购买公共图书馆服务的预算安排、购买程序、服务内容、活动开展、承接机构情况等，让公众了解图书馆社会化运营的全过程。

再次，开展绩效评价。绩效评价由购买主体负责组织实施，采用日常考核、专项考核、随机抽查或相关职能部门督查等方式进行。建立由购买主体、图书馆、社会公众、第三方评价机构组成的综合评价机制。在评价机构选择上，择优选择具有图书馆专业相关背景的研究机构、高校、中介机构开展评价工作。编制预算时应同步合理设定政府购买服务绩效目标及相应指标，作为开展服务绩效评价的依据。评价指标体系应参考现有标准、规范并结合图书馆自身特点制定，力求客观评价服务提供状况以及读者、公众和购买主体的满意情况，同时要加大读者满意度指标在整个评价体系中的权重。在具体的实施中，没有条件委托第三方评价机构的，亦可成立由政府、图书馆、社会公众、图书馆专家、图书馆协会、媒体等组成的综合评价小组进行

① 李天际. 北京西城将鼓励开办复合型阅读空间和书店[EB/OL].[2022-01-27]. https://m.yunnan.cn/system/2020/12/23/031194254.shtml?ivk_sa=1023197a.

评价。此外，新闻媒体舆论监督和公众投诉反映的有关内容也可纳入考核范围。

另外，重视评价结果的应用也是提高图书馆社会化运营质量的保障。评价结果不仅是以后年度预算安排、承接主体选择以及政策调整的重要依据，亦是建立针对承接主体的激励约束机制的基础，有助于推动承接主体的服务创新和质量提升。

3　晋中模式：公共图书馆社会化运营的典范

习近平总书记在2019年9月8日给国家图书馆老专家的回信中指出："图书馆是国家文化发展水平的重要标志，是滋养民族心灵、培育文化自信的重要场所。希望国图坚持正确政治方向，弘扬优秀传统文化，创新服务方式，推动全民阅读，更好满足人民精神文化需求，为建设社会主义文化强国再立新功。"习近平总书记的指示高屋建瓴地指明了图书馆的办馆目的、发展方向，为图书馆创新发展提供了很好的遵循。

晋中模式是近年来晋中市图书馆在晋中市委、市政府，晋中市文化和旅游局的领导和支持下，认真贯彻落实习近平总书记指示精神，坚持以人民为中心的发展理念，坚定文化自信，致力于文化创新，在引领全民阅读的时代大潮中，创新性推进公共文化服务供给侧改革，形成的一整套可操作、可复制、可推广的公共图书馆社会化运营模式。晋中模式的"五元主体"分别为：购买主体是图书馆的主管部门晋中市文化和旅游局，承接主体为通过市场竞争取得服务合同的山西华信天下图书管理服务有限公司（以下简称华信公司），图书馆作为管理主体在政府与承接商之间发挥着承上启下的作用，评价主体由晋中市文化和旅游局、晋中市图书馆理事会、社会公众、第三方评价机构、考核专家组成，全体市民为使用主体。从契约关系来看，晋中市文化和旅游局通过公开招标引入华信公司对图书馆整体业务进行运营与管理，二者是互不隶属的独立关系，因而晋中模式是基于市场化契约进行的整体服务购买模式。在这一模式中，党组织、理事会、图书馆、运营商、文化主管部门、社会公众充分发挥了各自的职能作用，形成了图书馆社会化运营独有的晋中特色。

3.1 晋中模式的产生背景及发展历程

3.1.1 晋中市图书馆的发展历程

（1）建设背景

晋中市位于山西省中部，东依太行，西临汾河，北与省会太原市毗邻，1999 年由原晋中地区改设而来，下辖 2 个市辖区、8 个县，代管 1 个县级市，总面积 1.64 平方公里，是华夏文明重要组成部分——晋文化的发祥地之一，也是晋商文化的摇篮，历史文化底蕴深厚，文化气质鲜明独特，是一座古老而又活跃的现代化城市。由于建市时间短，“十二五”之前，晋中市还没有一座市级公共图书馆，而省内其他城市如太原、大同、朔州、吕梁、长治等均已有或正在建设新的公共图书馆。随着晋中市经济和文化的快速发展，建设一座现代化的公共图书馆已迫在眉睫。为进一步推动文化晋中建设，加快文化事业发展，《晋中市“十二五”文化发展纲要》将三馆（图书馆、博物馆和科技馆）建设作为晋中市文化发展的主要任务之一。

（2）馆舍建设

2011 年，晋中市正式筹备建设市级图书馆。2012 年，市委、市政府就图书馆选址问题多次召开专题会议进行研究，经多方论证分析，最终确定晋中市图书馆选址于晋中市新建北路西侧、晋商公园北侧，占地 27 亩，拟建设规模为 13500 平方米，其中地上建筑面积 11000 平方米，地下建筑面积为 2500 平方米。总投资额 13518 万元，由国家专项补助资金和晋中市财政筹措解决。

2013 年 5 月 2 日，晋中市政府就晋中市图书馆的设计面积再次召开专题会议。会议认为，随着太原、晋中同城化发展步伐的加快，太榆科技创新城建设速度的提升，短期内必将带来城市人口的激增，预计 10 年之后，晋中市城区人口将突破 110 万。按照《公共图书馆建设标准》（JB 108—2008）的规定，服务人口为 100 万人以上的城市，图书馆建筑面积应在 13500—20000 平方米之间。根据原山西省文化厅《关于 2012 年度全省公益文化设施达标率的通报》（晋文发〔2013〕12 号）的有关规定，市级图书馆基本达标面积为 13500 平方米。综合考虑城镇化发展趋势和城区人口增长较快的特点，会议决定在满足晋中市图书馆 13500 平方米的达标面积基础上，增加 6300 平方米的美术馆功能，总建筑规模扩大至 19800 平方米，投资规模由 1.35 亿元增加到 1.98 亿元。2014 年 4 月 24 日，晋中市发展和改革委员会对《晋中市图书馆建设项目可行性研究报告》进行批复，核定晋中市图书馆建筑面积 19800 平方米。其中，地上建筑面积 16500 平方米，地下建筑面积 3300 平方米。

2014 年 11 月 1 日，晋中市图书馆正式开工建设；2017 年 11 月，晋中市图书馆进行交叉布馆布展；2018 年 1 月 15 日，主体工程顺利完工。晋中市图书馆建设项目采用代建制，由清华大学建筑设计研究院设计，晋中市文化局负责布展。设计和建设过程中聘请了 5 位图书馆专家，市文化局、图书馆相关人员也全程参与，发挥了馆方在规划设计、空间布局的主导作用。整个图书馆功能布局合理，空间利用率较高，克服了图书馆代建制可能出现的种种规划和设计弊端，基础设施、功能布局等硬件配套水平，居山西领先地位。

（3）开馆运营

2016 年 6 月，晋中市机构编制委员会办公室印发的《晋中市科技馆、博物馆、图书馆机构编制和专业人员选聘方案》中，核定晋中市图书馆财政拨款事业编制仅为 6 人，而新馆运行需要 130 多人。在这种情况下，经研究论证和对国内同类图书馆的考察，晋中市大胆尝试，决定以政府购买公共服务的方式，引进专业公司提供图书馆服务。

2018 年 1 月 20 日，晋中市图书馆进入部分功能试运行阶段，同时着手筹备以理事会为核心的法人治理结构，组建图书馆管理机构。2018 年 2 月，晋中市邀请原文化部公共文化司和有关图书馆专家对晋中市图书馆社会化运营进行论证，时任副市长辛琰多次组织研究讨论，并召集晋中市科协、市财政局、市文化局进行专题研究和费用核算，最终达成一致意见，研究制定了《晋中市图书馆购买服务方案》、《晋中市图书馆 2018 年度运营指标》以及建立以理事会为主要形式的法人治理结构新机制的《晋中市图书馆管理运行方案》，并获市政府批准。

2018 年 4 月 1 日，晋中市图书馆对外试开放，首日就接待市民近 2000 人。2018 年 8 月 9 日，晋中市图书馆召开购买专业服务第一次考核会议，组织专家考核组对承接企业 4—6 月的任务完成情况进行全面考核，最终承接企业以考核评分 973 分和 98% 的满意度通过。2018 年 12 月 5 日，晋中市图书馆正式对外开放。

开馆以来，晋中市图书馆每周开馆时间达 70 小时，33 个服务项目全部免费开放。截至 2021 年 6 月，累计接待读者近 176 万人次，办理读者证 22874 张，图书流通 732943 册次，单日最大接待读者量为 5056 人次，举办各类活动场次 2673 场，接待同行交流、社会团体参观学习等共计 218 场 6700 多人次，先后荣获国内、省内各类荣誉 76 项。

3.1.2 晋中模式的产生背景

首先，晋中市图书馆即将完工之际，有关事业单位改革和政府购买公共服务政策连续出台，为晋中市图书馆社会化运营提供了政策支撑。自党的十八届三中全会提出推广政府购买服务以来，到“十三五”初期，我国政府购买服务改革工作取得阶段性进展和成效。但总体上看，能向社会力量购买的服务项目仍然较少，大部分公共公益服务仍由相应的事业单位具体承担，一些事业单位存在着政事不分、事企不分，机制不活，服务质量和效率不高等问题。2016 年 11 月 30 日，为做好事业单位政府购买服务改革工作，通过政府购买服务改革支持事业单位分类改革和转型发展，增强事业单位提供公共服务能力，财政部、中央编办出台了《关于做好事业单位政府购买服务改革工作的意见》（以下简称《意见》），意图完善政府购买服务制度体系，通过推进事业单位政府购买服务改革，激发事业单位活力，提高事业单位提供公共服务的质量和效率。按照《意见》要求，各省（区、市）财政、机构编制等部门要结合本地区实际制订事业单位政府购买服务改革工作实施方案。2017年开始，各地区、各部门推进事业单位政府购买服务改革都要有实质性进展。

2017年11月，为进一步贯彻落实中央关于通过政府购买服务支持事业单位分类改革、转型发展和提升事业单位提供公共服务能力的有关精神，晋中市财政局、晋中市机构编制委员会办公室印发《晋中市事业单位政府购买服务改革工作实施方案》，对晋中市事业单位政府购买服务工作进行了部署。这为即将完工的晋中市图书馆实施社会化运营奠定了政策基础。

其次，从实践的层面来看，晋中市图书馆建设前后，公共图书馆社会化运营已经有了一定的实践基础。一些经济较发达城市率先通过政府购买服务将公共图书馆的整体运营委托给企业，在图书馆界引起较大反响，随着国家相关政策对政府购买公共文化服务的支持，全国很多城市的公共图书馆也在模仿、学习和实践这一颠覆传统的创新运营模式。以无锡为例，2006年以来，无锡政府就开始试点推进政府购买公共服务的改革，试点领域涉及市政、环卫、居家养老、水文检测、群众文化等①。按照时任无锡新区社会事业局副局长鲍宇红的说法，"既然有现成的经验，我们何不直接拿来？只不过我们的外包不是简单的项目外包，而是将图书馆的整体运营和管理交给专业公司做"②。2011年，无锡新区政府探索"只养事，不养人"的公共文化投

① 邵冰，安秀梅．无锡市政府购买公共服务改革的问题、成效及对策[J]．中国政府采购，2009(1):32-33.

② 杜洁芳．探索公共文化服务社会化运营新模式[EB/OL].[2022-02-16]. http://www.wxxqlib.com/news_detail.cfm?uuid=51C3A2B6-0773-4DC1-B48565642B2F6AD4.

入机制，通过公开招标选定艾迪讯电子科技（无锡）有限公司接手图书馆的管理、运行和服务，成为国内较早实施社会化运营的县区级公共图书馆，受到普遍关注。据测算，无锡新区图书馆运营成本比同类图书馆节约了2/3[①]。2012年，该馆的“公共图书馆数字化建设与创新管理”项目获第四届文化部创新奖；2013年，在第五次全国公共图书馆评估中，运行刚两年的无锡新区图书馆被评为国家一级图书馆。

此后，2013年11月，安徽省芜湖市镜湖区文化广电新闻出版局与相关企业签订镜湖区图书馆全流程服务外包合同；2015年，成都武侯区图书馆新馆运行管理实行全流程外包；2016年，郑州市高新区图书馆实施社会化运营。一些新建的县区级图书馆纷纷加入了社会化运营的阵列，为晋中模式的产生奠定了实践基础。

再次，公共图书馆社会化运营也具备了一定的理论基础。近几年来，公共图书馆社会化运营实践的增多也引起了我国图情界学者的关注，如前文（第一章）所述，我国学者对政府购买公共图书馆服务的意义和作用、公共图书馆社会化运营的监管与绩效评价、各利益相关方的关系、所涉及的法律问题以及公共图书馆法人治理结构改革等主题展开了基于实践的研究，推动了公共图书馆社会化运营中相关问题的解决，对公共图书馆社会化运营起到了一定的促进和指导作用，为晋中模式的形成奠定了理论基础。

3.1.3 晋中模式的发展历程

2017年，晋中市图书馆即将完工，面临着开馆运营人员编制严重不足的问题。按照晋中市机构编制委员会办公室印发的《晋中市科技馆、博物馆、图书馆机构编制和专业人员选聘方案》，核定晋中市图书馆财政拨款事业编制仅为6人，而新馆运行至少需要130多人。为解决这一问题，晋中市经过多方调研，决定通过政府购买的方式，实施公共图书馆的社会化运营。

---

① 丁文安.政府购买图书馆服务实现方式分析——以三个典型案例为例[J].图书馆工作与研究，2017(5):14-17,40.

由于晋中市建市时间短，公共图书馆是新成立的事业单位，相关部门本身就缺乏图书馆运营管理经验，社会化运营的管理模式更是新生事物。2016 年到 2017 年间，晋中市文化局派图书馆负责人对郑州高新区图书馆、江苏无锡新区图书馆等的社会化运营进行考察，同时聘请国家公共文化服务体系专家委员会和省内图书馆相关专家组成专家团队，市委、市政府多次召集市科协、市财政、市文化局等相关部门，召开专题会议对晋中市图书馆的管理运营模式进行研讨，对运营经费进行详细测算。2018 年 2 月，晋中市文化局制订了《晋中市图书馆管理运行方案》，提出建立以理事会为核心的法人治理结构新机制，形成决策、管理和执行相互独立又相互制约和促进的运行机制，并明确图书馆运营通过政府购买专业服务进行。理事会作为决策层，由政府代表、社会代表和图书馆系统代表组成；晋中市图书馆作为管理层，根据现有编制，组建人数为 6 人的市图书馆事业法人单位。在此基础上，又制订《晋中市图书馆购买服务方案》，内容包括政府购买专业服务的费用测算，购买内容和管理措施等。两项方案均获市政府批准。

2018 年 4 月，晋中市文化局委托晋中市图书馆作为购买主体，经过公开招标，确定山西华信天下图书馆管理服务有限公司为承接方。2018年4月，晋中市图书馆对外试开放。

2018 年 7 月 22 日，由政府代表、社会代表和图书馆代表组成的晋中市图书馆理事会正式成立。2018 年 8 月 9 日，晋中市图书馆召开购买专业服务第一次考核会议，组织专家考核组通过翻阅运营资料、实地抽检、现场满意度测评等环节，对承接企业 2018 年 4 月至 6 月完成的任务情况包括服务效能、队伍建设、服务管理、规章制度执行和落实、群众知晓度和满意度等方面进行考核，承接企业以考核评分 973 分和 98% 的满意度通过考核。2018 年 12 月 5 日，晋中市图书馆正式对外开放。至此，公共图书馆社会化运营的晋中模式正式开启。

为使政府购买公共图书馆服务程序更加规范，符合财政部、中央编办出台的《关于做好事业单位政府购买服务改革工作的意见》精神，即“承担义务教育、基础性科研、公共文化、公共卫生及基层的基本医疗服务等基本公益服务，不能或不宜由市场配置资源的公益一类事业单位，既不属于政府购买服务的购买主体，也不属于承接主体”。2019 年 12 月 9 日，晋中市文化和旅游局向晋中市财政局提出的以晋中市文化和旅游局为采购主体对晋中市图书馆购买服务项目进行公开招标的申请获批。2019 年 12 月 17 日，晋中市文化和旅游局委托招标代理机构对晋中市图书馆服务公开招标。2021 年9月，晋中市图书馆通过招标正式与北京碧虚文化有限公司合作，对晋中模式进行理论研究。

几年来，在晋中市委、市政府的高度重视和大力支持下，在晋中市文化和旅游局的正确指导下，理事会、图书馆、运营商共同发力，倾力打造了公共图书馆社会化运营的晋中模式，实现了公共图书馆服务提速增效时间短、成本少、见效快、群众满意度高的目标。相比省内同类型公共图书馆，运行费用平均每平方米减少开支 163 元，节约率达 34.2%。人员数量相比应配备标准，节省达 50%。2020 年 9 月，全国人大常委会执法检查组赴山西检查公共文化服务保障法实施情况时，深入晋中市图书馆检查调研，对晋中市充分调动社会力量参与，形成合力共同推进现代公共文化服务体系建设，包括服务地方发展的做法经验及工作成绩，给予了高度评价。

晋中市图书馆在短短几年的实践探索中，形成了一整套可操作、可复制、可推广的公共图书馆创新发展的办馆模式即晋中模式。晋中模式贵在治理制度创新。晋中模式创新之处不仅仅在于构建了以党组织为领导主体、理事会为决策主体、图书馆为管理主体、运营商为执行主体、监事纪检为监督主体、文化主管部门为考评主体的科学的公共图书馆治理结构，而且还进一步构建了领导决策机制、科学管理机制、高效执行机制、监督制约机制、综合考评机制辩证统一的科学的公共图书馆治理机制。晋中模式是公共图书馆法人治理制度改革、供给侧结构性改革与高质量发展的典范，在全国公共文化领域产生了很大的影响，受到有关专家和媒体的高度关注和好评。

3.1.4 晋中模式的核心理念

（1）坚持党的全面领导

坚持党的全面领导，牢牢把握社会主义先进文化前进方向是晋中模式发展的“关键密钥”。在深化公共文化服务供给侧改革，完善公共文化服务体系和提升公共文化服务治理能力的历史进程中，必须加强党对公共文化服务工作的全面领导，要把坚持党管宣传、党管意识形态的要求，贯穿到公共文化服务的全部工作之中，切实落实党中央对公共文化服务工作的部署要求。晋中市图书馆的改革进程和创新发展，自始至终是在市委、市政府的坚强领导下有序有力推进，是在市文旅局党组的具体领导下有效实施的。如果偏离这个方向，晋中模式就难以取得现在的成就。

（2）坚持以人民为中心

新时代大力发展公共文化服务事业，提供高质量文化供给，就是坚持以人民为中心，满足人民对美好精神生活需求的具体表现。公共图书馆的公益性定位，决定了公共图书馆必须确立以读者为中心、以需求为导向的核心理念。晋中市图书馆的成功，离不开治理模式的改革，离不开管理手段的创新，更为重要的一点，就是把服务读者放在了心上，抓在了手上。

（3）坚持依法办文化

坚持依法行政，是全面依法治国的必然要求和题中应有之义。晋中市创新公共图书馆治理模式，推进公共文化服务供给侧改革，取得良好成效，其重要前提就是做到了始终依法办事，依照法律规定推进公共文化服务供给侧改革。在晋中市图书馆改革创新的各个环节，都能够认真贯彻落实《中华人民共和国公共文化服务保障法》《中华人民共和国公共图书馆法》和中央、省委出台的各项政策文件，并结合晋中实际，配套出台了《晋中市关于做好政府向社会力量购买公共文化服务工作的意见》《晋中市公共文化场馆建设指导标准》，切实让公共文化服务供给侧改革举措落实。

（4）坚持改革创新

坚持改革创新是晋中模式的制胜法宝。毋庸置疑，当下公共文化服务无论是体系建造还是能力建设，都普遍存在质量不高、供给不足、效率低下等短板及弱项，尤其在中西部欠发达地区更为凸显。引入社会力量参与公共文化服务治理能够弥补政府财力不足，提高运行效率，应当是解决上述问题最有效的手段。晋中市图书馆的生动实践表明，理念观念创新和制度机制创新，依然是提升公共文化服务水平的必然选择。

（5）坚持服务区域

坚持服务区域发展是晋中模式的重要方向。一个城市公共文化服务体系的发展与完善，首先要立足当地，以引领、服务、推动当地经济社会发展为使命，与区域经济社会发展共生共荣，才能走向全国，放眼世界。早在建馆之初，晋中市图书馆就将全心全意为市域经济与社会发展提供高质量服务作为使命担当与职责所在。之所以能在很短的时间内取得优异成绩，与真心诚意把工作重心放在服务地方经济社会发展大局之中密不可分。

（6）坚持高质量发展

随着经济社会发展水平的提高，人民对美好生活的需要更加强烈，享有更丰富、高品位文化生活的期盼日益高涨。公共文化服务是实现好、维护好、发展好人民群众基本文化权益的主要途径。在新的历史时期，不仅要解决文化供给的“缺不缺、够不够”问题，还要解决文化供给的“好不好、精不精”问题。晋中市图书馆在开馆之始，就立足打造“山西领先、全国一流”公共图书馆的战略定位，坚持高起点谋划、高标准开局、高质量运行的办馆思路，着力提升服务水平，为人民群众提供更高质量、更有效率、更加公平、更可持续的公共图书馆服务。

3.2 理事会：决策主体与决策机制的构建与创新

2017 年 9 月，中宣部、文化部等七部门联合印发《关于深入推进公共文化机构法人治理结构改革的实施方案》（以下简称《方案》），对包括公共图书馆在内的公共文化机构法人治理结构改革的总体要求、主要内容、配套措施、工作步骤和组织实施进行了部署。根据《方案》部署：2017—2018年为试点阶段，主要在省级以上公共文化机构中选择1—2家进行试点改革，探索形成一批符合本系统、本地区实际的法人治理结构建设模式；2019—2020年为深入实施阶段，在总结试点经验的基础上，结合《方案》要求，制订符合本地区实际的深入实施方案，由点及面，推动在市（地）以上规划较大的公共图书馆、博物馆等具备条件的公共文化机构建立以理事会为主要形式的法人治理结构。

2018年1月20日，晋中市图书馆部分功能试运行后，由于编制少，且只有一个领导岗位，无法形成决策机构，晋中市文化局党组决定着手成立理事会。彼时，全国公共图书馆法人治理结构改革还处于试点阶段，但已经有一批省级甚至市（地）级公共图书馆建立了理事会，尤其南方一些发达城市的公共图书馆建立理事会更早，如深圳图书馆2007年就着手进行法人治理结构的改革。通过对各地公共图书馆法人治理结构改革成果的多方调研和考察，借鉴其先进经验，依据《方案》要求和精神，经过半年多的酝酿、修改与完善，《晋中市图书馆理事会章程》的拟定及理事会筹建等工作最终完成。2018年7月22日，晋中市图书馆理事会正式成立。作为一家实施社会化运营的公共图书馆，晋中市图书馆的法人治理结构改革既遵循了《方案》的要求和精神，也有其自身的特点。

3.2.1 基本原则

依据《方案》精神，晋中市图书馆法人治理结构建立遵循以下原则：

一是坚持党的领导，把握正确方向。明确党组织在法人治理结构中的法定地位，发挥党组织的政治核心作用。坚定文化自信，坚持以社会主义核心价值观为引领，坚持社会主义先进文化前进方向，将图书馆建设成为社会主义文化阵地，不断满足人民群众的文化需求。

二是坚持政事分开，管办分离。理顺政府与公共图书馆的关系，明确政府的“重监管”而非“重决策”的职责，强化图书馆的法人自主权；引入社会力量参与，形成多元共治的治理结构，提高图书馆自身的发展能力。

三是坚持公益性，提升服务效能。坚持以人为本，把提高公益服务水平、满足人民群众文化需求作为出发点和落脚点；促进决策的科学化、民主化，更好地实现公益服务的目标；创新服务内容和服务方式，完善供需对接机制，提供更多符合群众需求的精准服务。

3.2.2 理事会组成

晋中市图书馆理事会由政府部门代表、社会人士、图书馆系统代表等组成，理事共 9 名。其中政府部门代表 4 人，分别是晋中市财政局、晋中市机关事务管理局、晋中市人力资源和社会保障局、晋中市文化和旅游局各 1 人；社会代表 3 人，分别为晋中学院、晋中市公用基础设施投资控股（集团）有限公司、山西后正堂晋韵文化艺术有限公司各 1 人；图书馆系统代表 2 人，分别为图书馆法人单位、承接单位各 1 人。理事构成中，财政局代表重点负责策划图书馆的资金利用，机关事务管理局代表重点负责物业管理、安保和保洁，人力资源和社会保障局代表重点负责人才队伍建设，社会代表为图书馆服务提出建设性意见和建议，图书馆和承接单位代表负责图书馆的专业建设与服务，图书馆的主管部门文化和旅游局代表负责从宏观的方向指导图书馆发展。每位理事从自身所在部门或行业的角度为图书馆发展建言献策。

理事采用选任制产生。政府部门代表理事由与图书馆服务相关的政府职能部门推荐，社会人士理事由图书馆主管部门认可的其他民间组织推荐。在推荐的基础上进行选举确定。理事每届任期三年，可以连选连任。理事空缺时按上述程序补充并委任，新任理事完成当届余下任期。对于理事的任职资格，《晋中市图书馆理事会章程》规定：理事需热心社会公益，具有社会责任心及个人诚信；热爱图书馆事业，维护图书馆的权益和社会声誉；坚持共产党领导和正确的政治方向，未受过刑事处罚；在所属领域拥有较高的资历和声望，能客观、独立地表达专业意见；具备担任理事所需的相关知识和技能，身体健康。

理事会设理事长、副理事长各 1 名。理事长由晋中市文化和旅游局委任，副理事长由图书馆法人担任，理事由图书馆履行聘任手续。理事会组织机构需报晋中市文化和旅游局人事科备案，同时报知公共文化科。其中，理事长也是局党委副书记，监事也是机关纪委委员，符合“双向进入、交叉任职”的配备方式，即党组织领导班子成员按照章程进入理事会和管理层。理事会和管理层中的党员领导人员按照党内有关规定进入党组织领导班子。

《晋中市图书馆理事会章程》同时规定了理事和理事长的退出机制。理事退出遵照自愿原则，政府部门和社会团体的理事代表须经委派部门同意。理事长因人事变动须退出理事会的，由晋中市文化和旅游局提议，经理事会审议退出。

3.2.3 权利与义务

理事的权利与义务。理事享有的权利包括：出席理事会会议，行使表决权；监督、检查图书馆对理事会决议的执行情况；对管理层执行职务的行为进行监督，对违反法律法规、图书馆章程或理事会决议的人员提出罢免建议；监督图书馆资金有效使用情况；提议召开临时理事会会议；向理事会提出提案。理事还需承担如下义务：遵守理事会章程和工作纪律；秉持诚信和勤勉精神，认真履行职责，谨慎决策；了解图书馆的使命、政策、服务内容，关注图书馆变化与发展；执行理事会会议的决议；完成理事会委托的任务；不得通过理事会任职获取任何非法利益；审议有关议案可能会产生相关利益冲突时，应申请回避。理事为不授薪的社会公益职位。

理事长除享有理事权利外，还行使以下职权：召集和主持理事会会议；当理事会会议的表决票数相同时，有权投决定票；签署理事会重要文件；督促、检查理事会决议的实施情况；理事会授予的其他职权。

副理事长除享有理事权利外，还行使以下职权：参与理事会决策，组织实施理事会决议，定期向理事会汇报图书馆运行管理状况，接受理事会监督；决定聘任或解聘除应由理事会决定聘任或解聘以外的人员；组织实施图书馆年度工作计划，编制年度报告；组织拟订或建议修改图书馆用人规模、机构设置、基本管理制度和图书馆章程；组织考核运行服务管理方，抓好季度考核和年度考核工作以及理事会授予的其他职权。

理事会通过理事会章程和理事会会议行使议事权和决策权，支持管理层工作，不直接参与图书馆管理。理事会的基本职能包括：审议决定图书馆章程和基本管理制度；审议决定图书馆的长期发展战略和发展规划；审议决定图书馆的年度工作计划、年度工作报告；审议和决定本馆的财政预决算方案和重大财政支出；审议市文化和旅游局提名推荐的馆长、副馆长人选；评估馆长和管理层的年度工作，组织对图书馆的绩效评估工作；对理事会决议事项执行的监督。促进图书馆与政府、社会公众等的沟通。

3.2.4 议事与决策

理事会严格实行集体审议、独立表决、个人负责的决策制度。理事会会议一般由理事长定期召集，每年不少于两次。重大突发事件发生时，理事长应当立即召集理事会会议。理事会议题根据理事会章程确定。理事在职权范围内可提交补充议题。理事在审议理事会各项议题前，应做好充分的调查研究，重大专业事项应向有关专业机构或专家进行咨询。理事会会议的表决，实行一人一票。会议决议实行多数表决原则，即必须超过参会理事的二分之一方为通过。当表决票数相同时，理事长有权投决定票。涉及全体职工切身利益的重大事项，按照有关规定提请职工代表大会讨论或审议。理事会在决策时应充分考虑职工代表大会的意见。理事会会议形成的决议经理事长签署后生效，原则上应在五个工作日之内以文件或会议纪要形式发给图书馆执行；所决议事项按管理权限须报有关部门批准的，须履行报批手续。理事会的议事与决策是建立在晋中市文化和旅游局党组的领导之下，重大事项必须在决策之前征求局党组主要领导的意见，主要领导批准后再进行理事集体审议、表决的程序。

大额资金的使用与支付终审由理事会研究决定。大额资金是指 1 万元为起点的设备购置、学习培训、基本建设和各类招投标项目等使用与支付的资金。

3.2.5 责任追究制度

理事如没有合适理由，疏于履行理事职责，未能应尽理事义务的，给予不良评价；理事未征得理事长同意，多次缺席理事会会议且缺乏正当理由的，取消理事资格。理事会违反法律法规和图书馆章程导致决策失误，致使严重损失或造成严重社会后果的，参加决策的理事应承担相应的责任，但经证实在表决时曾表示异议并记录在案的，可免除责任。理事利用职务非法牟利，触犯法律的，承担相应法律责任。

3.3 图书馆：管理主体与管理机制的构建与创新

晋中市图书馆作为管理主体，实行理事会决策下的馆长负责制，在政府与承接商之间发挥着承上启下的作用。与传统管理体制下的馆长负责制相比，理事会决策下的馆长负责制将“管人”为主变为“管事”为主，避免了传统体制下的人浮于事、服务效能不高的弊端，使管理层能够腾出更多的精力执行理事会决议，为图书馆的发展进行顶层设计、方向设计、专业设计以及管理制度设计，指导承接方开展服务工作。通过管理机制的构建和创新，建立起一套统一的规章制度和服务标准，着力营造文化氛围和阅读环境，增强图书馆的“吸引力、感召力、凝聚力和影响力”，努力把晋中市图书馆建设成为“读书殿堂，精神家园”，进而实现“以人为本、服务市民”的办馆宗旨。

3.3.1 管理层职责

根据《晋中市图书馆章程》，管理层是理事会决议的执行机构，实行馆长负责制。馆长作为拟任法定代表人人选，经登记管理机关核准登记后，取得本馆法定代表人资格，依法履行法定代表人职责：在理事会决策下按章程开展工作，定期向理事会汇报本馆运行管理状况，接受理事会、监事监督；全面负责本馆业务、人事、财务、资产等各项管理工作；决定聘任或解聘管理层以外的管理人员；法律法规和理事会授予的其他职责。

管理层向理事会负责，履行以下职责：执行理事会决议；拟定和实施年度工作计划；按要求编制年度经费预算和财务决算，执行上级审定的经费预算，按规定进行财务核算和资产管理；负责所属工作人员管理（截至 2021 年底，晋中市图书馆共有在编在岗人员 5 名，包括馆长和党支部书记各 1 名，党支部宣传委员 1 名，分别负责财务和人事相关工作人员各 1 名）；拟定本馆基本管理制度；拟定本馆机构编制方案；本馆日常工作管理；定期向理事会汇报工作；理事会授予的其他职责。

其中，管理层对本馆日常工作管理内容包括：负责图书馆资源建设，逐步建立能适应全市社会管理、教育科研和经济发展等需要的馆藏体系；组织图书征集、捐赠和使用，特别是地方文献的征集利用，负责搜集整理、抢救保护古籍等文化遗产；负责馆内阅读安全，做好互联网、电话接入等服务保障工作，协调晋中市机关事务管理局做好后勤保障服务；协助市文旅局通过公开招标方式向社会购买专业服务，对专业服务进行管理监督和效能考核；推进和实施现代化技术在图书馆的应用，不断提高图书管理和服务手段的现代化水平；指导基层、单位建设图书馆总馆、分馆、服务点、图书室、图书漂流点，扩大服务覆盖面，满足基层、单位群众的基本文化需求。

3.3.2 组织架构与部门职责

晋中市图书馆组织架构如图 3-1 所示。其中，承接方华信公司成立晋中市图书馆项目部（以下简称“晋图项目部”）负责晋中市图书馆运营和服务，项目总监由承接方委派，对馆长负责，各部门主任由承接方委派，对项目总监负责。馆长、党支部书记为图书馆在编人员，其他在编人员分别负责党支部宣传、人事和财务等工作。

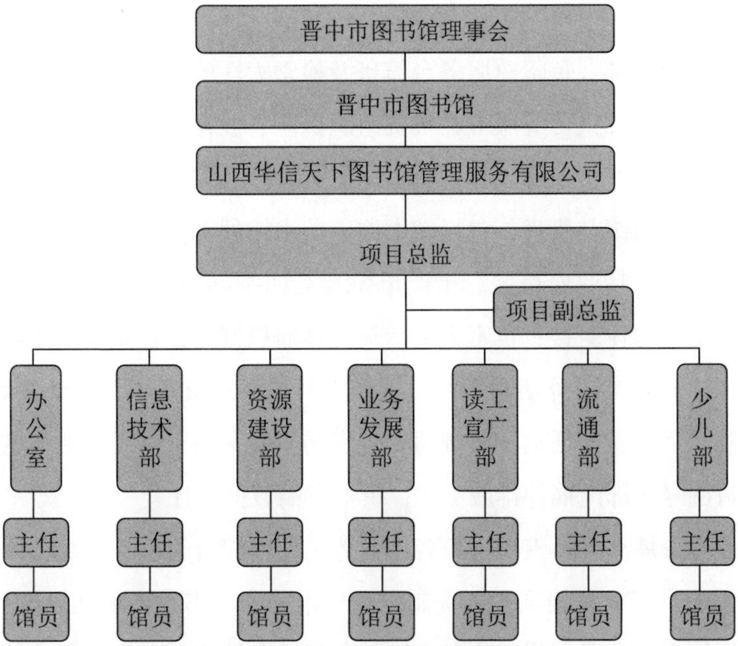

图 3-1　晋中市图书馆组织架构图

截至 2021 年底，晋中市图书馆经过多次调整和增减，共设有 7 个业务部门。每个部门设主任一名，对项目总监负责。各部门主要职责和工作内容如下：

①资源建设部：负责制定全馆藏书建设规划；负责图书馆文献采购、分类编目，加工整理、藏书组织等工作；负责为企业和个人提供创客空间服务等工作；负责地方文献和特藏文献的征集、整理、保护等工作；负责地方文献阅览室、晋商文化书院、赵铁山书院、非遗文化研究院、露天小院的管理、阅览和咨询服务工作。

②流通部：负责全馆中文纸质图书的流通借阅；负责图书馆公共阅览区域借阅服务；为读者提供良好便捷的文献借阅服务；兼管视障阅览区阅读服务工作；负责本馆报刊的入藏登记、整理上架、数据建设、报刊管理，为读者提供报刊阅览、咨询、过刊外借等工作；负责电子读报服务区管理等

工作。

③读工宣广部：负责总服务台值班及检索大厅的各项工作，为读者提供一般咨询、办证、宣传等服务；负责组织讲座、沙龙等全馆性读者活动；负责对外宣传和阅读推广等工作；负责志愿者管理和安排使用工作；负责美术馆展览活动的组织与管理，包括图书馆、美术馆的美工宣传、自办展览、外部公益展览（包括政府机关、事业单位及社团举办的公益性展览）等活动；负责大型活动媒体对接；负责大型活动媒体通稿撰写；负责大型或特色活动宣传推广；确保馆内外活动影像、视频资料拍摄；负责报送活动视频拍摄、制作质量；负责报送活动文案撰写；负责初审图书馆微信平台上传信息；负责每天订阅号各部门稿件排版工作；负责发稿数据统计。

④业务发展部：负责图书馆各项业务工作的综合管理；组织开展全馆性业务研究、员工业务培训；负责制定晋中市公共图书馆事业建设发展规划，组织基层图书馆业务辅导、业务培训；负责总分馆规划建设；负责馆际交流及学会等工作；负责为政府、企业、团体机构或个人提供参考咨询服务；负责内刊的出版编辑及邮寄递送工作；负责图书馆网站咨询平台的客服工作。

⑤信息技术部：负责全馆网络与计算机等硬件设备和应用系统的管理和正常运行；负责数字图书馆阅览区和多媒体阅览区服务工作；负责图书馆数字化建设，承担各类工作的软件项目开发。

⑥少儿部：负责少儿读者服务工作，承担少儿图书阅览区图书借阅服务工作；负责开展少儿素质培训，组织少儿读者活动等工作。

⑦办公室：负责全馆行政、人事、财务、档案和接待等管理工作；负责处理图书馆日常性的综合事务；负责图书馆文创产品的开发与宣传等工作；负责全馆所有区域的物业管理、消防安全、固定资产保护、设备维护、基本建设、绿化卫生等管理工作；负责提供后勤保障服务等工作。

3.3.3 基本管理制度

制定图书馆基本管理制度是管理层的职责之一。晋中市图书馆开馆以来，不断创新优化图书馆管理制度，为各项工作的顺利开展和管理水平的提升提供制度保障。

一是建立工作例会制度。每周召开由管理层、项目总监、各部门主任参加的周工作例会，各部门主任向管理层和项目总监汇报上周工作和下周计划，项目总监进行点评，管理层提出意见和建议，几方沟通后再行落实。周例会不仅加强了管理层与承接主体的沟通，使双方了解合作中存在的问题，也让承接方更深入地了解图书馆的宗旨和服务理念，并贯彻到实践工作中去。

二是制定相关规范文件。制定《晋中市图书馆岗位设置以及岗位职责》，按需设岗。编写《晋中市图书馆员工行为规范》，制定《值班主任工作制度》《晋中市图书馆考勤制度》《晋中市图书馆馆员绩效考评试行办法》《晋中市图书馆奖惩实施办法》，规范服务行为的同时，激发馆员的工作热情，提高工作积极性，真正做到"人人有责任，事事有程序，科学化、现代化管理"的工作标准。制定志愿者管理制度、志愿者安全管理办法等一系列制度，保障志愿者活动的有序开展。

三是建立相关考核制度。建立月检查、季考核、年审计的考核检查机制，引入第三方效能评估机制，根据效能考核指标拨付运营管理费用。成立图书馆采购小组、验收小组，做到程序的规范化、标准化管理。

四是健全安全管理制度。制定《晋中市图书馆创建卫生城市工作制度》《晋中市图书馆安全工作制度》，内容涵盖《晋中市图书馆卫生管理制度》《晋中市图书馆保洁人员工作标准》《晋中市图书馆馆外绿化美化方案》《晋中市图书馆安全应急预案》《晋中市图书馆网络安全管理制度》《晋中市图书馆突发信息网络事件应急预案》《画展安全应急预案》《晋中市图书馆防汛应急预案》《晋中市图书馆消防安全应急预案》《晋中市图书馆国庆工作安全预案》等相关制度，并与机关事务管理局统筹协调、精诚合作，保证环境舒适，保障读者安全。疫情防控期间，相继制定并实施《晋中市图书馆疫情防控指南》《晋中市图书馆新冠疫情防范措施》《晋中市图书馆新冠疫情防控应急预案》《晋中市图书馆恢复开放工作预案》《晋中市图书馆消毒检查实施方案》等方案，安排各区域轮班值守。

五是建立国有资产管理制度。由办公室进行集中管理，馆内阅览桌椅、书架、智能化设备、办公设备、会议系统、影音系统等固定资产全部造册登记，并按要求盘点。固定资产增减情况按月统计核实。

六是制定图书馆档案管理制度。由办公室综合管理，各部门管理本部门档案，实行分类管理，包括文书、声像、实物、固定资产等，按年度进行装订。

3.4 运营商：执行主体与执行机制的构建与创新

运营商作为图书馆社会化运营的承接主体，是决策层、管理层和执行层中的执行主体，由项目总监直接领导各部门工作，贯彻执行管理层的要求和决定，并在管理层的指导下负责图书馆运营和服务开展。

3.4.1 专业服务内容

根据购买服务协议，承接方负责的服务内容如下：

①全年 365 天开放，每周 70 个小时接待读者，负责馆内所藏图书、期刊、音像等资源的借阅服务及相关功能区的管理；负责 24 小时无人值守图书馆和室外微型图书馆图书更新、数据整理；开展数字资源服务。

②举办展览讲座、艺术鉴赏、文化展示和数字化网络服务等活动，为公众提供学习、研究、交流空间，开展流动服务和社会阅读推广活动等，满足市民日益增长的文化休闲需求。

③协助搜集整理、抢救保护古籍等文化遗产，做好晋中地方文献的征集、整理、利用工作，建设地方特色数字文化数据库。

④编辑出版图书馆信息情报刊物，为市政府及有关部门提供参考咨询服务。

⑤引导市民进行阅读，并积极对读者获取信息的相关方法进行教育，具体包括书目知识教育、文献检索知识方法教育、网络信息检索方法教育、阅读方法教育和学习方法教育等。

⑥协助基层、单位建设图书馆总馆、分馆、服务点、图书室、图书漂流点，扩大服务覆盖面，满足基层、单位群众的基本文化需求；根据需要对县（区、市）级图书馆工作进行业务辅导和专业培训。

⑦协助有关部门开展其他相关文化活动。

3.4.2　执行机制构建

（1）企业文化与实践的融合

晋中市图书馆社会化运营的承接方山西华信天下图书馆管理服务有限公司作为一个成长中的文化企业，力求用最简洁的表述方式和企业管理者的言传身教，并融入馆员实际工作当中，减少企业管理层、普通员工因能力、学识、图书馆专业知识和工作经验等的不同而形成的文化和理念差异，使整个团队理念一致、目标一致，从而形成较高的凝聚力和执行力。

企业定位：提供公共文化专业服务。

企业精神：专业、职业、敬业。

企业理念：价值、服务、分享。

（2）通过绩效考核提高执行力

绩效考核是将组织整体战略目标拆分细化为具体的、便于操作和评估的子目标，然后将具体指标落实到部门，再量化到个人，做到标准明确、进度确定，从而达到事事有人做、事事得其人、件件做得好的目标。绩效管理运用得当，可激发员工积极性，有效提高员工的工作效率和组织的执行力。为了对人力资源进行有效管理，晋图项目部制定了《晋图项目部员工绩效考评试行办法》《晋图项目部员工绩效考核评分细则》等，定期对工作人员进行考核，将考核结果作为聘任或解聘、晋升或降职、奖励或处分的依据。

在制定绩效考评指标体系时，遵循公正性、科学性、可操作性以及定量与定性相结合的原则，以岗位职责作为衡量标准，结合个人所在岗位、工作量、工作能力、科研水平、职称、职位、学历、读者满意度和工作贡献度等内容，建立起一套完善的量化考评指标体系，进行综合考评评价。其中，岗位分设管理岗、专业技术岗和工勤岗三类，绩效考评内容包括德、能、勤、绩四个方面。考评指标体系采用行为锚定等级评分法制定，对指标层层细化和量化，建立由一级指标、二级指标、共性行为特征以及不同岗位不同行为特征相结合的指标体系。

职工绩效考评的组织工作由绩效考评领导小组负责，成员由图书馆领导、各部门主任及职工代表组成。考评程序包括个人总结自评、部门量化评分、领导小组考评、考评结果公示、考评结果运用。其中，部门量化评分包括个人评分、领导评分和同事互评，各级考评权重系数分别为个人占 30%，上级占 40%，同事占 30%。考评结果作为评先评优、职称评定、岗位聘任、业绩津贴发放等的重要参考依据；同时，总结绩效周期内存在的不足，进行改进和提高。

（3）奖罚结合调动员工积极性

制定《晋中市图书馆项目部奖惩试行制度》，以“奖罚结合，有功必奖，有过必罚”的原则，与员工岗位职责、行为规范、绩效考核双向挂钩，规范员工行为，提升员工的工作积极性和工作效率。奖励方法分为通报表扬、奖金奖励和晋升提级三种。奖励程序为员工推荐、本人自荐或部门提名，办公室、本部门审核，执行馆长办公会议会审，总经理批准。

通报表扬的奖励条件为：品行端正，工作努力，业务纯熟，按时完成重大或特殊任务者；恪尽职守，遵规守纪，服从领导，业绩突出，堪为全体员工楷模者；热情为读者服务，经常得到读者书面表扬，为图书馆赢得高度赞誉，有显著善行佳话者；对突发事件、事故勇于负责、处理得当，因而减少损失者；发现职责以外的危机，予以速报并妥善处理，避免损害者；其他应给予通报表扬的事项。

奖金奖励的条件为：全月或全年满勤，无迟到、早退、病假、事假，无不良记录；检举违规或损害图书馆利益的行为，保护图书馆财物，使图书馆利益免受重大损失；维护员工、读者安全，抢险救灾，确有功绩者；在馆内外与各种违法乱纪和不良行为做斗争并有显著成绩者；为图书馆取得重大社会荣誉、行业荣誉，作为员工表率的个人或团体；在各级期刊发表论文，为图书馆做出学术贡献的员工或团体。有以上表现者根据《晋中市图书馆项目部奖惩试行制度》的规定给予不同级别的奖金奖励，奖金随当月工资一次性全额发放。此外，晋中市图书馆还设有“管理创新及合理化建议奖”“杰出员工”“先进员工”“优秀管理者”等奖项，在每个工作年度结束后，项目部办公室组织评选活动，对工作中表现优异的员工给予奖励。

晋升提级：有上述表现，符合晋级条件的予以晋级奖励。

此外，对于违反工作纪律、玩忽职守、滥用职权、擅自离岗等行为，项目部设立警告、记过、扣除一定时期的奖金、扣除部分工资、降级、辞退、开除等处分，项目部办公室接到报告或书面材料、实名检举揭发的，上报分管领导、总经理批准后进行调查处理。调查完毕，办公室提出处理意见书呈报分管领导、总经理批准，交相关部门执行并通知受处分人。

（4）通过培训提升馆员能力

组织的高执行力离不开高素质和高能力的员工队伍。每年年初，项目部在总结上年度培训情况的基础上，在管理层的指导下制定当年馆员的培训计划，有计划有目标地开展馆员培训工作，通过培训全面提升馆员思想政治和业务知识水平。

培训计划和方案确定后，由业务发展部根据年度培训计划具体组织实施，包括培训通知的发送、培训教材的编制和选择、培训讲师的选择、培训场地和设备的准备、培训的跟踪与反馈、培训效果的评估与总结工作等。各部门收到通知后积极配合和响应培训安排，如部门内部有临时培训需求，可提前向业务发展部说明。

培训结束后，图书馆需要对培训的讲师，培训的组织、总体效果做出评估。参加外部培训的馆员在培训结束后还需将所学内容对图书馆内部其他相关人员进行培训，以扩大培训效果。

每次培训结束后，业务发展部还要建立培训档案，作为下一年度培训计划和方案的制定依据。培训档案内容包括培训通知、培训教材或讲义、考核试卷、受训人员签到情况表、培训效果评估、受训人员书面考核成绩或心得总结。其中，受训者结束后写的《培训总结》，要经部门负责人审阅后，交业务发展部存入个人培训档案。

2018年开馆以来，晋中市图书馆坚持周周有培训，月月有培训。连续几年的培训，馆员的业务素质和服务技能得到全面提升，组织整体的执行力也得到极大加强。

（5）加强与管理层的沟通

晋图项目部始终保持与管理层积极沟通的心态，把图书馆的需求了解到位，把公众的需求了解到位，力争做到图书馆和公众双向满意。

首先，明确服务标准。根据购买协议，图书馆购买的服务内容大部分是可以量化的，如阅读推广活动场次、培训次数、讲座次数、图书年流通率、人均到馆次数、数字资源数量等。最初，这些服务或资源的数量达到了，质量要求却不是太明确，如阅读推广、培训、讲座如何开展，时间、地点、人数的要求如何，数字资源内容要求等。项目部与管理层一方面在实践中进行持续的沟通与磨合，另一方面利用季度考核和年度考核发现问题、深入了解管理层和理事会的要求，虚心向专家请教，力求在实践中不断改进直至达到馆方要求。此外，周例会也是与管理层沟通的重要平台。如前文所述，周例会是由管理层、项目总监、各部门主任参加的每周工作会议，在上周工作总结的基础上制订下周的工作计划。项目总监和各部门主任在会上将工作中发现的问题如实向管理层反馈，并积极建言献策，与馆方讨论后确定解决方案。

二是随着读者需求的不断变化，项目部要明确有哪些新增需求，根据需求变化应做哪些调整，对服务应进行哪些合理优化，做到心中有数，提前在人员、设施等方面做出部署，减少因需求不明而导致的服务时间拖延或服务质量问题，从而建立起良好的默契，形成有效的互动，使与管理层合作更加顺畅，保证服务质量持续提高。

3.5　纪检监事：监督主体与监督机制的构建与创新

3.5.1　需求监督

根据《国务院办公厅转发文化部等部门关于做好政府向社会力量购买公共文化服务的工作意见的通知》（国发办〔2015〕37号）的规定，晋中市文化和旅游局是晋中市图书馆专业服务采购项目的购买主体。2018年由晋中市文化局带领图书馆项目工作组经多方调研编制《晋中市图书馆管理运行方案》和《晋中市图书馆购买服务方案》。2018年2月又经市长办公会召集晋中市科协、晋中市财政局、晋中市文化局进行专题研究达成一致意见并报市政府，市政府对两个方案提出以下修改意见：在编人员经费据实测算安排；基本运行经费结合实际运行情况统筹安排；购买专业服务通过公开招标确定专业服务公司，以财政评审和公开采购招标结果为准；专项经费统筹安排；水、电、暖、物业等后勤由机关事务管理局保障。后经晋中市科协、晋中市财政局、晋中市文化局进一步对接后形成最终方案。在最终获批的上述两个方案中，运营费用由图书馆事业单位费用、资源建设费和购买专业服务费用组成，其中资源建设费由统筹专项经费解决，购买服务价格为每平方米252.06元。从方案编制到最终确定，经历了专业人员和政府相关部门的层层把关，确保了方案的科学性和适用性。

2018年1月3日，山西省财政厅印发《加强政府采购需求确定和履约验收管理办法》，规定预算金额500万元及以上的采购项目，政府向社会公众提供的公共服务项目，采购人与受益者分离的采购项目，应当在项目需求确定前由3名及以上的单数相关专业人员组成论证小组进行采购需求论证，并将论证意见在中国山西政府采购网上征求意见，征求意见期不少于1个工作日。根据这一规定以及《国务院办公厅转发文化部等部门关于做好政府向社会力量购买公共文化服务的工作意见的通知》（国发办〔2015〕37号）、《中华人民共和国公共图书馆法》《晋中市文化局财政局关于做好政府向社会力量购买公共文化服务工作的意见》等法律。法规及政策文件的规定，晋中市文化和旅游局每年在购买服务招标前委托代理机构组织5位专家对晋中市图书馆政府购买服务项目进行采购需求论证。

论证内容包括：是否符合国家法律法规规定；是否执行国家相关标准、行业标准、地方标准等标准规范；是否全部落实政府采购支持促进中小企业发展等政策要求；采购项目需实现的功能或者目标，满足项目需要的技术、服务、安全等要求，采购项目的数量、交付或者实施的时间和地点；政府采购项目履约时间和方式、验收方法和标准及其他合同实质性条款；其他需要论证的事项。经论证，如专家组成员一致同意采购内容符合文化部公共图书馆评估标准及图书馆服务标准，采购项目需实现的功能和模板能够满足晋中市图书馆所需的技术、服务、安全等要求，符合行业规范，并全面落实政府采购支持促进中小企业发展等政策要求，采购需求没有歧视性、排他性，专家论证意见在中国山西政府采购网上进行公示，接受社会监督。

3.5.2 预算监督

依据晋中市《市级项目支出绩效评价管理办法》，晋中市文化和旅游局严格执行预算编制要求，购买图书馆运营服务经费与年度部门预算同编制、同申报，并做到预算编制细化具体，反映出预算资金在一定期限内预期的产出和效果，以便于年度预算执行完毕后进行项目支出绩效评价。预算编制内容包括项目概况、立项依据、项目设立必要性、保证项目实施的制度和措施、项目实施计划、实施期目标、年度目标等。购买图书馆运营服务经费预算作为晋中市文化和旅游局部门预算的一部分，编制项目支出绩效目标申报表，在晋中市财政局网站上依法公开。

表 3-1 晋中市市级预算部门（单位）项目支出绩效目标申报表（2022 年）

<table>
<tr><td>项目名称</td><td colspan="4">购买图书馆运营服务经费</td></tr>
<tr><td>主管部门及代码</td><td colspan="2">151- 晋中市文化和旅游局</td><td>实施单位</td><td>晋中市文化和旅游局</td></tr>
<tr><td>项目属性</td><td colspan="2">经常性项目（长期开展）</td><td>项目期</td><td>3 年</td></tr>
<tr><td rowspan="6">项目资金（元）</td><td>实施期资金总额：</td><td>11160000</td><td>年度资金总额：</td><td>3720000</td></tr>
<tr><td>其中：中央财政资金</td><td>0</td><td>其中：中央财政资金</td><td>0</td></tr>
<tr><td>省级财政资金</td><td>0</td><td>省级财政资金</td><td>0</td></tr>
<tr><td>市县（区）财政资金</td><td>11160000</td><td>市县（区）财政资金</td><td>3720000</td></tr>
<tr><td>单位自筹</td><td>0</td><td>单位自筹</td><td>0</td></tr>
<tr><td>其他资金</td><td></td><td>其他资金</td><td></td></tr>
<tr><td>项目概况</td><td colspan="4">为了满足晋中市图书馆正常运行需要，提升服务效能，创新图书馆管理模式，采用政府采购专业服务方式运行</td></tr>
<tr><td>立项依据</td><td colspan="4">市领导对《晋中市图书馆管理运行方案》和对《市文化局关于增加晋中市图书馆、博物馆 2019 年度预算的请示》的批示</td></tr>
<tr><td>项目设立必要性</td><td colspan="4">晋中市图书馆在岗编制人员只有 5 人，无法保证近 2 万平方米的场馆正常运行，必须采用政府购买服务的方式保障晋中市图书馆的正常免费开放</td></tr>
<tr><td>保证项目实施的制度、措施</td><td colspan="4">晋中市图书馆政府购买服务方案</td></tr>
<tr><td>项目实施计划</td><td colspan="4">年初采用政府公开招标的方式确定供应商，每季度进行一次考核，采取听取汇报、实地检查、查看资料、群众满意度测评等方式进行，根据考核结果支付相应季度费用。连续三次考核结果不达标，解除合同。年终最终考核合格则支付相应费用。</td></tr>
<tr><td colspan="3">实施期目标</td><td colspan="2">年度目标</td></tr>
<tr><td>总体目标</td><td colspan="2">晋中市图书馆 2022 年全面免费开放正常开展，免费开放时间每周 70 小时，举办凤鸣讲坛 24 场以上，举办晋韵美展 15 场以上</td><td colspan="2">晋中市图书馆 2022 年全面免费开放正常开展，免费开放时间每周 70 小时，举办凤鸣讲坛 24 场以上，举办晋韵美展 15 场以上</td></tr>
</table>

续表

	一级指标	二级指标	三级指标	指标值	二级指标	三级指标	指标值
绩效指标	产出指标	数量指标	免费开放时间	≥ 70 小时 / 每周	数量指标	免费开放时间	≥ 70 小时 / 每周
		质量指标	服务质量	高效便捷	质量指标	服务质量	高效便捷
		时效指标	免费开放情况	全年除周一上午闭馆外免费开放	时效指标	免费开放情况	全年除周一上午闭馆外免费开放
		成本指标	图书馆运营服务	372 万元	成本指标	图书馆运营服务	372 万元
	效益指标	经济效益指标			经济效益指标		
绩效指标	效益指标	社会效益指标	满足群众精神文化需求，提升人民群众文化素养	有助于提升人民群众文化素养	社会效益指标	满足群众精神文化需求，提升人民群众文化素养	有助于提升人民群众文化素养
		生态效益指标			生态效益指标		
绩效指标	效益指标	可持续影响指标	满足群众精神文化需求，提升人民群众文化素养	长期持续	可持续影响指标	满足群众精神文化需求，提升人民群众文化素养	长期持续
	满意度指标	服务对象满意度指标	读者满意度	≥ 85%	服务对象满意度指标	读者满意度	≥ 85%

3.5.3　采购过程合规性监督

对采购组织过程中合规性的有效监督，有利于提升采购绩效，防范抑制腐败发生。晋中市财政局不定期组织对全市政府采购代理机构的专项检查，及时发现和纠正在政府采购中可能出现的违规问题；同时，财政和纪检监察机关安排监督员对政府采购全过程实施监督，并对采购程序、采购当事人进行评估，通过动态监控及时发现、纠正和处理违反政府采购制度规定的行为。

相对于图书馆专业服务采购来说，监督内容包括：预算下达后是否根据《财政部关于开展政府采购意向公开工作的通知》（财库〔2020〕10号）的有关规定对即将开展的图书馆专业服务购买进行采购意向公示，方便运营商提前了解政府采购信息；招标代理机构的选择是否符合《政府采购代理机构管理暂行办法》的相关规定；评审专家的抽取和评审过程是否符合财政部关于印发《政府采购评审专家管理办法》的通知（财库〔2016〕198号）的相关规定，评审方案和评审方法是否合理，评标委员会是否有私下接触投标人或收受投标人财物的行为，是否存在其他违规行为；采购文件是否完整包含招标项目的技术要求、对投标人资格审查的标准、投标报价要求和评标标准等所有实质性要求和条件以及拟签订合同的主要条款，是否存在明显的歧视性针对性条款，招标、开标、评标、中标等是否符合《中华人民共和国招标投标法》的规定，是否存在高价中标、内定中标、串标、围标等现象。

几年来，晋中市图书馆专业服务政府采购严格按照相关法律法规实施，采购过程未出现任何违规现象，采购相关信息及时向社会公开，保证了采购过程的公开、公平和透明，增加了项目的公信力。

3.5.4　运营过程监事监督

晋中市图书馆理事会设监事1名，由晋中市文化和旅游局委任。监事的职责包括：监督本馆的整体运行及管理情况；监督理事、管理层人员履职情况；向馆长提出工作质询和改进工作的建议等。监事由机关纪委相关人员担任，发挥着对图书馆业务的监督管理以及对党纪、政纪的监督管理两方面的作用。

3.5.5 购买服务决算公开

根据晋中市预算管理要求，晋中市文化和旅游局每年对市级财政预算支出全面开展绩效自评，“购买图书馆运营经费”即是其中之一。以2020年为例，根据年初设定的项目支出绩效目标，项目自评得分为97分。全年预算数为424.08万元，执行数为424.08万元，完成预算的100%。项目绩效目标完成情况：一是免费开放时间每周不低于70小时；二是进馆阅读人数每日不低于1000人次；三是服务高效便捷；四是免费开放情况，周一开馆时间为12:00—19:00、周二至周日开馆时间为08:00—19:00；五是图书馆日常运营成本为424.08万元；六是图书馆免费开放，可以让人民群众的文化生活更加丰富，有助于提升全民文化素养；七是读者满意度达85%以上。

项目绩效自评表作为晋中市文化和旅游局年度决算的一部分，依法在晋中市财政局网站公开。

3.6 文化主管部门：考核主体与考核机制的构建与创新

购买服务招标结束后，由晋中市文化和旅游局、晋中市图书馆与中标方签订三方合同。合同签订后，中标方向晋中市文化和旅游局缴纳中标金额的5%作为履约保证金；晋中市文化和旅游局向中标方预付第一季度的服务费用，第二季度、第三季度服务费用则按考核情况进行支付，第四季度款项与履约保证金退还需根据年度考核评估结算。因此，绩效考核是提升运营服务质量的重要抓手，而评分结果则是向运营商支付运营服务经费的依据。考核参与主体范围是否覆盖各相关利益方，直接关系着考核结果的公开、公平和公正，也关系着项目目标的实现。如：社会公众是否参与，是否有第三方评价机构介入；考核标准是否科学并足够量化和细化，是否能及时反映项目的真实情况；考核程序是否严谨规范等。晋中市文化和旅游局与晋中市图书馆理事会充分沟通和协商，并征求相关专家和公众意见，制定了适合图书馆业务特点的考核办法，以最大限度发挥绩效考核的作用。

3.6.1 考核主体

晋中市文化和旅游局作为考核主导单位，成立考核小组，对运营商进行季度考核和年度考核。考核小组成员由晋中市文化和旅游局领导和相关人员、图书馆馆长、理事会成员以及考核专家组成。前三季度考核由考核小组直接实施；第四季度考核与年度考核结合进行，由晋中市文化和旅游局委托第三方评价机构实施。考核标准中设有群众知晓度和满意度指标，并开通群众参与通道，充分保障群众参与。也就是说，考核主体由政府、图书馆、第三方评价机构和社会公众共同组成，为评价结果的公开、公平、公正提供了保障。

3.6.2 考核原则

①公平、公开原则。通过协商制定考核标准，考核结果公开，考评工作制度化，以保证考核的公平与合理。

②客观性原则。要有严格的考核制度与科学而严谨的程序及方法等。

③反馈原则。考核结果要向被考核者反馈，同时听取被考核者的意见及自我评价情况。

④奖惩原则。依据考核结果，进行奖惩。季度考核不达 850 分，每低一分罚款 1000 元，并进行及时有效整改，如三次考核均低于 700 分，则直接解除合同。

3.6.3 考核标准

考核标准分为季度考核标准和年度考核标准，力求按照全国公共图书馆国家评估定级一级图书馆标准设定，做到量化、细化。同时在指标和分值设定上兼顾效率与公平，充分考量各方的利益，避免出现政府和图书馆侧重关注社会效益而忽略运营商利益，运营商侧重关注运营成本而忽略社会效益的情况出现。

（1）季度考核标准

季度考核标准分六大部分，各项服务及指标的分值分别为：服务效能

450分，队伍建设100分，服务管理200分，管理规章的执行和落实100分，群众知晓度和满意率100分，其他必达指标50分。满分为1000分，950分以上为优秀，总分850分以上（含850分）为达标，700分以上（含700分）为基本达标，其中免费开放得分必须为满分，700分以下为不达标。

表3–2 晋中市图书馆季度考核标准

项目类别	序号	项目名称	分值	运行指标详细要求	评分说明
一、服务效能（565分）		总分值	1000		
	1	免费开放	50	馆内服务项目、活动全部免费对市民开放	
	2	服务项目公示	50	服务项目按时通过固定展板、网站、微信、文旅云等渠道公示	
	3	开放时间（小时）	50	全年工作日和公休日正常开放，国家法定节假日、特殊区域除外，每周开馆时间达70小时	
	4	对图书、期刊的管理与维护	10	定期对破损图书进行维护与修整	
	5	读者活动	50	按要求开展各项读者活动，不低于年度数量、质量指标的25%	
	6	阅读推广（包括文旅融合服务）	50	按要求开展各项阅读推广活动，不低于年度数量、质量指标的25%	
	7	讲座	60	季度举办品牌活动凤鸣讲坛6场，授课老师为副高职称以上或副处以上人员、具有一定的社会知名度和影响力或有专题研究的老师；授课主题应贴近民生、民意，紧跟时代步伐，每场不低于60人参与；	每场10分
	8	文化艺术展览	60	季度举办晋韵美展文化艺术展览不低于4场，每场展线不低于200米或展品不少于200件	每场15分

续表

项目类别	序号	项目名称	分值	运行指标详细要求	评分说明
	9	阅读“七进”	30	季度组织阅读进社区、进机关、进学校、进军营、进农村、进网络、进企业推广活动不低于15场，每场参加人员不低于20人	每场合格活动2分
	10	流动服务	10	季度开展包括图书流动车在内的流动服务活动10场次，每场不低于40人次参与	每场合格1分
	11	总分馆服务	60	直属分馆平均每季度更换1000册图书，重点分馆每季举办1场活动	
	12	志愿者服务	10	规范开展志愿者服务活动不低于1场	
	13	地方文献服务	10	1. 组织方志、史料、谱牒、地方出版物、本地生成的内部资料等地方文献收集、入藏； 2. 提供地方文献编目加工整理，开展地方文献对外服务； 3. 协助馆方收集整理保存古籍图书	到馆地方文献20日内完成编目、加工、上架等工作
	14	国有资产管理	15	1. 馆内阅览桌椅、书架、智能化设备、图书期刊、办公设备等日常维护管理； 2. 季度固定资产盘点不低于1次	设备维修7—15天完成
	15	环境管理	20	1. 环境（包含流动服务车）整洁、美观、安静，6分； 2. 标牌规范、标准，6分； 3. 设施维护良好，8分	
	16	安全管理	30	1. 数据及网络安全，10分； 2. 应急预案及有效实施，10分； 3. 有安全检查记录，10分	

续表

<table>
<tr><th>项目类别</th><th>序号</th><th>项目名称</th><th>分值</th><th>运行指标详细要求</th><th>评分说明</th></tr>
<tr><td rowspan="4">二、队伍建设（85 分）</td><td>17</td><td>队伍素养</td><td>20</td><td>本科及以上比例不低于 70%</td><td></td></tr>
<tr><td>18</td><td>队伍管理</td><td>20</td><td>具有完善组织架构、队伍管理机制和岗位工作目标管理责任制。制定实施人员入职离职报备制度、良好的岗位管理制度、考核与分配激励制度和末位淘汰制度</td><td></td></tr>
<tr><td>19</td><td>考核和激励机制</td><td>20</td><td>采取绩效考核机制，并设置激励机制</td><td></td></tr>
<tr><td>20</td><td>业务人员岗位培训、继续教育</td><td>25</td><td>馆内业务人员年度在职学历教育和各类业务培训的人均学时符合要求</td><td>15 课时以上 25 分；10—14 课时 20 分，5—9 课时 15 分；5 课时以下不得分</td></tr>
<tr><td rowspan="7">三、服务管理（160 分）</td><td rowspan="2">21</td><td rowspan="2">仪容仪表</td><td>10</td><td>统一着装、穿着整洁</td><td></td></tr>
<tr><td>10</td><td>挂牌服务、端正统一</td><td>发现一次未挂牌扣 0.5 分</td></tr>
<tr><td rowspan="2">22</td><td rowspan="2">礼仪服务</td><td>10</td><td>文明礼貌、热情周到、自觉维护本馆形象</td><td></td></tr>
<tr><td>10</td><td>以理服人、劝说疏导，严禁与读者发生口角</td><td>发生一次口角扣 5 分；受到读者投诉扣 5 分</td></tr>
<tr><td rowspan="3">23</td><td rowspan="3">读者服务</td><td>20</td><td>准时向读者开放，不得擅自推迟开门或提前关门</td><td>发生一次不达标情况扣 5 分</td></tr>
<tr><td>20</td><td>馆员积极耐心解答读者咨询</td><td>受到读者投诉扣 5 分</td></tr>
<tr><td>20</td><td>不高声喧哗、动作轻稳、声音柔和、不影响读者阅读</td><td>受到读者投诉扣 5 分</td></tr>
</table>

续表

项目类别	序号	项目名称	分值	运行指标详细要求	评分说明
	24	工作效率	20	报纸到馆当天上架	
			20	新到期刊 24 小时内完成登录上架	
			20	还回馆内图书 48 小时内上架、排架、顺架	
四、管理规章制度的执行和落实（40 分）	25	闭架图书排架误差率	20	抽查中文图书 10 大类，每类各一格	误差 10% 以下得 20 分；11%—20% 得 15 分；20% 以上不得分
	26	开架图书排架误差率	20	按排架号顺序检查。文艺类图书按色标排架	误差 20% 以下得 20 分；21%—30% 得 15 分；31-40% 得 10 分；41% 以上不得分
五、群众知晓度和满意度（50 分）	27	读者满意率	50	由评估组发放调查表，对图书馆办馆条件、环境、服务质量、服务效果等征求读者意见。“基本满意”以上作为满意率的统计范围	满意率 85% 及以上得 50 分；80%—84% 得 45 分；75%—79% 得 40 分；65%—74% 得 35 分；65% 以下不得分
六、其他（100 分）	28	其他必达指标	100	1. 意识形态领域不出任何问题。 2. 安全方面不出任何问题。 3. 中层人员公务外出不得超出 15 天	（1）意识形态领域、安全方面出现问题得 0 分； （2）公务外出超过 15 天得 0 分

（2）年度考核标准

年度考核标准共分为九个部分，前七部分指标分值分别为：基本服务245分、数字服务80分、阅读推广230分、延伸服务60分、管理服务225分、创新服务30分、服务效能130分。第八和第九部分为加分项和扣分项。

表3-3 晋中市图书馆年度考核标准

项目类别	序号	项目名称	运行指标详细要求	指标值	基本分值	评分说明
一、基本服务（245分）	1	服务窗口	按馆方指定项目提供服务，主要包括少儿书刊阅览区、社科图书阅览区、科技图书阅览区、报刊阅览区、地方文献阅览区、美术馆、个人视听室、流动服务车、电子阅览室、自习区、24小时图书馆、视障阅览区、报告厅、读书沙龙、音乐鉴赏厅、电影放映厅、信息咨询、资源检索、读者办证、存包服务、新时代理论书院、晋商书院、赵铁山书院、培训教室、服务总台等33个窗口服务		65	基本服务项目健全并免费提供
	2	开放时间	1.保证全年工作日和公休日正常开放，每周开放时间达到70小时（国家法定节假日、特殊区域除外，国家法定节假日开放时间另行安排）； 2.实行错时开放，每周一上午闭馆整理和维护	70↑	60	
				65↑	50	
				60↑	40	

续表

<table>
<tr><th>项目类别</th><th>序号</th><th>项目名称</th><th>运行指标详细要求</th><th>指标值</th><th>基本分值</th><th>评分说明</th></tr>
<tr><td rowspan="7"></td><td>3</td><td>咨询服务</td><td>1. 提供普通参考咨询；
2. 提供专题咨询与情报分析服务：
（1）编制《晋中图情》刊物（双月刊），主要面向市委、市政府领导，市直机关及行业系统发送）；编制信息快递——《晋中市图书馆决策参考信息》；
（2）为市委、市政府，市文旅局领导提供决策信息服务（不定期）</td><td></td><td>20</td><td>（1）咨询台服务，4分；
（2）文献提供，4分；
（3）二、三次文献，4分；
（4）提供网上咨询和回复服务的，4分；
（5）设立专职人员进行实时咨询回复的，4分</td></tr>
<tr><td>4</td><td>特殊群体服务</td><td>针对残障人员、未成年人、进城务工人员、老年人和现役军人等特殊群体开展读者服务工作</td><td></td><td>20</td><td>（1）残疾人服务，5分；
（2）老年人服务，5分；
（3）进城务工人员服务，5分；
（4）现役军人5分</td></tr>
<tr><td rowspan="4">5</td><td rowspan="4">流动服务</td><td rowspan="4">开展包括图书流动车在内的流动服务活动40场次，图书流动不低于4万册次，每场次不低于40人参与</td><td>40↑</td><td>60</td><td rowspan="4"></td></tr>
<tr><td>30↑</td><td>50</td></tr>
<tr><td>20↑</td><td>40</td></tr>
<tr><td>10↑</td><td>30</td></tr>
<tr><td>6</td><td>地方文献服务</td><td>1. 组织方志、史料、谱牒、地方出版物、本地生成的内部资料等地方文献收集、入藏；
2. 提供地方文献编目加工整理，开展地方文献对外服务；
3. 协助馆方收集整理保存古籍图书</td><td></td><td>20</td><td>（1）有专门工作计划并实施，10分；
（2）有图书馆自行采集的地方图片、地方音视频文献和地方档案，5分；
（3）地方文献编目加工整理，5分</td></tr>
</table>

续表

<table>
<tr><th>项目类别</th><th>序号</th><th>项目名称</th><th>运行指标详细要求</th><th>指标值</th><th>基本分值</th><th>评分说明</th></tr>
<tr><td rowspan="6">二、数字服务（80分）</td><td>7</td><td>新媒体服务</td><td>1. 提供微信公众平台和文旅云服务，平均季度发布信息 300 条以上；
2. 提供网上图书馆和移动图书馆服务；
3. 提供触摸媒体服务</td><td></td><td>30</td><td></td></tr>
<tr><td>8</td><td>信息工程服务</td><td>1. 参与全国公共数字文化工程融合创新发展工作；
2. 参与馆方安排的其他重点文化工程建设</td><td></td><td>20</td><td></td></tr>
<tr><td rowspan="3">9</td><td rowspan="3">数字资源服务</td><td rowspan="3">1. 协助馆方加强数字资源建设，建立数字资源库，与省市县馆实现平台资源共享；
2. 年新建数字资源 0.5TB</td><td>0.5↑</td><td>15</td><td rowspan="3">指标值为自建数字资源总量（TB）</td></tr>
<tr><td>0.3↑</td><td>10</td></tr>
<tr><td>0.1↑</td><td>5</td></tr>
<tr><td>10</td><td>网络资源服务</td><td>1. 加强图书馆网站建设与维护；
2. 年人均网站访问量达 5% 以上；
3. 开通网上电子文献借阅</td><td></td><td>15</td><td></td></tr>
<tr><td rowspan="3">三、阅读推广（230分）</td><td rowspan="3">11</td><td rowspan="3">讲座与特色读书活动</td><td rowspan="3">1. 年度举办品牌活动凤鸣讲坛 24 场，讲座老师均为副高职称以上或副处以上人员，具有一定的社会知名度和影响力或有专题研究的老师；授课主题应贴近民生、民意，紧跟时代步伐，每场不低于 60 人参与；</td><td>24↑</td><td>40</td><td></td></tr>
<tr><td>16↑</td><td>25</td><td></td></tr>
<tr><td>8↑</td><td>15</td><td></td></tr>
</table>

续表

<table>
<tr><th>项目类别</th><th>序号</th><th>项目名称</th><th>运行指标详细要求</th><th>指标值</th><th>基本分值</th><th>评分说明</th></tr>
<tr><td rowspan="16"></td><td rowspan="3">11</td><td rowspan="3">讲座与特色读书活动</td><td rowspan="3">2. 举办馆内特色读书活动60场，例如：亲子阅读会、“读享晋中”读书会、市民学堂（包括书法、绘画、普法等）、晋小图、三晋英模、阅读在路上、新书推荐会、读书沙龙等，做到周周有活动</td><td>60↑</td><td>30</td><td rowspan="2"></td></tr>
<tr><td>50↑</td><td>20</td></tr>
<tr><td>40↑</td><td>10</td><td></td></tr>
<tr><td rowspan="4">12</td><td rowspan="4">文化艺术展览</td><td rowspan="4">年举办晋韵美展文化艺术展览15场，每场展线不低于200米或展品不少于200件作品</td><td>15↑</td><td>40</td><td rowspan="4"></td></tr>
<tr><td>10↑</td><td>30</td></tr>
<tr><td>8↑</td><td>20</td></tr>
<tr><td>5↑</td><td>10</td></tr>
<tr><td rowspan="4">13</td><td rowspan="4">阅读“七进”</td><td rowspan="4">年组织阅读进社区、进机关、进学校、进军营、进网络、进企业、进工地推广活动，每年举办60场，每场人数不少于20人</td><td>60↑</td><td>40</td><td rowspan="4"></td></tr>
<tr><td>50↑</td><td>35</td></tr>
<tr><td>40↑</td><td>30</td></tr>
<tr><td>30↑</td><td>25</td></tr>
<tr><td rowspan="2">14</td><td rowspan="2">宣传推广</td><td>维护管理、完善提升晋中市图书馆官方网站、晋中市图书馆微信平台</td><td></td><td>10</td><td rowspan="2"></td></tr>
<tr><td>1. 图书馆服务宣传推广；
2. 图书馆服务宣传周的多媒体宣传工作：
（1）全民读书月和“书香晋中”建设多媒体宣传工作；
（2）世界图书日与版权日多媒体宣传工作；
（3）其他相关活动：如儿童阅读日等媒体宣传工作；
（4）建立阅读推广人制度，年度培养阅读推广人20名</td><td></td><td>30</td></tr>
</table>

续表

项目类别	序号	项目名称	运行指标详细要求	指标值	基本分值	评分说明
	14	宣传推广	协助馆方建设现代公共文化服务信息数字化系统（网站和手机端），完成晋中文化云信息服务平台相关工作，构建互联互通的公共文化数字化服务网络		10	
			主流媒体做好宣传工作，年度刊发宣传稿件12条以上		10	
			所有对外发布的消息需经馆方审定，未经审查，造成不良后果的由服务商承担相应责任，情节严重的，馆方有权终止合同		10	
	15	图书馆年鉴	汇总年度资料，印制数量不低于200本		10	
四、延伸服务（60分）	16	基层业务辅导培训	年度深入基层辅导11次以上，组织全市图书馆系统人员培训1次以上。		20	（1）基层业务辅导与培训的计划、经费、人员、总结，10分； （2）基层业务辅导与培训的内容、次数（其中培训不少于1次）效果及反馈，10分
	17	总分馆制建设	协助馆方制定总分馆建设规划，建成市中心馆到各县区市分馆的通借通还的服务体系。对七个直属分馆平均每季度更换1000册图书，重点分馆每季度举办1场活动。馆外流动点每年书刊借阅量5000册次		20	协助馆方做好总分馆服务工作

续表

项目类别	序号	项目名称	运行指标详细要求	指标值	基本分值	评分说明
	18	行业协作	1. 协助馆方建立跨地区、跨系统的图书馆联盟 2. 建立晋中市公共图书馆及7个分馆讲座、展览、业务培训联盟，总分馆间共享优质师资、特色展品等资源，开展巡讲巡展，协作开展业务培训，提高服务效能		10	（1）与图书馆以外的其他机构合作开展业务活动。包括：资源合作，2.5分；合作平台，2.5分。 （2）建立晋中市公共图书馆及7个分馆讲座、展览、业务培训联盟，总分馆间共享优质师资、特色展品等资源，开展巡讲、巡展，协作开展业务培训，提高服务效能，5分
	19	社会化服务	加强与社会组织联系，联合开展特色公益服务		10	
五、管理服务（225分）	20	书刊整理与排架	制定排架制度及有效的管理措施		10	（1）书标、加工给号（含登录号、条码号）和馆藏章规范、统一、整齐、美观，15分； （2）排架正确率达到90%，10分
			排架整齐、有序、规范		15	
	21	书刊剔旧工作	1. 制定剔旧工作制度； 2. 制定馆藏剔旧标准； 3. 执行剔旧工作		10	剔旧工作执行情况

续表

项目类别	序号	项目名称	运行指标详细要求	指标值	基本分值	评分说明
	22	文献编目标准化	1. 制定图书分类细则； 2. 制定图书编目细则，文献编目符合标准，保证编目数据规范一致； 3. 图书分类细则及图书编目细则按照中图法分类及有关国家行业标准制定		20	普通图书（包括中外文普通图书、少数民族图书等）编目符合标准，期刊、报纸文献编目符合标准，视听资料编目符合标准，电子文献编目符合标准，保证编目数据规范一致
	23	报刊装订服务	完成报纸 100 种、期刊 800 种的装订服务		10	根据完成情况酌情赋分
	24	志愿者管理	1. 志愿者管理制度规范化； 2. 负责组织一支不少于 300 人的志愿者团队，并在志愿者平台完成注册；规范开展志愿者服务，平均每人服务时间不低于 20 小时； 3. 志愿者专题活动不低于 10 场		20	（1）志愿者管理制度、规范化，5 分； （2）志愿者队伍不低于 300 人，5 分； （3）志愿者每人服务时间不低于 20 小时，5 分； （4）志愿活动不低于 10 场，5 分
	25	人员配置	满足图书馆管理服务需求，合理配置人员，其中大学本科及以上学历员工占总人数 70% 以上比例	70↑	30	计算方法：馆内大学本科及以上学历的员工的数量 / 全馆员工总人数 ×100%
				50↑	20	
				30↑	5	
	26	员工教育培训	1. 制定人员入职离职报备制度、良好的岗位管理制度、考核与分配激励制度和末位淘汰制度； 2. 对馆员进行教育培训，每年组织专业培训时间不少于 15 天	15↑	20	计算方法：全馆员工年度接受岗位培训、继续教育的总天数 / 全馆员工总人数
				10↑	10	
				5↑	5	

续表

项目类别	序号	项目名称	运行指标详细要求	指标值	基本分值	评分说明
	27	业务研究	图书馆业务研究的组织管理，建立业务研究激励制度		5	
			负责馆内每年至少举办1次学术研讨会，形成研讨报告		5	
			积极参加馆外学术交流和业务研讨活动		5	
			在市级以上刊物发表论文数量达6篇		5	
	28	国有资产管理	1. 按照国有资产管理制度，制定国有资产管理办法； 2. 馆内阅览桌椅、书架、智能化设备、图书期刊、办公设备等日常维护管理		10	按照国有资产管理规定制定国有资产管理办法并实施，10分
	29	档案管理	加强综合档案管理（文书、设备、声像、图像、实物等）		10	（1）行政档案，5分； （2）业务档案，5分
	30	安全管理	制定安全应急预案并组织实施		20	（1）消防，5分； （2）防恐防暴，5分； （3）数据及网络安全，5分； （4）应急预案，5分
	31	环境管理	1. 保持环境（包含流动服务车）整洁、美观、安静，标牌规范、标准； 2. 保持设施维护良好，建设节约型图书馆		10	（1）环境（包含流动服务车）整洁、美观、安静，4分； （2）标牌规范、标准，3分； （3）设施维护良好，3分

续表

项目类别	序号	项目名称	运行指标详细要求	指标值	基本分值	评分说明
	32	用户管理	1. 负责业务统计分析并形成报告； 2. 负责读者证卡管理		10	（1）证卡管理，4分； （2）用户分析，6分
	33	服务设备维护	负责更换故障硬件与双机热备的维护与故障处理、病毒库及相关软件升级、上网行为管理，一般故障一周内处理，最长时间不能超15天完成		10	
六、创新服务（30分）	34	文旅融合服务	提供馆内参观团队讲解、线路推荐、专题活动、旅游图书专区服务；流动服务进景区，扩大“阅读在路上”文旅融合服务品牌的影响力		10	
	35	文明创建	围绕创建全国文明城市设置宣传栏、标语，完善盲道、专用停车位等设施，开展相关活动		10	
	36	建立区域文献共建机制	建立晋中市公共图书馆地方文献征集机制		10	
七、服务效能（130分）	37	年文献流通率	图书馆平均每册藏书年流通率0.8次，资源外借量12万册次	0.8↑	30	计算方法：年流通总册次/馆藏书刊总量
				0.6↑	20	
				0.4↑	10	
	38	年读者人均到馆量	人均到馆次数年度达到0.5次	0.5↑	30	计算方法：年到馆总人次/服务总人口单位：人次
				0.4↑	20	
				0.3↑	10	

续表

<table>
<tr><th>项目类别</th><th>序号</th><th>项目名称</th><th>运行指标详细要求</th><th>指标值</th><th>基本分值</th><th>评分说明</th></tr>
<tr><td rowspan="11"></td><td rowspan="3">39</td><td rowspan="3">持证用户数量</td><td rowspan="3">年新增用户 0.5 万人</td><td>0.5↑</td><td>20</td><td rowspan="3"></td></tr>
<tr><td>0.4↑</td><td>10</td></tr>
<tr><td>0.3↑</td><td>5</td></tr>
<tr><td>40</td><td>服务大数据公示</td><td>建立服务数据公示机制，按月或季度在网站、微信公众号、馆内大数据墙发布基本服务数据</td><td></td><td>5</td><td>缺少一次扣 1 分</td></tr>
<tr><td>41</td><td>用户意见处理与日常评价</td><td>1. 建立读者意见的收集、反馈机制和效能评价体系；
2. 2 个工作日内完成意见和便民热线、投诉等答复</td><td></td><td>20</td><td>（1）用户意见处理反馈机制与制度保障，5 分；
（2）2 个工作日内完成意见和便民热线、投诉等答复，5 分；
（3）用户日常评价机制与管理，5 分；
（4）用户好评达到 85% 及以上，5 分</td></tr>
<tr><td rowspan="4">42</td><td rowspan="4">用户满意率</td><td rowspan="4">1. 建立完整的读者满意率调查体系（馆内、馆外、网络等多元方式）；
2. 年度读者满意度不低于 85%；
3. 读者调查表发放数量不低于 300 份，回收率不低于 80%</td><td>85↑</td><td>15</td><td rowspan="4">年度读者满意度：
85% 以上，15 分；
80%—85%，10 分；
75%—80%，5 分；
70%—75%，1 分</td></tr>
<tr><td>80↑</td><td>10</td></tr>
<tr><td>75↑</td><td>5</td></tr>
<tr><td>70↑</td><td>1</td></tr>
<tr><td>43</td><td>品牌建设</td><td>须在图书馆服务中形成品牌活动成长模式，培育一个有地域特色和影响力的品牌活动</td><td></td><td>10</td><td></td></tr>
</table>

续表

项目类别	序号	项目名称	运行指标详细要求	指标值	基本分值	评分说明
八、加分项目	44	会议承办	承办跨省、全国性会议、培训等活动			承办跨省、全国性会议、培训等活动加 20 分 / 次
	45	奖项	1. 获国家级奖项； 2. 获省级奖			1. 获国家级奖项加 10 分； 2. 获省级奖加 5 分
	46	典型发言	在全国性专题经验交流会、研讨会作典型发言			每在全国性专题经验交流会、研讨会作典型发言一次加 10 分
	47	媒体发布	1. 在《人民日报》《光明日报》《中国文化报》《中国旅游报》等中央级媒体刊发稿； 2. 在《山西日报》等省级媒体刊发稿			1. 在《人民日报》《光明日报》《中国文化报》《中国旅游报》等中央级媒体刊发稿件一次加 10 分； 2. 在《山西日报》等省级媒体刊发稿件一次 5 分； 3. 最高 20 分
	48	分馆建设				每增加一个分馆加 5 分
九、扣分项目	49	安全机制	落实安全生产责任制，严防重大安全责任事故发生			落实安全生产责任制，发生重大安全责任事故扣 100 分
	50	意识形态	落实意识形态工作责任制，严防发生政治责任问题			落实意识形态工作责任制，发生政治责任问题一次扣 100 分

3.6.4 考核程序

前三季度考核方法按照服务商准备材料、自评打分，考核组听取汇报、实地检查、座谈交流、满意度测评、查看相关文件资料、评定打分的程序进行。第四季度考核与年终考核结合进行，委托第三方进行考核评估。考核资料由晋中市图书馆留存备案，以备查验。

4　晋中模式的实践成效与经验启示

4.1　馆舍建设：融汇古今、特色鲜明

图书馆馆舍设施建设是图书馆运营发展的基础和前提。晋中市图书馆建设项目于 2014 年正式立项，2014 年 11 月 1 日开工建设，并于 2018 年 1 月 20 日部分试运行，4 月 1 日全部试运行，2018 年 12 月 5 日正式开馆。

晋中市图书馆是从零开始建设的图书馆。晋中市于 1999 年撤地建市，直至 2010 年才开始提出筹建晋中市图书馆，到 2011 年筹建工作正式启动。至 2016 年 6 月，经晋中市机构编制委员会批复，正式设立晋中市图书馆（挂晋中市美术馆牌子），正科级建制。由于这一独特情况，晋中市图书馆的馆舍设施建设得以从一开始就与图书馆运营紧密挂钩，从图书馆运营需求出发进行设计规划，在最大限度上满足了现代化图书馆运营发展的需要，为后续晋中市图书馆的社会化运营探索实践奠定了坚实基础。

晋中市图书馆建设工程采取项目代建办法，由晋中市代建办负责工程建设，晋中市文化广电新闻出版局（原晋中市文化局）负责工程布展事项，其建设资金由晋中市财政全额负担。在 2014 年 4 月晋中市图书馆建设项目移交晋中市代建办之前，晋中市文化广电新闻出版局（原晋中市文化局）已委任相关人员办理了项目所需的多项手续，包括环评、供地、规划许可证、可研批复、节能批复等。而晋中市图书馆馆长胡萍自筹建之初就一直参与其中，做了大量工作。在整个图书馆馆舍建设过程中，图书馆方代表始终参与相关事务，在图书馆布局设计、内部装修等阶段依据晋中市图书馆运营发展

需求提出意见建议，最终打造出一座设计科学、布局合理、设施先进、特色鲜明的现代化图书馆。

4.1.1 馆舍建设历程

晋中市图书馆建设项目在筹建之初即遵照我国《公共图书馆建设标准》（建标 108—2008）和山西省相关标准要求进行规划。在筹建阶段，晋中市图书馆建设项目的选址发生了两次变更，建筑面积发生了三次变化。2011 年 8 月 2 日，晋中市召开第 41 次市政府专题会议，议定晋中市图书馆按照国家规定的市级图书馆建筑面积不低于 13500 平方米的建筑标准进行建筑设计和立项审批。晋中市图书馆建设项目是 2013 年、2014 年晋中市政府确定的 A 类重点工程。结合晋中市的经济发展水平，尤其是考虑到山西高校新区以及太榆科技创新城建设带来城市人口激增等因素，2013 年 5 月 2 日，晋中市政府专题会议议定，晋中市图书馆整体规划设计建筑面积在原 13500 平方米的基础上扩大至 19800 平方米。2014 年 2 月 13 日，晋中市第 4 次市政府专题会议议定，晋中市图书馆建筑面积确定为 19800 平方米，规划功能采取建设多功能厅等办法，兼容美术馆布展需求。选址方面，晋中市图书馆最终确定为新建北路凤鸣街 209 号，即在晋中市博物馆西侧、晋中市科技馆东侧，三馆在晋商文化广场内呈近似“品”字结构，共同构成晋中市一组地标性建筑。晋中市图书馆的北侧紧邻山西高校新区，南侧与晋商公园相望，毗邻住宅商务区。总体来看，晋中市图书馆所处位置优越，交通便利，与城市空间和景观保持连贯，形成从城市到建筑，建筑到景观的通透融贯的大局关系。

2014 年 4 月 24 日，晋中市发展和改革委员会正式批复晋中市文化广电新闻出版局关于晋中市图书馆建设项目可行性研究报告的请示，同意实施晋中市图书馆建设项目。同月，晋中市图书馆建设项目取得建设用地规划许可证。2014 年 11 月 1 日，晋中市图书馆建设项目工程举办奠基开工典礼，正式开工建设。2016年7月，项目开始屋面工程及室内、外装修施工，水、暖、电、消防安装工程同时交叉进行。2017 年 11 月 20 日，晋中市图书馆全部施工项目完成后经施工单位山西四建集团有限公司自检验收评定为合格，已具备单位工程竣工验收条件。

2018 年 1 月 20 日，晋中市图书馆部分区域开放试运行。2 月，馆内电子阅览室、个人视听室、集体视听室、报告厅、电影厅、音乐厅正式启用。3 月，安装图书馆业务管理系统、数字图书馆系统、网络及安全体系、服务器存储系统、桌面虚拟化系统、盲人阅读系统、LED 展示系统、会议系统、培训教室设备以及系统、多功能报告厅设备及系统、集体视听设备及系统、电影放映厅设备及系统、音乐厅设备及系统、RFID 设备及管理软件。4 月 1 日，晋中市图书馆全馆试开馆运营。7 月，启用全国文化信息资源共享工程公共电子阅览室系统。9 月，24 小时自助图书馆投入使用。10 月 1 日，地方文献阅览区正式对外开放。12 月 5 日，晋中市博物馆、晋中市图书馆、晋中市科技馆“三馆”开馆仪式举办，伴着 2018 年第一场瑞雪，晋中市图书馆正式开馆。

图 4–1　开馆仪式

4.1.2 馆舍功能设计

晋中市图书馆的设计单位是清华大学建筑设计研究院。图书馆方代表对晋中市图书馆功能设计提出众多意见建议。如在 2014 年 5 月清华大学建筑设计研究院提交的晋中市图书馆建筑设计方案中，美术馆功能区是在一层，少儿阅读区在二层。而图书馆方代表考虑到图书馆功能以及读者的安全性提出了不同意见。经商讨后，晋中市图书馆把少儿阅读区调整到一层，美术馆功能区则设在四层。

根据规划，晋中市图书馆位于榆次区凤鸣街 209 号。总体建筑面积 19800 平方米，地上 16400 平方米，地下 3400 平方米。共建有六层，地上五层，地下一层。建筑高度 30.2 米，层高 6 米。晋中市图书馆规划藏书量 100 万册，中文期刊 800 种，报纸 100 种，电子文献 10000 种，视听资料 1500 种。设读者座席 1607 个，其中少儿阅览室座席数 190 席，盲人阅览室座席 12 席，学术报告及培训座席 788 个。最大日接待读者量 5000 人次。

在晋中市图书馆建筑设计中，突出了“地域性”“当代性”两大理念，在展现晋中地域文化特色、提示晋中城市空间与文化品质的同时，也确保建筑能够契合时代需求。

晋中市图书馆建筑总体采用晋中传统民居院落式布局，整体造型方正，这一基本形体可满足图书馆的功能需求和阅览书架模数。图书馆南、北方的主入口形式均是从晋中传统窄院中获得灵感。特别是南向主入口处的入口前院，不仅增加了空间层次和序列变化，也使整个图书馆与文化广场和城市空间融为一体，使其更具开放性和亲和力。整体空间布局上，图书馆结合功能需求，以藏书楼为空间核心，将阅览空间围绕其周围布置，开架阅览部分则设计成阶梯式的巨大通高空间，给人“书山漫步”的空间感受，强化了图书馆的开放性。图书馆外立面以石板材为建筑材料，结合遮阳需要和内部功能采用传统书简意象，整个立面如同徐徐打开的书卷。整个设计既呈现出强烈的现代感，又充满了浓郁的文化气息。

图 4–2　晋中市图书馆南入口透视效果图

晋中市图书馆的布馆项目由原晋中市文化广电新闻出版局（后改为晋中市文化局，现为晋中市文化和旅游局）负责。晋中市图书馆布馆设计的理念和原则是基于对地域文化的理解与发掘而形成的，同时还融合了对建筑基底与城市环境的思考。作为建筑空间的延续，晋中市图书馆的布馆设计遵循原有设计意图。以“书简”、晋中地域文化作为设计元素，营造层次丰富的图书空间。晋中市图书馆的总体平面布局与其建筑功能协调一致，流畅贯通。晋中市图书馆的设计方案重点突出了“藏书楼”、“书简”元素以及晋中地域文化特色这三大项。晋中市图书馆的室内设计体现出地域文化与时代精神，同时融入新型的现代图书馆空间观念。

在功能区域划分上，晋中市图书馆负一层为学术综合服务区。负一层总建筑面积为 4785 平方米，设有音乐厅、电影厅、密集书库及展品库房、后勤室、职工休息室、采编编目室、图书周转库房、文献消毒室等（见图 4–3）。

一层是少儿、视障阅读区及 24 小时自助图书馆。一层总建筑面积为

4030平方米，北入口门厅处设有服务吧台，此外还设有自助检索处、报刊阅读区（老年阅读区）、休闲阅读区、视障阅读区、幼儿阅读区、亲子阅读区（绘本馆）、儿童阅读区、少儿阅读区以及学术报告厅等（见图4-4）。

二层是综合检索区和社会科学阅读区。二层总建筑面积为3520平方米，设有南入口门厅、咖啡厅、休闲阅读区、交流活动兼报刊阅读区、阶梯式阅读区、图书漂流区、社会科学阅读区和新书借阅区等（见图4-5）。

三层是自然科学和地方文献阅读区。三层总建筑面积为3330平方米，设有科技阅览区、地方文献阅览区、综合图书阅读区、阅读区、自习区及休闲区（阶梯式阅读区）等（见图4-6）。

四层是美术馆和数字文献阅读区。四层总建筑面积为2960平方米，设有美术馆、电子阅览室、数字体验区、个人视听室、集体视听室和艺术沙龙专题阅览区等（见图4-7）。

五层是典籍特藏阅读区。五层总建筑面积为2390平方米，设有露天阅读小院、创客空间、晋商书院、赵铁山书院、专题研究室、培训教室、非遗文化研究室等（见图4-8）。

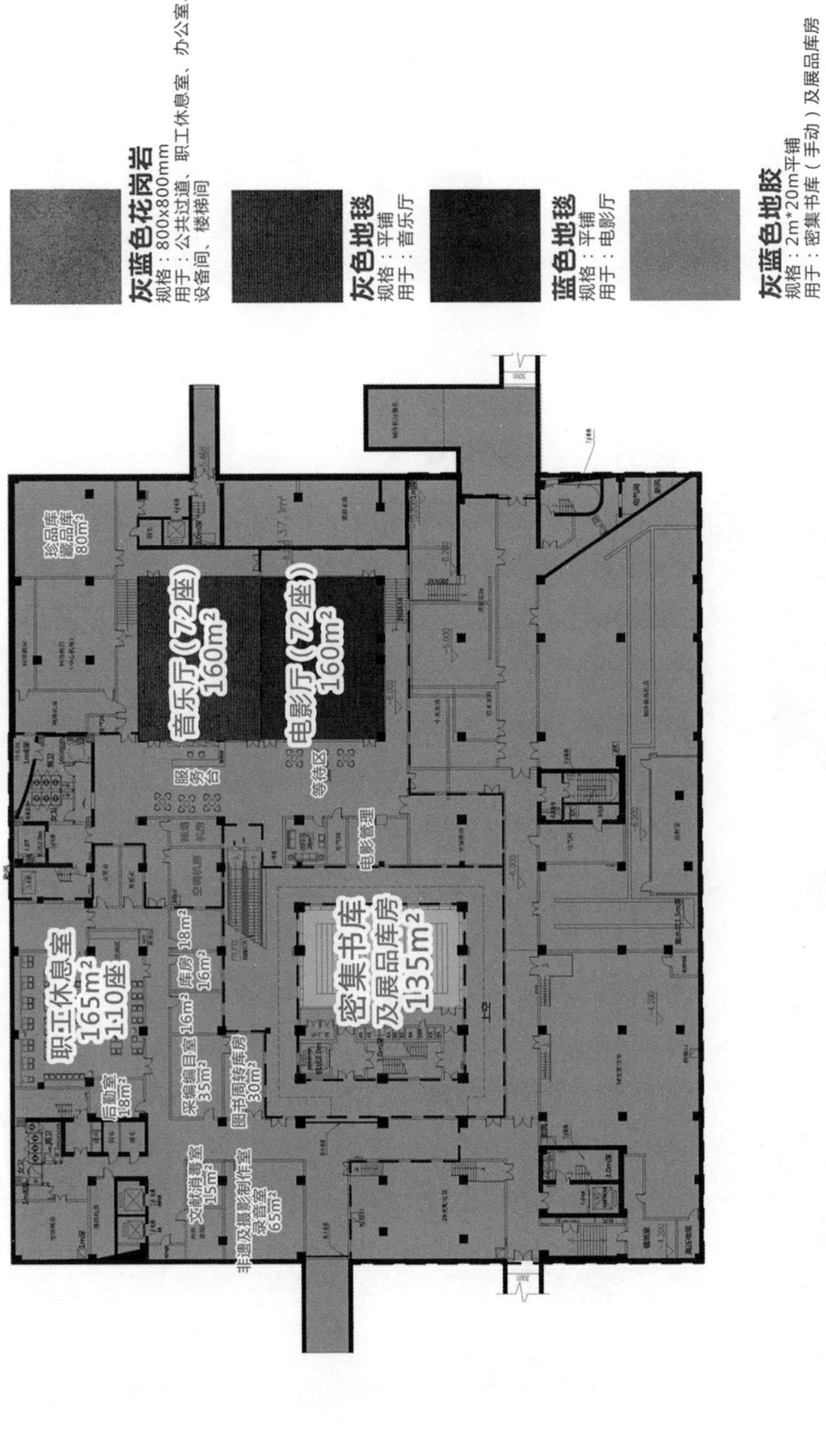

图 4-3 晋中市图书馆负一层平面图

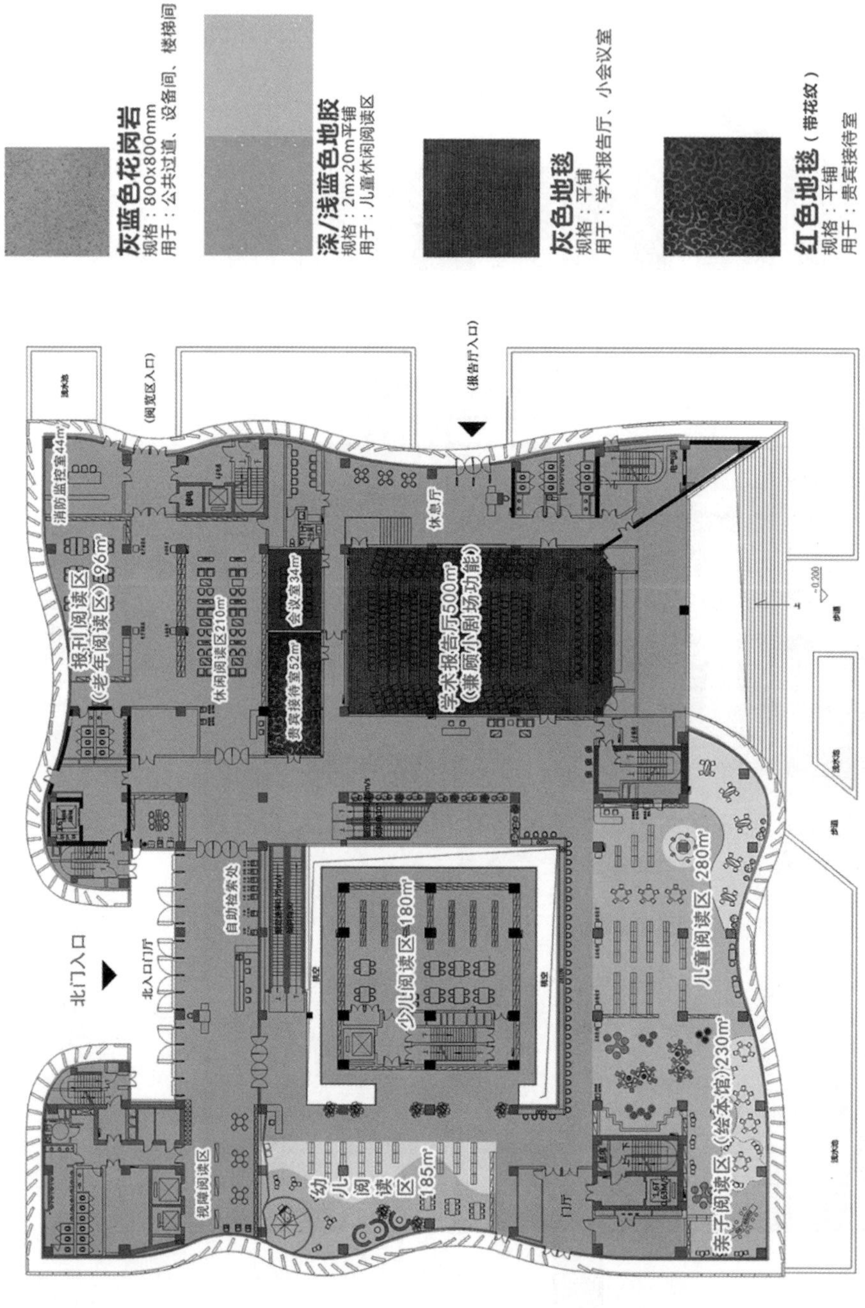

图 4-4 晋中市图书馆一层平面图

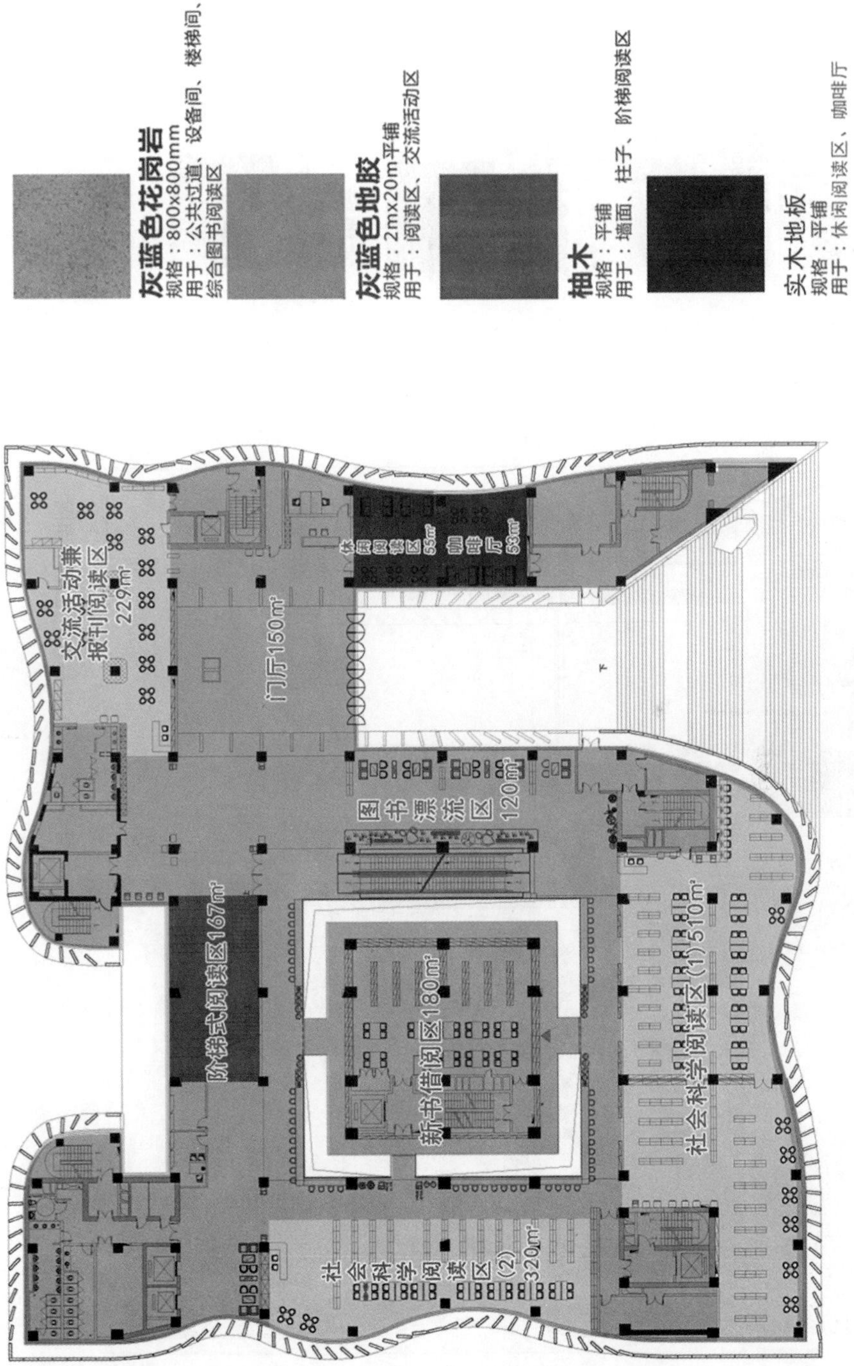

图 4-5 晋中市图书馆二层平面图

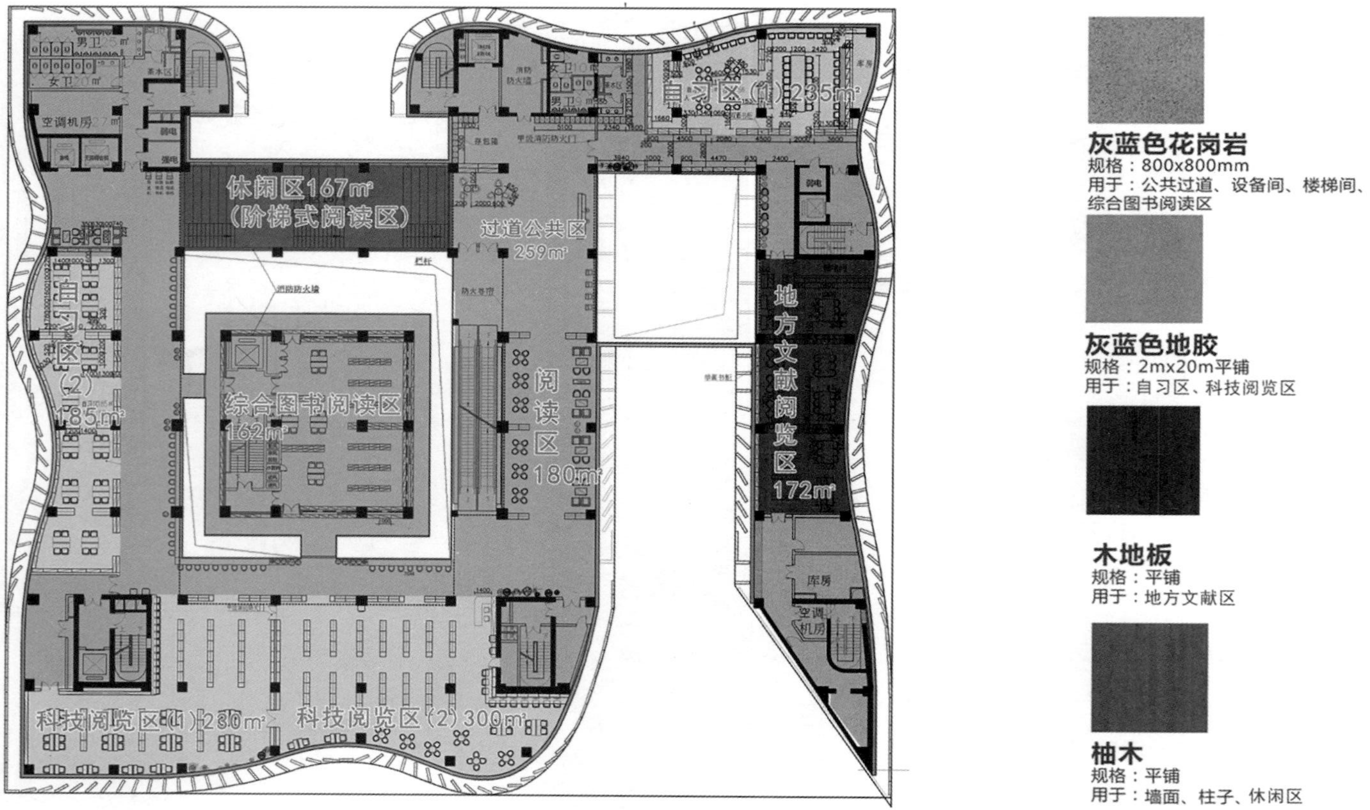

图 4-6　晋中市图书馆三层平面图

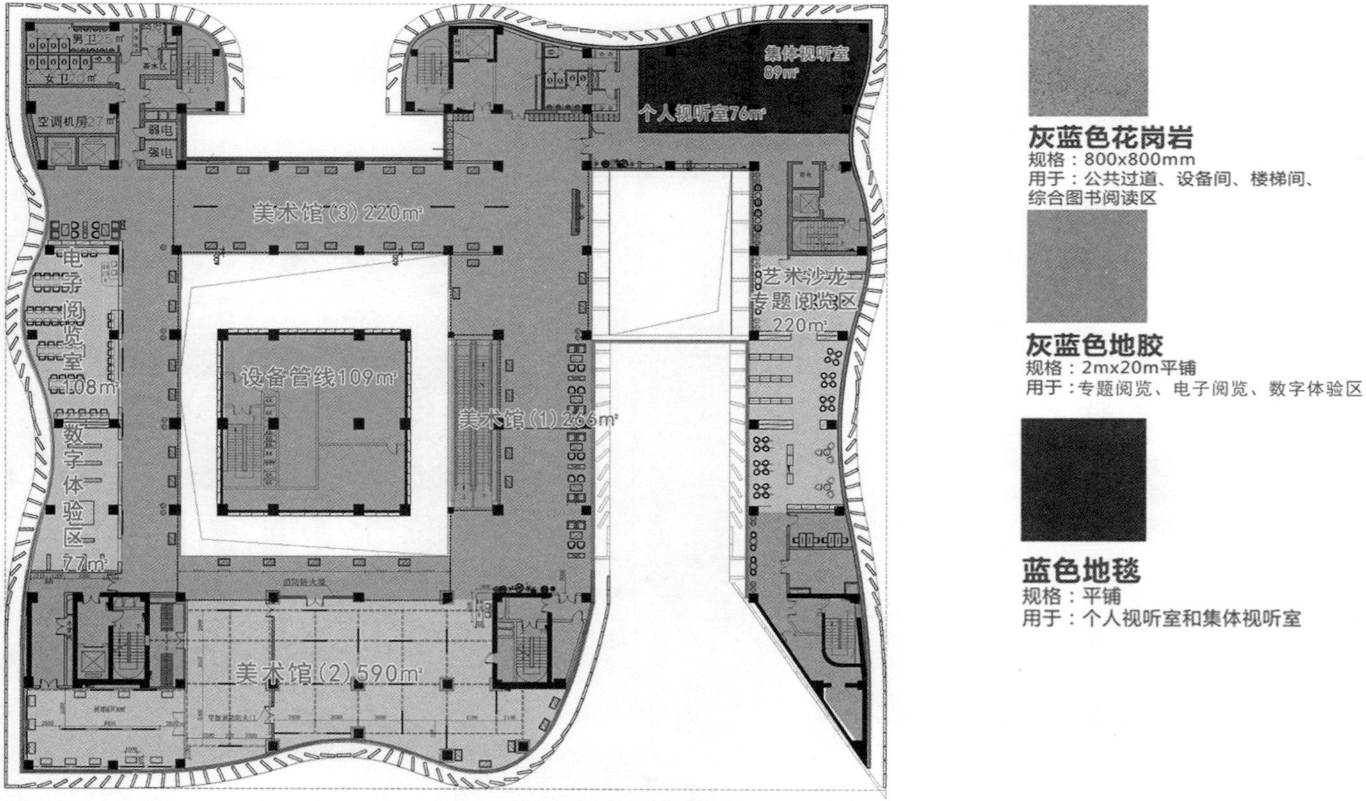

图 4-7 晋中市图书馆四层平面图

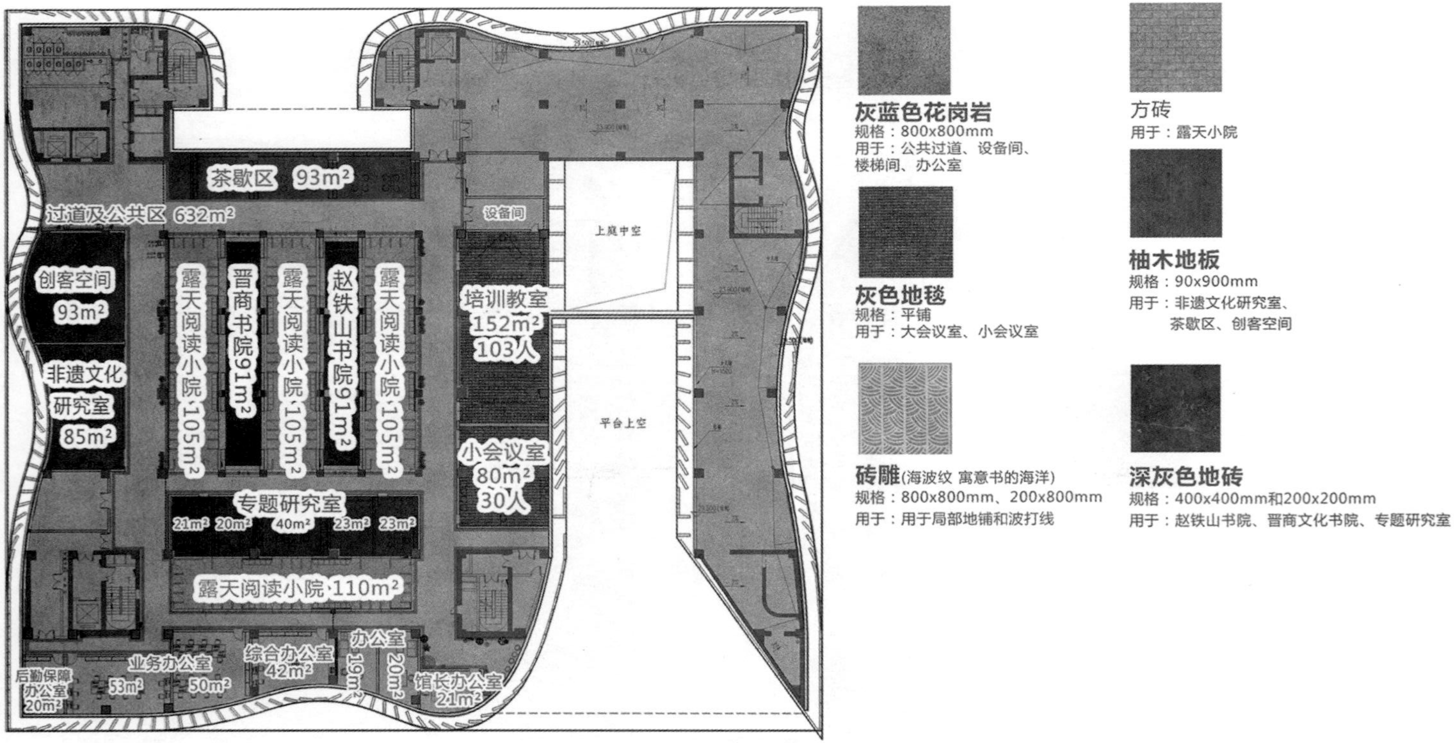

图 4-8 晋中市图书馆五层平面图

4.1.3 空间建设及特色

晋中市图书馆在建馆之初即立足打造“全省领先、全国一流”公共图书馆的战略定位，以“读享晋中，阅遍天下”为理念，以“现代、人文、开放、便捷”为主题，以“馆区布局个性化、馆用设备现代化、馆藏资源特色化、馆内服务多样化”为特色，以“籍古鉴今，笃诚博闻”为馆训，采取借阅合一、开放式、自由式、智能化的服务方式，前来借阅的读者将享受到“超市购物般”的全自动借书体验，从而使晋中市图书馆成为都市人的“第二起居室”和城市生活的“第三空间”。而这些在晋中市图书馆的空间建设上均得到体现。让读者在享受常规服务的同时，通过舒适的空间得到心情的愉悦和精神上的放松。

图 4-9 晋中市图书馆外景

晋中市不仅历史文化底蕴深厚，更是一座发展潜力巨大的年轻城市。晋中市图书馆的整体布局中重点展现了晋中历史人文文化和地域文化，如位于四层美术馆的晋中地区历史名人雕塑、位于音乐作品鉴赏厅的砖雕《华声起源》以及非遗文化研究室中陈列的布老虎、木雕脸谱、黑陶、剪纸等晋中非物质文化遗产作品。读者从晋中市图书馆南入口入馆后，迎面可见一幅巨型铜质浮雕图，名为《沃域英杰图》。该图高 20 米，宽 10 米，共计 200 平方米。图形以晋中地形为轮廓，内容以历史上的22位知名人物传奇故事[①]、动感形象为表现主体，以人物县域位置布图，辅以当地的山水、花草、林木、飞鸟、建筑、云彩等，组成巨型铜质浮雕图。

图 4-10 沃域英杰图

作为空间中心，中央藏书楼位于晋中市图书馆正中央，总藏书量为25万册。其设计理念来源于晋中古代建筑文化，以榆次老城凤鸣书院藏书楼、常家庄园贵和堂藏书楼为设计灵感，里里外外布满图书，整体壮观，大气恢宏。

晋中市图书馆的其他阅读区分别位于藏书楼周围，以便于读者“随取、随读、随还”。各个阅览区之间以“见缝插针，物理隔离”的方法，设置人

① 22位知名人物传奇故事包括割股奉君、四朝宰辅、完璧归赵、牛郎织女、大禹治水、武帝识灵、帝尧制陶、文景之治、雷创票号、祁奚荐贤、诗翁王维、罗氏著说、一门三国公、帝师祁公、寿修鹿泉、箕子启智、孟母三迁、榆罔建国、石勒称赵、左权抗战、祝融施火、云翼续《通鉴》。

性化的低矮异型书架，供读者就近使用。

图 4–11 中央藏书楼

负一层的电影厅、音乐厅颇受广大读者喜爱。电影厅每周日下午 3 时整，会为读者播放多种题材的电影，丰富读者的业余休闲生活。音乐厅是举行音乐会及音乐相关活动的场所，装潢典雅，配备专业设备，同时提供舒适的座椅，在优雅的环境里为人们带来音乐盛宴。

图 4–12 电影厅

图 4–13　音乐厅

一层的 24 小时自助图书馆作为晋中市图书馆的延伸服务，藏书约 2 万册，集智能书架服务、图书预约、自助借还、盲人阅读及报刊阅读等功能于一室。无论清晨还是深夜，只需一张读者证，读者就可以享受查询、借书、还书、续借等服务。24 小时自助图书馆虽在馆内，但拥有独立入口，可完全与总馆分开运行。

图 4–14　24 小时自助图书馆

一层的学术报告厅面积为 500 平方米，提供固定座席 274 席，是具备先进的多媒体显示系统、专业的音响扩声系统、丰富的舞台灯光照明系统以及智能化的集中控制系统的独立空间，主要用于举办学术会议、专题讲座和学术交流、演讲等活动。

图 4-15 学术报告厅

为便于未成年人、残障人士享受图书馆服务，晋中市图书馆在一层设立了少儿阅读区、视障阅读区。少儿阅读区主要为 16 周岁以下的少年儿童提供服务，包括亲子阅读、趣味阅读、少儿阅读活动等。少儿阅读区面积 780 平方米，阅览座席 232 席，总藏书量为 5 万册，期刊 237 种。

图 4-16 少儿阅读区

图 4-17　视障阅读区

二层通常是晋中市图书馆人流量最大的楼层，包括中文图书阅读区、报刊阅读区等功能区。而阶梯式阅读区位于晋中市图书馆二楼与三楼之间的步梯间，面积为 334 平方米，总藏书量约 2 万册，最多可容纳 150 余人休闲阅读。

图 4-18　中文图书阅读区

图 4-19　报刊阅读区

图 4-20　阶梯式阅读区

三层的地方文献阅览区专门收藏晋中市县乡村各级地方志、文史资料、晋商史料、地方文学、年鉴、家谱等正式出版物和内部资料，并重点收藏晋中籍知名学者、作家及艺术家的著述、作品和文稿，同时设有晋中地方志、文史资料等专题书架。

图 4-21　地方文献阅览区

四层美术馆是晋中市图书馆的“馆中馆”，面积为 1250 平方米，主要用于自办展览、外部公益展览（包括政府机关、事业单位及社团举办的公益性展览）、非遗资料展览等工作。美术馆采用轨道式可移动展板，轨道只安装于天花板上，地板无轨道。展板可根据不同主题展览的需要在展厅内移动，方便自由划分展览空间，调整展线设计。

图 4-22　美术馆

图 4-23 位于美术馆的历史名人雕塑

除美术馆外，四层还设立了数字体验区、电子阅览室、个人视听室和集体视听室等。其中，数字体验区是为读者提供少儿互动投影、VR 互动体验、书法体验机等数字化阅读体验的场所。

图 4-24 数字体验区

电子阅览室是集电子型文献阅览、咨询、服务为一体的现代化多功能阅览室。面积108平方米，提供阅览座席43席，电脑43台，为读者提供上网阅览、数据库查询等服务。

图4-25 电子阅览室

个人视听室为读者提供数字媒体资源服务，设置了高清影院放映、多媒体光盘和数字视听节目，用耳麦保证优质的视听效果。目前设有阅览座位24个，视听终端20台，DVD20台，光盘839张，可提供资源视听、点播，影像资料查询、借阅（仅限本室借阅）等服务，通过视听文献资源及相关延伸服务，传播文化知识，开展丰富的文化活动。

图4-26 个人视听室

集体视听室面积为 89 平方米，可容纳 25 人。室内的施坦威－林道夫音响设备是全球第 70 套，全国第 7 套，全山西仅有 1 套。集体视听室为观众提供现代化视听服务，不定期举办各种视频主题展播，同时可作为新片发布、影片研讨、影视播放、会议、报告等活动的场所。

图 4–27　集体视听室

晋中市图书馆五层的功能区主要包括露天阅读小院、赵铁山书院、晋商书院和新时代理论书院等，也展现出鲜明的地域特色和时代精神。露天阅读小院共有四处，整体呈三竖一横分布，总面积为 425 平方米。晋商书院、赵铁山书院则镶嵌其中，共同组成晋中市图书馆“晋中书房”特色阅读空间。该空间以“寻访华夏之根，溯源晋商文化”为空间建设理念，布展装饰整体呈现晋商大院中式风格。其中，晋商书院、赵铁山书院两侧均以仿古窗棂门作为隔断，推开即可与露天阅读小院相连接，营造出空间上的层次感。露天阅读小院具有中式庭院寓情于景、情景交融的建筑特色，采用实木雕花的老屏风等装饰，为读者提供清幽隽雅、雅致清幽的露天阅读场所。

图 4–28　露天阅读小院

赵铁山书院面积为 91 平方米。与晋商书院布局类似，配置了个体定制、精工细作的传统红木家具，令整个空间充满自然和谐之美，又兼具古朴典雅的气质。赵铁山于 1877 年出生在太谷县田家后村一户隐儒从商的书香门第家庭，是我国现代著名书法家，享有“大江以北，无出其右”的美誉，还曾被书法界誉为“华北第一支名笔”。赵铁山书院提供了赵铁山生平的相关资料及作品，同时也为读者提供了一个书法研究、笔会交流的场所。

图 4–29　赵铁山书院

晋商书院面积为 91 平方米，总藏书量 2000 册。此书院为读者提供了极具特色的晋商文化阅读服务。晋中为晋商故里。中国历史上第一家金融机构“日升昌”票号即诞生于晋中市平遥县。晋商是我国历史上极具影响力的一个群体，形成了令人瞩目的晋商文化。晋商书院的主旨即是为了体现晋商的精神文化、票号文化、义利文化、建筑文化、诚信文化。

图 4–30　晋商书院

新时代理论书院由原五层茶歇区改建而来，于 2020 年 8 月初正式开放，总建筑面积约 527 平方米，共分为六大功能区域，包括文献和精品图书区、理论赏析互动区、晋中党建成果展示区、晋中重大事件展示区、马克思主义理论展示区、晋中革命英模展示区。新时代理论书院的设立，实现了融交流研讨、教学演讲、展览展示、数字阅读、主题活动等多种功能于同一空间，成为加强党员干部思想政治理论建设的重要载体，是晋中市一个新的理论学习宣传教育阵地。

图 4-31　新时代理论书院

4.2　文化建设：立馆之基、兴馆之本

图书馆文化建设指的是图书馆办馆理念、服务理念、愿景、使命等的形成、塑造、传播的过程，通常包括三个层面：精神层，即图书馆文化理念体系建设，表现在图书馆的愿景、使命、服务理念、战略目标等方面；物质层，即图书馆文化视觉识别系统建设，如馆徽的设计与应用，馆刊的编撰出版；制度层，即图书馆制度文化建设，主要表现为图书馆制度规范建设①。

图书馆文化建设是图书馆运营发展的基石和根本。晋中市图书馆十分重视图书馆文化建设，在建馆之初即已确立了图书馆的办馆宗旨、目标、理念和馆训、馆徽等，并由此出发开展图书馆馆舍设施建设，全方位打造图书馆文化识别系统，逐步完善图书馆制度体系，为图书馆的迅速发展提供了有力保障。

4.2.1　理念先行引领发展

纵观晋中市图书馆的发展之路，晋中市图书馆一直坚持理念先行引领发展。2015 年 3 月，晋中市文化局与晋中市发展和改革委员会在提交给山西省文化厅的《关于晋中市图书馆工程项目争取上级扶持资金的报告》(市文发

---

① 张伟，刘锦山．公共图书馆转型与内涵发展[M]. 北京：国家图书馆出版社，2017：111.

〔2015〕26号）中，指出晋中市图书馆将“力争建成面向广大群众的文献收藏中心、阅读推广中心、社会学习中心、文化交流中心、信息服务中心、地方文献资源研究开发中心、区域休闲中心”。

至2018年开馆时，晋中市图书馆文化理念体系基本形成，树立“以人为本、服务市民”的办馆宗旨，以国家一级公共图书馆建设标准为依据，以“山西领先、全国一流”为目标，以“读享晋中，阅遍天下”为理念，以“籍古鉴今，笃诚博闻”为馆训，采取借阅合一、开放式、自由式、智能化的服务方式，致力于将图书馆打造为晋中的文化中心，让图书馆成为全市的文献收藏中心、阅读推广中心、社会学习中心、文化交流中心、信息服务中心、地方文献研究中心和文化休闲体验中心。同时，还确立了晋中市图书馆开馆初年运营目标和中期三年规划目标：在2017至2018年度，按照地市级一级图书馆标准运营；2018至2019年度，突出特色地方文献建设，将图书馆建设成服务地方政治、经济、社会、生态、文化建设的资源信息枢纽；2019至2020年度，强化晋中市图书馆联盟建设，拓展图书馆网络，成为指导管理全市图书馆联盟制服务的中心平台，上接山西省图书馆，下联县级分馆、基层网点。

晋中市图书馆的文化理念体系深植于地方历史文化，具有丰厚的内涵。其“读享晋中，阅遍天下”的理念暗合晋商文化的“汇通天下”“货流天下”之意。在此理念指引下，晋中市图书馆坚持“拓展读书空间，营造学习氛围”，努力把晋中图书馆建设成为“读书圣地，精神家园”。着力营造文化氛围和阅读环境，增强图书馆的“吸引力、感召力、凝聚力和影响力”，在潜移默化中影响读者、带动读者、提升读者，共享这座“阅读平台，图书殿堂”。

作为公共文化服务体系中的重要力量，公共图书馆是传播文化的知识宝库，也是教化育人的精神高地，更是意识形态工作的重要阵地。晋中市图书馆在自身文化建设中也十分注重强化守正意识，坚持高扬主旋律，传递正能量，始终把习近平新时代中国特色社会主义思想贯穿于各项工作的全过程。2018 年 8 月 21 日，晋中市图书馆党支部正式成立，随后确立图书馆党建工作思路，即“紧紧围绕全市文旅工作为中心，通过抓好班子，带好队伍，抓好服务。具体目标是创一流班子，带一流队伍，树一流服务，争一流效率，创全市一流图书馆”。党支部现有党员 9 名。晋中市图书馆在开馆之始就坚持立足图书馆实际，认真研究制定党建工作计划，将党建学习列入全体馆员培训当中，并组建党支部工作微信群，组织党员、入党积极分子开展微信每日一学活动。全馆上下采取集中学习和个人自学的方式，按年制订活动实施方案和学习计划，保证每周至少组织一次集中政治思想学习，认真执行好党建工作例会制度，营造风清气正的良好氛围。在 2020 年，馆内党员“学习强国”积分全部达到 6000 分以上，馆员积分达到 6000 分以上的占比 75%。同时，晋中市图书馆党支部还积极做好发展党员工作，至 2021 年，共发展 1 名党员，3 名入党积极分子。这些举措不仅使广大党员干部、积极分子提高了思想认识，也使全体馆员对党忠诚、爱我中华的信念更加坚定，促进了晋中市图书馆各项工作的纵深发展。

晋中市图书馆是全国首家采用政府购买全流程服务外包的地级市图书馆。这使得晋中市图书馆的文化建设也具备了一些特别的内容。山西华信天下图书馆管理服务有限公司作为“接管”晋中市图书馆各项服务的专业服务商，企业文化表现为“专业、职业、敬业”的企业精神和“价值、服务、分享”的企业理念。这一企业文化在实践中与晋中市图书馆发展相结合，互融为一体，教育培训全体馆员深刻领会其中思想内涵，立足岗位践行其核心精神，团结协作，凝心聚力，开拓创新，奋发有为，服务好晋中市图书馆的建设与发展。

4.2.2 馆徽设计及应用

晋中市图书馆在馆舍建设期间也启动了对馆徽标识的设计征集，经晋中市图书馆研究提议，在 2016 年 10 月，晋中市图书馆馆徽标识设计方案初步确定。最终定下来的晋中市图书馆的标识，融合了“书简”元素和图书馆建筑外形，含有“晋”的拼音首字母“J”和“中”字，同时也体现出本馆中央藏书楼的形象，整个造型像一本打开的书，又具有科技网络风格。

图 4-32　晋中市图书馆馆徽

馆徽标识是图书馆的识别形象，通过基本要素标志、标准字、标准色等视觉符号系统向人们传递、巩固图书馆的品牌形象，能让实现人们对图书馆品牌形象的快速识别与认知，是图书馆对外宣传中十分重要的一部分。一般来说，馆徽可广泛应用于建筑环境、办公事务用品、交通工具、服装服饰、陈列展示、印刷出版物等诸多方面。馆徽标识确定后，随即在晋中市图书馆馆舍装修阶段得到应用，由此建立起成一套较为全面的图书馆文化视觉识别系统。除了在图书馆大楼南入口的外墙立面上安装了醒目的馆徽标识，还将之贯彻融于馆内外环境之中，充分体现出晋中市图书馆形象的统一性。如晋中市图书馆的藏书章，24 小时自助图书馆的入口，馆内各楼层的导引指示牌、书架、设施设备、馆藏文献、宣传展架、室外宣传栏等，处处可见晋中市图书馆的馆徽标识。

图 4-33　藏书章

图 4-34　24 小时自助图书馆入口

图 4-35　馆内落地立式导引指示牌

图 4-36　馆内墙面导引指示牌

图 4-37 馆内书架

图 4-38 藏书上的馆徽贴

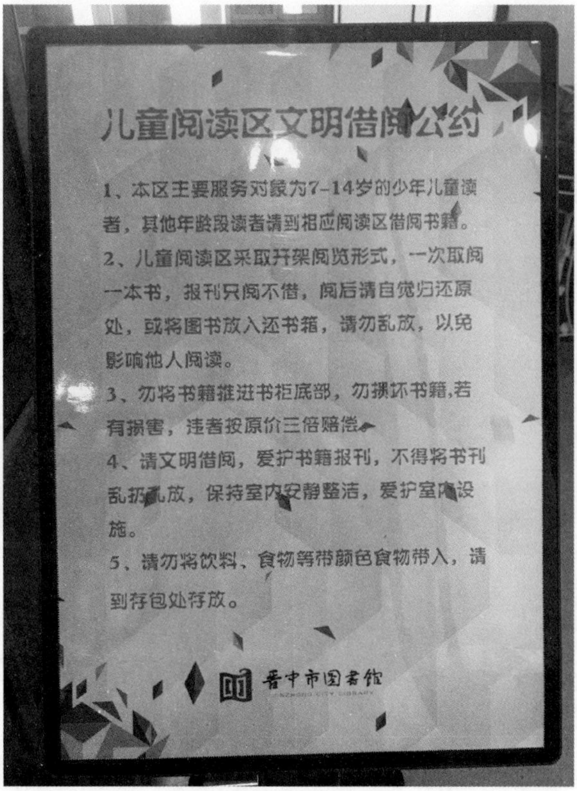

图 4-39 馆内制度展牌

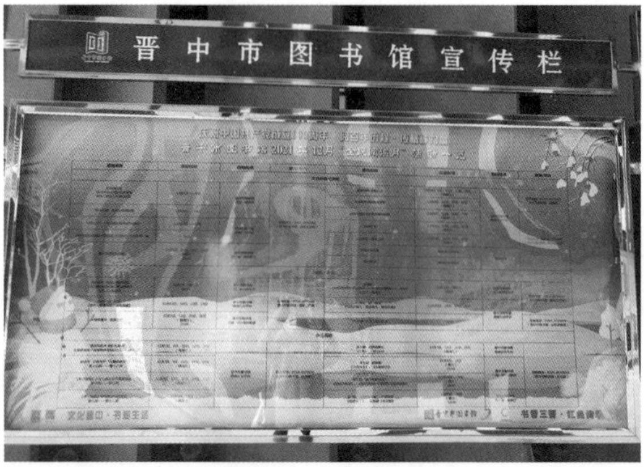

图 4–40　室外宣传栏

为了更好地宣传图书馆的服务，方便读者利用图书馆，并更好地体现晋中市图书馆的整体形象，晋中市图书馆还制作了一批标识标牌，以优化馆内环境。主要包括温馨提示标牌和展架、易拉宝。据不完全统计，2018 年，晋中市图书馆共制作了各类设施设备操作说明、阅读区温馨提示、个人视听室序号标签、出入口标识等 100 余个，先后制作展架 50 余个、各种标识牌 100 多个。

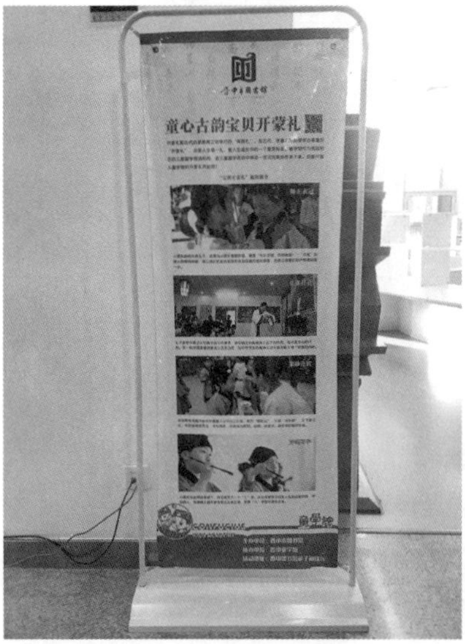

图 4–41　馆内宣传展架

图 4–42　贴有操作说明的自助设备

图 4-43 地方文献阅览区入口的温馨提示立牌和管理制度展架

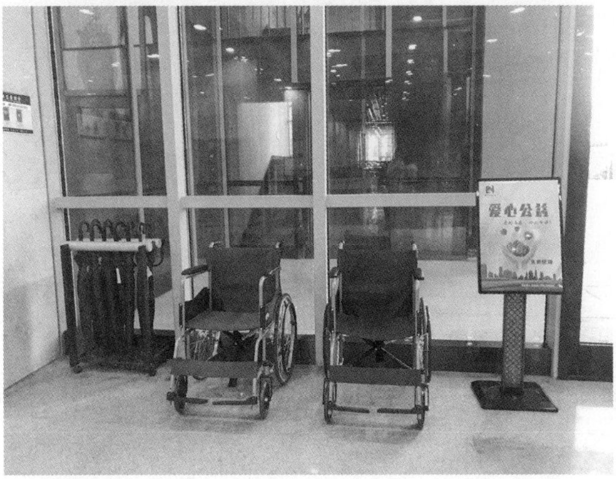

图 4-44 公益爱心伞、轮椅处的温馨提示立牌

4.2.3 馆刊《晋中图情》

馆刊是图书馆文化的重要载体。晋中市图书馆在建馆之初即已着力打造自己的馆刊。2018 年 8 月 10 日，晋中市图书馆内刊《凤鸣》试刊出版。2018 年 10 月，晋中市图书馆将馆刊确立为双月刊《晋中图情》，随后申请到内刊准印证号“晋中市内部资料准印证第（晋中）K007”。《晋中图情》每期刊印 1000 本，并面向晋中市政府职能部门、晋中市各高校图书馆、山西省内地市级馆、晋中市 11 个县级图书馆以及四批国家公共文化服务体系示范区图书馆联盟馆等 161 家单位进行递送。后期，也在晋中市图书馆微信平台发布《晋中图情》电子版。

图 4–45 《凤鸣》封面

2018 年 12 月 10 日，《晋中图情》内刊创刊号出版。《晋中图情》创刊号指出，“凡新办之刊物，必先开宗明义。《晋中图情》作为一个倡导全民阅读的重要平台，以立足晋中、面向基层、服务全国为目标，以图书馆学理论与实践的紧密结合为根本，融学术性、知识性和实用性于一体，以传播晋中市各级公共图书馆图情动态、业界交流为内容，不断推进晋中市各级公共图书馆图书情报事业的深入发展”。

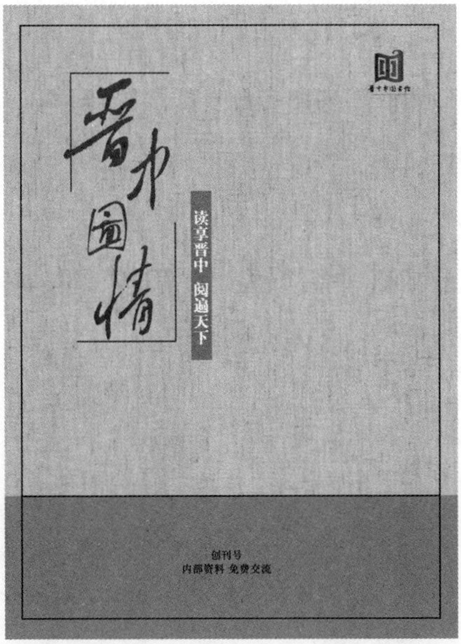

图 4–46 《晋中图情》创刊号封面

2019 年上半年，为响应晋中市文化和旅游局“改革创新、奋发有为”大讨论精神，晋中市图书馆内刊编辑部根据本馆业务发展和宣传工作的实际需要，对内刊进行改版，缩减了栏目数量，增加了电子期刊的发行。改版后，刊物的可读性和收藏性大大提升。2019 年第一期起，《晋中图情》分为“馆情动态”“文献推介”“图情知识”“读者诉求”4 个大栏目，其下分设多个小栏目，包括“凤鸣要闻”“基层荟萃”“业界聚焦”“资讯简报”“借阅排行榜”“凿楹纳书”“凤鸣荐书”“经典书目推介”“学术专栏”“图情百科”“馆员之声”“读者在线”等。2019 年 7 月 23 日，《晋中图情》电子版在国内面向图情领域的互联网专业资讯和学术交流平台“e 线图情”正式上线，进一步拓展了传播范围。截至 2021 年底，《晋中图情》共出版 21 期。其中，

2018 年共出版《晋中图情》3 期（其中第 2、3 期为合订本），2019 年共计出版 6 期（其中第 3、4 期为合订本，第 5、6 期也是合订本），2020 年共计出版 6 期，2021 年共出版 6 期。

《晋中图情》的连续出版，有助于推动晋中市公共图书馆事业创新发展，提高行业从业人员学术水平，发现和培养更多人才，发挥出引领带动作用。《晋中图情》同时还为晋中市图书馆与业内外人士交流互动提供了重要平台。2020 年春，新冠疫情突然暴发，《晋中图情》2020 年第一期特别策划为“抗疫专刊”，并选择樱花粉为封面颜色，记录晋中市图书馆、晋中各县（区、市）图书馆以及山西省图书馆等机构和图书馆人的抗疫举措，推介相关图书文献和信息，向广大读者传递爱与希望。

图 4–47 《晋中图情》“抗疫专刊”内文

4.2.4 图书馆制度建设

图书馆制度建设可以规范人员行为，塑造馆员队伍的精神风貌，从而提升图书馆的整体形象。图书馆制度建设应以办馆理念为基点，根据实践具体情况不断完善图书馆的规章制度。晋中市图书馆在建馆之初已树立“以人为本、服务市民”的办馆宗旨，通过实现运营市场化、管理科技化、服务多元化，努力把晋中市图书馆建设成为“读书殿堂，精神家园”。以此为指引，晋中市图书馆开馆以来建立了统一的规章制度和服务标准，并不断完善，形成了一整套图书馆制度体系。

在管理体制和运行机制层面，晋中市图书馆打破传统，采取的是“理事会 + 管理层 + 服务商”相互制约、相互促进的管理模式，实行理事会领导下的馆长负责制，形成了理事会决策、图书馆管理、运营商服务组成的管理体制及运行机制。为确保这一管理模式的顺利进行并充分发挥效能，晋中市图书馆制定了《晋中市图书馆章程》。2018 年 7 月 22 日，晋中市图书馆理事会成立大会暨第一届一次会议召开，会议审议并表决通过了《晋中市图书馆理事会章程》、2018 年图书馆工作计划、季度年度考核办法及图书馆工作制度等重要事项。

《晋中市图书馆章程》规范了理事会、监事、管理层的运行规则，明确了晋中市图书馆的宗旨和业务范围，晋中市图书馆的权利和义务，理事会的基本职能、组成和产生方式，理事的权利与义务，理事长、副理事长与监事的责权，理事会议事规则以及相应的责任追究制度，理事的进入、退出制度，管理层的人员组成和职责、职权，图书馆员工的权利和义务，对图书馆员工的管理方法，还有图书馆资产管理和财务制度、信息披露规范等。

在监管方面，晋中市出台了政府向社会力量购买服务的实施细则，制定了相关具体标准与要求。参照这些标准和要求，晋中市图书馆理事会进一步定下规则，并通过月检查、季考核、年验收的方式对图书馆运营管理的整个流程进行全方位评估与监管。晋中市图书馆制定了《晋中市图书馆馆务信息公开制度》《晋中市图书馆理事会领导下的管理层工作职责及议事规则》《晋中市图书馆审计和绩效评估制度》《晋中市图书馆年度报告制度》《晋中市图书馆招标采购制度》等规章制度，以进一步规范这一模式的运作。

在图书馆具体的业务和管理工作、服务工作方面，晋中市图书馆也制定了一系列制度并不断完善。2018 年，晋中市图书馆制定发布了《考勤管理制度》《印章、证照管理制度》《晋中市图书馆保安管理办法》《晋中市图书馆保洁管理办法》《晋中市图书馆读者证管理制度》《晋中市图书馆针对相关行政机构在本馆挂牌建设活动基地的相关管理制度》《加班管理制度》《私车公用管理办法》《新进人员实习制度》《员工餐费补助管理办法》《员工行为规范》《志愿者安全管理办法》《中层领导干部相关规定》《晋中市图书馆接受捐赠图书制度》等制度。

2019 年，晋中市图书馆制定发布了《晋中市图书馆 24 小时自助图书馆试开放制度》《晋中市图书馆安全管理制度汇编》《办公室晚班值班职责》《参访接待工作制度》《资产管理制度》《晋中市图书馆读者借阅积分管理办法（试行）》《晋中市图书馆馆员工作纪律检查与奖惩方案》《晋中市图书馆大额资金的使用与支付管理制度》等制度。并在认真调查研究、总结工作经验、征求意见的基础上，修订了《员工月度考核评分标准》《资产管理制度》《档案管理制度》《私车公用管理办法》《卫生检查制度》《安全管理制度》《实习考察制度》《办公室值班制度》《节假日值班制度》《各类突发事件应急预案》等内部管理制度，为晋中市图书馆工作的制度化和规范化编织了一张强有力的制度保障网。

2020 年，晋中市图书馆制定发布了《晋中市图书馆图书流动车管理制度》《疫情期间出行规定和防控办法》《升降梯管理制度》等制度。

2021 年，晋中市图书馆制定发布了《员工绩效考评试行办法》《晋中市图书馆读者活动场地及物品使用制度》《晋中市图书馆公益爱心伞、轮椅管理制度》《晋中市图书馆突发信息网络事件应急预案》《晋中市图书馆网络安全管理制度》《盲人智能听书机管理制度》等制度。

4.3　队伍建设：凝心聚力、共同成长

现代图书馆与传统图书馆的最核心区别是传统图书馆以书为中心，现代图书馆以人为中心。现代图书馆管理理念中的“人”，既指代广大读者，也包括领域内的从业人员，如馆员。馆员是图书馆运营发展中的第一要素，这一观点正在成为业界共识。作为一个公共文化服务机构，图书馆向读者提供的主要是无形的服务，这就势必需要馆员的参与或支持。图书馆的文献、设备需要有馆员才能发挥出应有的作用，显示其价值。即便是各种自助设备、自助服务，其正常运行也缺少不了馆员的支持和维护。馆员是图书馆不可缺少的一分子，在图书馆发展中有着不可替代的作用。随着社会发展和科技进步，图书馆外部内部环境的变化，对馆员更是提出了更高要求，人才队伍建设在图书馆工作中正越来越受到重视。建馆以来，晋中市图书馆采取社会化运营模式，引入现代化人力资源管理理念，以人为本，以绩效为导向，树立人才强馆的观念，一周一例会，一周一培训，一月一数据，一季一考核，一年一总结，一年一评估，凝心聚力，共谋发展，致力于培养出一支满足现代化公共图书馆发展需要的人才队伍。

4.3.1　人员聘用

由于晋中市图书馆是新设机构，没有人员基础。在图书馆筹建阶段，图书馆方代表根据我国《公共图书馆服务规范》中“每服务人口 10000 人至 25000 人应配备 1 名工作人员”的要求，在项目建议书调研时提出晋中市图书馆至少应配备工作人员 130 人。2016 年 5 月 26 日，《晋中市科技馆、博物馆、图书馆机构编制和专业人员选聘方案》经晋中市机构编制委员会研究通过，其中明确晋中市图书馆为正科级建制，核定财政拨款事业编制 6 名，包括科级领导职数 1 正 1 副。随着图书馆的发展，至 2021 年，晋中市图书馆编制增至 10 名，岗位包括 1 名正馆长、1 名副馆长以及其他 8 名专职人员。这部分人员的选聘工作由晋中市文化和旅游局具体组织实施，选聘原则是根

据职位和任职条件在市直事业单位现有人员中选调，也可在县（区、市）相关业务部门遴选，不足部分再面向社会公开招聘。

在此基础上，晋中市图书馆引进了山西华信天下图书馆管理服务有限公司（以下简称华信公司）作为专业服务商，负责开展晋中市图书馆的相关服务工作。华信公司成立晋中市图书馆项目部，建立起一支专门服务于晋中市图书馆的馆员队伍，在人员聘用方面实行按需设岗、公开招聘、择优聘任、契约管理，形成了一种科学公正、合理高效的用人机制。

为确保人尽其才，首先，华信公司聘请了图书馆行业的专家顾问团队负责图书馆的日常运营管理，通过专业管理有效提升图书馆管理水平，降低管理成本，将图书馆引领到"全省领先、全市一流"的管理新高度。其次，华信公司根据岗位特点聘用了一批专业素质较高、责任心较强的中层干部，协助专家管理团队开展各项工作，不断提升图书馆服务品质，激发图书馆新活力。再次，华信公司在普通员工招聘方面不断"辞旧迎新"，除了留住前期经过培训已经基本胜任图书馆工作的人员之外，对图书馆专业人才和计算机专业人才的招募从未松懈。人员招聘方面，华信公司在注重用人素质的同时，还要求员工具备踏实肯干的敬业精神，全员履行《岗位责任制》，并签订劳动合同，做到"人尽其职、人尽其用"。

至 2021 年底，晋中市图书馆共有馆员 60 人，初步形成了一支思想性、专业性、创新性较强的高素质图书馆员队伍。从年龄来看，晋中市图书馆现有馆员中多数人出生于 20 世纪 80 年代至 90 年代，即俗称的"80 后""90 后"。从学历来看，所有馆员都具备高等教育背景，其中拥有本科学历的馆员超过半数。这一人员结构呈现着年轻化、高学历的特性，显示出晋中市图书馆馆员队伍的强大活力和发展潜力。

近些年来，我国对公共文化服务日益重视，行业发展前景广阔，但与之相对的却是专业人才严重匮乏。围绕这一问题，为公共文化服务行业培养高素质、高技能的应用型人才，同时也为大学生实习、实训、就业提供更多空间，经过一年的沟通、洽谈和筹备，晋中师范高等专科学校、山西华信天下图书馆管理服务有限公司的合作项目——“图书与档案学”专业于2019年获得山西省教育厅批复。随后，双方又达成“订单培养”协议。2020年7月18日，晋中师范高等专科学校、山西华信天下图书馆管理服务有限公司就校企合作签约仪式，晋中师范高等专科学校、山西华信天下图书馆管理服务有限公司、晋中市图书馆三方实习基地合作签约仪式在晋中市图书馆举行。此举使企业得到人才，学生得到技能，学校得到发展，馆方专业服务得到进一步提升，实现学校、企业、项目“优势互补资源共享、互惠互利、共同发展”的多赢局面。对于晋中市图书馆的人才队伍建设来说，这显然也可带来实在且长远的益处。

在人员聘用方面，岗位设计、部门设置至关重要。岗位设计、部门设置在任何机构中都是人力资源管理的一种重要手段和方式。科学合理的岗位设计和部门设置可以激发馆员的工作积极性，增强馆员的满意度，促进工作绩效的提高。简单来说，这可以明确图书馆需要多少员工以及需要什么样的员工。因而，这也是图书馆人才队伍建设中的重要一环。

晋中市图书馆实行理事会领导下的馆长负责制。在岗位设计和部门设置方面，2018年，晋中市图书馆设有馆长、项目经理岗位，下设办公室、资源建设部、流通部、读者服务部、业务辅导部、少儿部、信息技术部。此后，根据晋中市图书馆运营需要，部门设置有所调整。2018年10月，读者服务部更名为读者工作部，工作职责不变。2019年1月，由于晋中市图书馆需进一步精化读者活动工作，读者工作部将微信公众平台及媒体对接工作移除，致力于开展读者工作。同时，设立宣传推广部，接手相关工作。同年，业务辅导部更名为业务发展部。2021年，流通部岗位设置发生改变，在主任、流通报刊馆员的基础上增设副主任、咨询台馆员岗位，规划的人员数量也从14人增至19人。

至2021年，晋中市图书馆设有馆长、项目经理岗位，项目经理由华信公司晋中市图书馆项目部负责人担任。下设办公室、资源建设部、流通部、读者工作部、业务辅导部、少儿部、信息技术部。各部室主要职责范围参见前文（第三章）相应内容。

4.3.2 馆员培训

为提升馆员能力，保障服务质量，在试开馆之初，晋中市图书馆制定了“一个加强，两个计划，三个建设”的培训目标，即不断加强馆员培训力度，制订全年培训计划和人才培养继续教育计划，在馆员培训中注重政治建设、业务建设和文化建设相结合。

2018 年，晋中市图书馆对本馆馆员累计完成培训 58 次，其中馆外培训 18 次。培训 1899 人次，累计课时 5541.5 小时，人均培训 48.6 天，超额完成每年参加专业培训时间不少于 15 天的任务目标。培训内容和形式丰富多样；政治学习与时俱进，邀请晋中市文化局局长巩海湛开展“践行十九大会议精神”的专题培训，邀请晋中市公安局扫黑办中队长赵志强开展“扫黑除恶”专题培训，此外还开展了消防安全培训、反邪教视频学习等。业务学习则是将理论学习与实操学习相结合，先后开展《中华人民共和国公共图书馆法》专题学习、Interlib 图书管理系统培训、图书馆员职业道德与服务规范培训、馆内设施设备实操培训、信息咨询等方面的培训。馆外培训方面，开展了三期红十字急救培训等。

图 4–48 馆员在馆内参加讲解员培训

2019 年，晋中市图书馆累计完成培训 83 场，其中馆内培训 56 场，馆外培训 27 场。馆内培训包括业务培训 22 场，素质培训 15 场，时政培训 19 场。全体馆员人均培训课时达到 20 天。培训内容和形式方面，邀请晋中市文化和旅游局副局长侯英开展“不忘初心、牢记使命 做新时代合格共产党员”专题党课学习，组织开展“习近平给国家图书馆老专家的回信”学习会，开展《中华人民共和国公共图书馆法》专题学习，邀请太原理工大学档案馆馆长刘永胜开展“慧眼识书——体现文献质量的若干外在因素”主题培训，邀请专家顾问山西省图书馆原党委书记石焕发对馆员进行“如何做一个合格图书馆员”主题培训等，并依托“馆员课堂”和“发现山西”公开课对馆员进行山西传统民俗、民间文学、音乐、美术、舞蹈、戏剧、曲艺、手工技艺、体育、医药等十个方面的课程培训，以便馆员更好地了解山西、发现山西、建设山西。馆外培训方面，充分利用与整合外部培训资源。在 3 月 25 日至 28 日，紧跟落实“改革创新 奋发有为”大讨论精神，晋中市图书馆组织中高层干部赴广东先后考察调研了广州图书馆、广东省立中山图书馆、广州少年儿童图书馆、深圳少年儿童图书馆、深圳图书馆，积极学习一流图书馆发展思路，创新做法。5 月 6 日，组织全体馆员开展主题为“感恩新时代，争做奋发有为新青年”五四青年节文化采风活动。建军节期间，与武警机动第七支队共同开展“同庆建军佳节 共建书香晋中”军民共建活动。

图 4-49　全体馆员参加主题党课学习

图 4-50　在广州少年儿童图书馆考察调研

2020 年，晋中市图书馆累计完成培训 98 场，其中馆内培训 84 场，馆外培训 14 场。馆内培训中含业务培训 61 场，素质培训 10 场，时政培训 13 场。人均培训课时达 22.8 天。这一年，受新冠疫情影响，晋中市图书馆的馆员培训采取“三为主”原则，即线上培训为主、馆内培训为主和业务培训为主。年初，晋中市图书馆利用中国图书馆学会发布的馆员线上专题培训课程资源制订线上培训方案，让馆员利用手机、电脑自行学习，真正做到了“闭馆不停学”。随着疫情形势趋于平稳，先后组织馆员参与“书香助力战‘疫’，阅读通达未来——图书馆员业务能力提升”主题活动、2020 年山西省公共图书馆馆员业务素养展示——馆员直播课堂、中国图书馆学会图书馆文创开发研修班、古籍与文创主题系列线上培训、全国图书馆未成年人服务提升计划、公共图书馆创新发展系列培训班等各种主题的线上培训班。在 2020 年山西省公共图书馆馆员业务素养展示——馆员直播课堂、2020 年山西省基层公共数字服务培训班（第二期）两场培训中，晋中市图书馆参与馆员培训证书获取率达到 100%。同时，为满足馆员在抗击疫情期间的业务学习需求，进一步提升专业知识与服务技能，晋中市图书馆与临汾市图书馆两馆从 2 月 19 日开始，在线上开展馆员经验交流分享学习。这一分享交流以线上直播的形式开展。两馆馆员就市级公共图书馆运行概述、图书馆自动化工作应用等专题进行分享交流，形成良好的学习氛围。晋中市图书馆还积极就馆员培训工作与业界展开经验交流：围绕晋中市图书馆馆员培训的主题课程“立足本行以学为基 打造强有力图书馆人才队伍”参加山西全省馆员直播课堂主题活动时，受到山西省图书馆界的关注和认可；围绕晋中市图书馆馆员培训的文章《争做拥书自雄的图书馆员》在 e 线图情、山西省图书馆官网上发表，让更多图书馆人了解到晋中市图书馆的馆员培训工作经验。

图 4-51 疫情防控期间馆员自学在线培训课程

2021 年，晋中市图书馆馆员培训工作采取“5+3+1”模式。“5”即培训五步骤：问卷调查、制订计划、具体落实、员工反馈、总结分析。“3”即三个结合：专家课堂与馆员课堂相结合、请进来与走出去相结合、业务学习与素养教育相结合。“1”即举办一次大型培训活动。全年累计完成培训 82 场，其中馆内培训 61 场，馆外培训 21 场。人均培训课时达 24.8 天。在馆内培训方面，晋中市图书馆坚持“全面普及，重点加强”的原则，制订了全员基础素质培训方案，组织全馆各部门主任和业务骨干就本部门、本岗位工作内容逐一进行主题培训授课，累计开展 11 场。通过基础素质培训，有效提升了新进员工的业务素质，巩固了资深员工的业务技能，加强了中层干部的业务研究能力，达到以老带新、以新促进、以进促发展的良性互动。另外，在确保人员安全的前提下，晋中市图书馆还积极参与馆外培训，先后参加基层图书馆创新服务与高质量发展研讨班、第十七期阅读推广人培育行动等 9 场培训。同时，晋中市图书馆还积极利用线上资源，组织人员参与 2021“全国图书馆未成年人服务提升计划”线上专题培训班、2021 年“中华传统文化经典”系列研修班——古书版本鉴定专题培训、公共图书馆馆长智慧图书馆建设与管理线上培训班等线上培训。由此引导员工积极参与图书馆界思想交流，并带回新思想、新视角，为本馆的创新发展做好人才储备和思想储备。这一年，晋中市图书馆还将馆员培训和馆校共建进行了结合。6 月，晋中市图书馆与山西晋中理工学院联合举办“学党史 铸信念 守初心”馆校共建活动。由此，在增进馆校了解的同时，开启馆校互动的新形式，为接下来更进一步合作奠定坚实基础。

图 4–52　邀请专家到馆为馆员进行培训

4.3.3　专业考评

图书馆员是一个高度专业化的职业。进入 21 世纪后，我国日益重视图书馆员的专业化发展，要求逐步在全国的图书馆实行工作人员从业资格制度，并基本确立了图书馆员的国家职业标准。晋中市图书馆十分注重提升馆员的专业技能水平，除了开展丰富多样的馆员培训，还积极组织馆员进行业务技能比赛，参与职称评定申报，并规范绩效考评方法，助力馆员职业生涯的可持续且高质量发展。

（1）馆员业务技能比武大赛

职业技能竞赛是发现人才、挖掘人才和培养人才的重要途径。晋中市图书馆于 2020 年 1 月 20 日举办了首届“长技杯”馆员业务技能比武大赛。此次大赛旨在促进全馆馆员熟悉图书馆业务和规章制度，积极提升馆员的业务技能和服务水平，增强图书馆凝聚力，营造积极向上、团结协作的工作氛围，推动图书馆各项工作不断发展。

大赛分为理论考核和技能考核两部分内容。理论考核以书面考试的形式进行，主要考察馆员对《中华人民共和国公共图书馆法》、馆情概况、规章制度和业务知识的了解；技能考核则在规定时间内比拼业务技能的熟练和准确程度，主要考察馆员图书检索、图书查找及排架整架等基础服务技能。

大赛首先进行的是技能考核之查找指定图书，馆员们按小组抽取书单，并按照要求在规定时间 30 分钟内，在图书区寻找书单上的图书。在技能考核之图书分类排架比拼中，馆员们按小组进行考核，在规定时间 3 分钟内对 20 本图书进行分类排架。理论考核采用闭卷考核的方式，题型分为选择题、填空题、简答题、论述题及选答题。大赛最终评出一等奖 1 名，二等奖 2 名，三等奖 3 名，优秀奖 10 名。

图 4–53　馆员业务技能比武大赛之技能考核

图 4-54　首届“长技杯”馆员业务技能比武大赛

2022 年 1 月 21 日，晋中市图书馆举办了第二届“长技杯”馆员业务技能比武大赛，共有 40 余名图书馆员参加此次大赛。

（2）馆员职称评审

职称评定对于图书馆员的专业化、职业化发展十分重要。目前，我国图书馆行业普遍采用的是《图书情报资料专业技术职务评审实行条例》。对于晋中市图书馆来说，由于多数馆员采用的是合同聘任方式，开展馆员职称评定相对更能凝心聚力，留住人才，推动馆员与图书馆共同成长。

2021 年，晋中市图书馆在组织员工进行职称评聘工作方面迈出重要一步。在 2020 年度晋中市艺术、图书资料、群众文化和文博系列初级专业技术职务任职资格评审的工作中，晋中市图书馆积极组织员工参与评审，通过自主报名、材料填报、专家审核、三公示、初筛、终审等一系列工作，历时近半年，最终有 14 名员工取得了图书资料系列初级专业技术任职资格评审委员会的认可，获得初级专业技术资格证书，被评为助理馆员。此次职称评聘工作，充分肯定了员工的工作成绩，激发了员工积极进取的决心，营造出全馆比学赶帮、争先创优的浓厚氛围。

2021 年 8 月 30 日，晋中市图书馆特别举办了颁证仪式。晋中市图书馆馆长胡萍和华信公司总经理张其民为这 14 名员工颁发证书并表示祝贺，充分肯定其工作成绩，希望他们再接再厉，继续发挥自己的专业特长和业务技能，在平凡的岗位上做出不平凡的成绩，同时也鼓励更多员工参与资格评审。

图 4-55　初级专业技术资格证颁发仪式

（3）绩效考评办法

为充分调动每个馆员的积极性、主动性和创造性，进一步提升图书馆的读者服务水平，晋中市图书馆坚持定期对员工开展绩效考评，为此还制定了《员工绩效考评试行办法》《员工绩效考核评分细则》《奖惩试行制度》等系列制度。

晋中市图书馆在制定绩效考评指标体系时，遵循公正性、科学性、可操作性、定量与定性相结合的原则，以岗位职责作为衡量标准，结合个人所在岗位、工作量、工作能力、科研水平、职称、职位、学历、读者满意度和工作贡献度等内容，建立一套完善的量化考评指标体系，据此进行综合考评评价。

晋中市图书馆对馆员的绩效考评内容包括德、能、勤、绩四个方面。德，主要考核思想品质、廉洁自律、职业道德、工作积极性等方面的表现。

能，主要考核胜任本岗位工作所必备的工作经验、工作能力。勤，主要考核工作纪律、责任感和出勤率。绩，主要考核完成岗位职责规定的工作质量、数量和效率。考评指标体系采用行为锚定等级评分法制定，对指标层层细化和量化，建立由一级指标、二级指标、共性行为特征以及不同岗位不同行为特征相结合的指标体系。考评指标体系分为两大部分：一是德、能、勤 3 个共性考核指标，总分 40 分，其中，德占 10 分、能占 10 分、勤占 20 分，适用于所有员工；二是绩效考核指标，总分 60 分，按岗位考核，即结合不同岗位的要求而制定了不同的考评指标。绩效考评满分为 100 分，根据最终得分确定考评等级，95 分及以上为卓越，90—94 分为优秀，85—89 分为优良，80—84 分为良好，70—79 分为合格，60—69 分为较差，60 分以下即很差。

具体执行时，由不同的考评者（个人、上级、同事）从不同的角度来考评，以全方位、准确地考评职工的工作绩效。各级考评权重系数分别为个人占 30%，上级占 40%，同事占 30%。考评程序依次为个人总结自评、部门量化评分、领导小组考评、考评结果公示、考评结果运用。首先，馆内成立绩效考评领导小组。成员由图书馆领导、各部门主任及职工代表组成。领导小组负责图书馆职工绩效考评的组织工作。其次，进行个人总结述职。要求每个人对自己的表现做出全面客观的书面总结评价，并在本部门述职。接下来，进行量化评分，包括个人评分、领导评分、同事互评。随后，按照各级考评权重系数标准汇总评分。再进行考核结果审核。考核领导小组对考核结果进行审核，按总分数多少在各部门内进行排序。然后，进行考核结果反馈，部门主任的考核结果由主管领导反馈，普通职工的考评结果由其部门主任反馈。最后，对考评结果进行分析和综合评估，改进工作，并依据考核结果和奖惩制度实施奖惩。每个馆员的考评结果都会作为其评先评优、职称评定、岗位聘任、业绩津贴发放等的重要参考依据。

晋中市图书馆奖惩制度本着“奖罚结合，有功必奖，有过必罚”的原则，与员工岗位职责、行为规范、绩效考核挂钩。奖励办法包括通报表扬、奖金奖励、晋升提级。晋中市图书馆设有“管理创新及合理化建议奖”“杰出员工”“先进员工”“优秀管理者”等奖项，在每个工作年度结束后组织评选活动，对工作中表现优异的员工给予奖励。而对于员工的违纪行为，经批评教育不改的，视情节轻重，分别给予警告、记过、扣除一定时期的奖金、扣除部分工资、降级、辞退、开除等处分。同时也要求给予员工行政处分和经济处罚时应当慎重决定，必须弄清事实，取得证据，经过一定会议讨论，征求有关部门意见，并允许受处分人进行申辩。

4.3.4 业务研究

根据第六次全国县级以上公共图书馆评估定级工作发布的定级标准和指标，地市级公共图书馆应积极进行图书馆业务研究的组织管理，开展馆内学术活动，组织馆员参加馆外学术和业务活动。如馆员在省级以上刊物或国际会议上发表论文，获得市级以上专业学会科研项目或获得市级以上专业学会科研成果奖励，还可获得加分。地市级图书馆在业务研究方面有着自己的职责，应发挥重要作用。

自 2018 年起，晋中市图书馆经过数年来的积累，学术研究、课题申报、学术研讨、论文写作等多项业务工作都有了明显发展，整体的业务内涵和学术水平都有了一定提升。2019 年，《晋中市图书馆业务研究激励机制试行方案》发布，确定从晋升、绩效奖、优秀馆员奖、免费进修计划、创造奖、关怀激励、业务研究激励等方面对馆员进行激励。以《晋中市图书馆业务研究激励机制试行方案》为依托，图书馆鼓励员工认真工作，增加其满意度，从而保持他们的积极性和创造性，同时也能吸引和保留关键人才，为图书馆创造长期价值，增强图书馆竞争实力，促进图书馆持续健康的发展。在激励机制的影响下，图书馆内学术氛围渐浓。

数年来，晋中市图书馆一直积极鼓励馆员开展学术研究，支持馆员在国家级、省级图书馆专业期刊发表论文，对在期刊上发表论文者（第一作者）给予一次性奖励，并已取得一定成效。2018 年馆员发表论文 2 篇，其中在国家级刊物发表1篇，在市级刊物发表1篇。2019年馆员发表论文共计8篇，其中在省级刊物发表1篇，在市级刊物发表7篇。2020年，在市级刊物上发表论文5篇，包括《浅谈图书馆活动与社会教育机构合作的思考——以晋中市图书馆少儿活动为例》《晋中市公共文化服务领域重点改革任务考察工作报告》等。2021年，在市级刊物上发表论文6篇，其中包括《晋中市图书馆2020年度读者满意度调查及改进方向》《晋中市图书馆2021年第一季度网站咨询平台分析报告》《公共图书馆特色阅读空间服务探索——以晋中市图书馆为例》等。总的来看，馆员所发表论文具有很强的针对性和应用性，在专业性和学术性上也有很大提高，学术研究激励机制对于进一步提升馆员学术研究能力有积极作用。

晋中市图书馆还多次组织馆员参加国内省内学术研讨会，包括中国图书馆学会、山西省图书馆学会组织开展的图书馆学及相关专业的学术研究与学术研讨交流活动。如2018年11月，信息技术部馆员赴南京图书馆参加新时代图书馆创新融合与建设发展研讨会。2019年9月，时任晋中市图书馆副馆长胡萍带队参加在国家图书馆举办的“图书馆 · 与时代同行”国际学术研讨会，与国内外专家学者面对面交流学习。同年10月23日、24日，晋中市图书馆一行参加在太原市图书馆举办的“贯彻习近平总书记回信精神，提升图书馆服务水平”研讨会，并以“公共图书馆社会化运营模式的探索——以晋中市图书馆为例”为题做案例分享，扩大晋中市图书馆在图书馆界的影响力。2021年，组织馆员参加了面向智慧时代的图书馆空间服务创新学术研讨会、“黄河流域城市阅读发展合作机制”区域阅读发展论坛等，借此不断开拓馆员视野，丰富业务内涵，提升学术研究能力，扩大业界影响力，为晋中市图书馆高质量发展做好人才储备和智力支持。

4.4 资源建设：面向读者、面向未来

馆藏文献资源是图书馆运营发展的基础。正所谓，“巧妇难为无米之

炊”，馆藏文献资源就是图书馆的“米”。晋中市图书馆于2018年4月组建了资源建设部，负责馆藏文献采编、地方文献建设以及特色馆藏资源建设。数字资源建设则由信息技术部负责。数年来，晋中市图书馆不断根据读者需求优化馆藏结构和完善图书采购方式，大力收集地方文献资源，引进海量数字资源的同时积极自建数字资源，并通过“凤鸣荐书”“凿楹纳书”等渠道向读者推荐好书，实现“为人找书，为书找人”。

4.4.1 馆藏发展建设

馆藏文献资源建设是图书馆的基础业务。晋中市图书馆馆藏发展坚持“以用为主，以藏为辅”的总原则，统筹纸质资源、数字资源和其他载体资源的协调发展；保持重要文献、特色资源的完整性与连续性，形成具有本馆特色的文献信息资源体系。同时，遵循特色化、持续性、系统性、共享性的原则。还要求馆藏建设要以晋中市的经济建设与文化建设发展为依据，加强社会科学类等传统学科文献资源建设，不断拓展与儿童有着紧密联系的文献资源建设，逐步形成社会科学为主，其他学科协调发展的馆藏格局。

晋中市图书馆主要通过购买、征集、接收缴送、交换、接受捐赠、复制等渠道来获取文献。其中，购买是最主要的采选方式。晋中市图书馆要求每年按照购书经费的财政预算金额，区分文献的类型、载体、内容，制订具体的采购计划向上级主管机构申报。经上级部门批复后，通过以公开招标为主，单一来源采购、竞争性谈判、邀请招标等方式为辅的采购方式实施采购。

晋中市图书馆资源建设部建立后，即着手制定本馆藏书建设规划，制订了2018年年度文献采购计划，确定馆藏范围、藏书结构、各类文献的采购比例及复本数量。同时，还负责对馆内外包加工的图书及编目数据进行审核修改，以及地方文献资源、捐赠图书、其他来源图书资料和非书资料的登记、编目、加工与分配。2018年，晋中市图书馆共获得购书专项经费100万元，其中纸质图书62万元、报刊18万元、数字资源20万元。至2018年底，馆内所藏图书达270545册，其中盲文图书502册，报刊28881件，视听文献2299套，总馆藏301725册（件），其中少儿文献34482册，数字资源40TB。

此后，晋中市图书馆资源建设部持续开展图书采购编目工作，在2019年共计加工图书13408册，修改验收数据7105条，修改书目数据5570条。2020年共完成新书著录验收8891种19641册。2021年共完成新书著录验收9559种20925册。截至2021年底，晋中市图书馆馆藏文献总量为532297册（件），包括：中文图书401302册，其中盲文图书503册；报刊127864件；视听文献2971套；总藏量中少儿文献61250册。另外，音视频资源总量为21千小时，电子文本、图片文献资源年总量为365TB。

表4-1 晋中市图书馆历年馆藏统计表

时间	图书/册	报刊/件	视听文献/件（套）	外购数据库/种	新增电子图书/册	馆藏总量/册（件）
2018	270545	28881	2299	3	241514	301725
2019	338304	62802	2450	4	61500	403616
2020	364353	95303	2971	8	54000	462687
2021	401302	127864	2971	5	78800	532297

在各类文献中，中文图书和中文报刊是晋中市图书馆重要的馆藏资源。晋中市图书馆的中文图书以经济、文化建设用书为主，对中文期刊则要求以最新版“中文社会科学引文数据库”CSSCI确定的经济学、管理学、政治学、哲学、历史学、心理学等学科领域来源期刊为标准选择订购。在实体非书文献建设方面，晋中市图书馆主要收藏电子文献和视听文献。电子文献指普通电子文献（CD-ROM），视听文献包括VCD影碟、CD唱盘、录音带、录像带等。晋中市图书馆要求对非书文献的收集应注重学术性，收集重点是珍贵历史文献、国际会议录、国内外学术论文、研究报告集及其他不易获得印刷型或印刷型太昂贵的资料。原则上每种只采购一套，严禁重购。并要求，网

上有的电子文献原则上不再订相应的光盘资料，对分辑出版的电子文献要系统地连续订购，充分发挥其作用。

晋中市图书馆采用《中国图书馆分类法》（简称《中图法》）第五版作为文献分类标引的依据，即采用汉语拼音字母与阿拉伯数字相结合的混合制号码进行编号。晋中市图书馆图书按《中图法》5 个基本部类 22 个大类上架排架。由于绘本类图书大多较薄，不方便低幼儿取阅，晋中市图书馆将低幼儿阅读区图书按大类排架，其他阅读区图书全部精排，由办公室定期组织进行排架检查。考虑到少儿类图书借阅量大、流通率高，晋中市图书馆每年对此类文献及时采取加固修补等保护措施，对残缺不全、散页丢页、品相破旧等无法修复的文献以及失去修复价值的成套书、丛书等进行剔旧处理。

晋中市图书馆坚持以读者阅读需求为导向优化馆藏结构和完善图书采购方式。每年晋中市图书馆都会对馆藏文献资源情况、年度读者借阅情况进行分析，由此摸清馆藏类别结构，为制订购书计划、形成合理的特色藏书体系、做好文献资源建设提供切实依据。如 2020 年《晋中市图书馆馆藏分析报告》结果显示，晋中市图书馆馆藏分类图书前五位分别是：①I 类文学；② K 类历史、地理；③ G 类文化、科学、教育、体育；④ F 类经济；⑤ T 类工业技术。但图书利用率百分比排名前五位的是：① I 类文学；② Z 类综合性图书；③Q类生物科学；④J类艺术；⑤G类文化、科学、教育、体育。根据上述分析结果，晋中市图书馆随后对图书入藏类别的重点进行了调整，补充 Z 类综合性图书、Q 类生物科学、J 类艺术等读者关注的类别。

为了让广大读者能够最快阅读到自己想看的图书，晋中市图书馆每年定期推出“你选书，我买单”活动，由读者直接在新华书店挑选自己喜爱的图书，让读者直接参与图书馆的馆藏建设，更好地满足读者阅读需求。2018 年 10 月 1 日，晋中市图书馆首次和晋中市新华书店合作开展了“你选书，我买单”读者荐购活动，至 2019 年 7 月 30 日结束。此次活动为晋中市图书馆增加了 8796 册馆藏图书。晋中市图书馆在此次活动结束后进行了活动总结并展开数据分析。根据分析，在读者选购的图书中，排名前五位的是I类文学，J类艺术,K类历史和地理,B类哲学和宗教以及G类文化、科学、教育和体育，其中文学的比重是最大的，共计5142册，占此次活动图书的58.45%。文献借阅排行前100名中有98种少儿图书，2种成人类图书；前500名中有76种成人类图书。由此图书馆认识到应大量提供优质的少儿图书满足少儿读者的阅读需求。据统计，晋中市图书馆在与新华书店合作开展的“你选书，我买单”活动中，2019年共采购图书9325册，2020年采购图书总计12142册。2021年，受疫情影响，晋中市图书馆在继续开展“你选书，我买单”线下读者荐购活动的基础上，全面开启线上借书活动，携手京东书城网上书店推出“凤鸣传书”活动，给读者带来更优质、更新鲜的阅读体验。

此外，晋中市图书馆自开馆以来一直面向社会广泛征集各种文献，以此进一步丰富馆藏种类，优化馆藏结构，打造本馆特色文献体系。晋中市图书馆征集文献的重点包括地方志，年鉴，山西新闻和出版单位（包括高校出版社）公开发行的各种出版物，革命历史文献，晋中市各地、市、县的文史资料以及晋中名人资料等。晋中市图书馆接受国内外团体及个人捐赠的文献，坚持向所有捐赠者颁发感谢函或证书，致以谢忱和问候，将符合条件的图书纳入馆藏，进行统一登记造册，并加盖“赠书”字样图章。如捐赠文献数量特别巨大或价值特别贵重，晋中市图书馆还将组织专门的捐赠仪式及宣传活动，为捐赠人授予荣誉称号，设立专柜或专室对文献进行陈列展示。截至2021年底，晋中市图书馆累计接受捐赠文献17447册（件），467位（家）个人和单位无偿捐赠文献资料。2021年共接受个人和单位捐赠7217册，其中地方文献约2786册，中文图书4196册，其余235册。

4.4.2 地方文献资源

地方文献是公共图书馆藏的重要组成部分，也是公共图书馆建设具有地方特色馆藏的重要体现。从文献的编辑出版方式来分，地方文献可分为书籍、报刊、会议记录、文件汇编、学术论文和科技报告、舆图、谱录、统计图表、簿记、票据、证券、画册、印谱、相册、乐谱、文告、传单、商标、戏剧说明书以及地方文献专用的参考工具书等形式。晋中于秦汉时期便已开始置县建城，历史文化名人辈出，有着丰厚且灿烂的地方文化资源。为使晋中文化得以更好地留存珍藏和传承，晋中市图书馆通过个人和政府机构捐赠、馆际交换等多种方式征集文献，同时利用专项经费派专人下基层进行征集、购买，丰富地方文献入藏积累，加快地方文献编目加工整理，开展地方文献参考咨询工作，发挥地方文献的崇史、资政、育人作用，形成了具有本馆特色的文献体系。截至 2021 年 12 月，晋中市图书馆所藏地方文献共 4798 册。

晋中市图书馆将馆藏结构分为特色馆藏、重点馆藏、基础馆藏、一般馆藏四个层次。而地方文献就被列为特色馆藏之一，属于晋中市图书馆目前和未来的重点藏书和现阶段需要特殊处理、特别保管的文献。2018 年 4 月 1 日，晋中市图书馆正式对市直 150 家机关单位发布地方文献征集公告。随后，晋中市图书馆与相关捐赠部门建立联系，从晋中市文联、晋中市社科联、晋中市统计局、晋中市气象局、晋中市司法局、晋中市总工会等处征集到多种地方文献。2018 年 6 月 7 日，资源建设部在榆次老城征集地方文献 7 种 14 册，拉开了晋中市图书馆外出征集地方文献的序幕。此后，晋中市图书馆资源建设部人员数次赴晋中市下辖的 11 个县（区、市）进行地方文献征集工作，与县级图书馆及县级文化部门建立联系，陆续从祁县图书馆、介休市文化局、介休市图书馆、介休市史志研究室、灵石县图书馆、灵石县博物馆、灵石县文联、榆次区政协文史委、榆次区史志办、榆社县史志研究室、榆社县图书馆、榆社县文联、榆社县政协文史委、榆社县委宣传部、昔阳县政协、昔阳县史志研究室、左权县图书馆、左权县文联、左权县史志研究室、左权县政协文史委、左权县委宣传部、左权县文物局、左权县文化馆、辽县抗日战争纪念馆、和顺县图书馆、和顺县史志研究室、和顺县文化馆、寿阳县史志研究室、寿阳县文旅委、寿阳县政协文史委等处征集到数量不等的地方文献。

图 4-56　资源建设部赴祁县图书馆征集地方文献

2018 年 10 月 1 日，晋中市图书馆地方文献阅览区正式开放，同步建立《地方文献阅览区管理制度》并开展阅览咨询服务工作。2019 年，晋中市图书馆重新布局地方文献阅览区，按照文献数量和类别重新安置文献位置，按照读者阅读习惯进行主题布局，形成人物主题、旅游地理主题、地图主题、校史主题、家谱主题、山西文献主题、省外文献主题等。2019 年 1 月 15 日，太谷县史志研究室向晋中市图书馆捐赠地方文献仪式在图书馆一层报告厅举行。同年 9 月 3 日，晋中师范高等专科学校为晋中市图书馆捐赠地方文献。2019 年共新增地方文献 1295 种 2059 册。

图 4-57　晋中市图书馆地方文献阅览区正式对外开放

自地方文献阅览区正式开放以来，晋中市图书馆坚持通过实地到晋中所辖11个县（区、市）进行地方文献的征集、接受个人或单位捐赠以及图书馆采购等多种渠道方式不断充实馆藏资源。但2020年度因新冠疫情原因，晋中市图书馆没有定期安排馆员外出征集地方文献，相关工作主要为对地方文献的分类、主题标引、著录及加工、整理上架，并通过“凤鸣荐书”“凿楹纳书”等渠道向读者推荐好书，从而促进对地方文献的利用。

2021年5月28日下午，榆次区史志研究室主任卢海亮，副主任李峰、赵爱爱带领区史志室骨干科员来到晋中市图书馆参观交流，向晋中市图书馆捐赠清代乾隆、同治、光绪及民国时期珍贵版本《榆次县志》地方志线装书影印本，并围绕地方文献的征集利用与方志馆建设等问题与晋中市图书馆进行了深入探讨。2021年10月29日，榆次常氏儒商文化研究会名誉会长常忠武、执行会长常忠斌向晋中市图书馆捐赠《晋商常氏英贤录》，由晋中市图书馆地方文献阅览区收藏。

图4-58 榆次区史志研究室向晋中市图书馆捐赠地方文献

除了地方文献阅览区外，晋中市图书馆还设有晋商书院和赵铁山书院，重点收藏反映晋中历史及区情的文献资源。其中，晋商书院重点收藏晋商文化相关文献，囊括了晋商文化研究在地理、历史、建筑、商业、民俗等多个方面的内容。目前，晋商书院藏有《晋商史料集成》《丹枫阁遗珍》《祁县茶商宝典》等极具研究和收藏价值的晋商文献。赵铁山书院主要藏有赵铁山生平资料、书法作品及有关研究赵铁山的文献资料。作为服务于一方民众的“城市文化客厅”，晋中市图书馆未来将继续深入挖掘地域文化资源，突出馆藏特色，着力打造城市文化名片，传递出更好的晋中故事。

4.4.3 数字资源建设

数字资源是现代图书馆馆藏体系中不可或缺的组成部分，甚至正在占据越来越重要的地位。在数字资源建设方面，晋中市图书馆提出加大网络版数字文献的投入，逐步提高电子资源的比例。要求购买网络版电子图书、数据库前必须精心调研和广泛评估，应考虑：与印刷型文献的价格信息量比；与其他类型文献之间的互补及替代性；数字文献信息的准确性和时效性；数字文献出版制作的权威性和使用的方便性；数字文献的馆际协调程度等。具体操作以组团购买为主，单独引进为辅，以购买 Web 访问权为主，本地镜像为辅。必须要有至少 1 个月的试用期，数据商应提供使用产品的各类讲座。

在馆藏数字化资源的建设方面，晋中市图书馆要求根据晋中市经济、文化发展建设的需要，根据馆藏特色及文献保障体系建设的分工，开展特色数字资源建设和网络虚拟资源建设，重点是整合实体资源与虚拟资源，建立图书馆内部数据信息管理平台，最终形成网上统一的馆藏体系。建立以服务为主导性的资源整合与检索系统；选择馆藏中最能体现藏书特色的或有独特价值的印刷型文献进行数字化；建立文献信息传递系统，发展全球网络馆藏等。

晋中市图书馆现有馆藏数字资源按照来源可分为三类，即本馆外购数字资源、共享山西省图书馆数字资源以及本馆自建数字资源。

晋中市图书馆积极建设本地数字资源，于 2018 年采购 3 种，2019 年采购 4 种，2020 年采购 8 种，2021 年采购 5 种。至 2021 年底，晋中市图书馆共有超星名师讲坛、畅想之星电子书、中华数字连环画、云图有声、阿依瓦电子书、e线图情、中华优秀传统文化百科知识库、中少数字绘本、AR4D互动科普教育系统、万方地方志数据库、碧虚网、QQ阅读等15种数字资源。另有试用资源8种，资源量达20TB以上。在保证数字资源量的同时，不断增加数字资源形式，如光盘、触摸屏、电子期刊借阅机等，更大程度地满足读者需求。如个人视听室选取了已购入视听文献中的839张光盘资源供读者在架阅览，为读者提供视听服务；集体视听室选取了已采购的40种视听文献供读者视听；在图书馆五层的党政数字展厅，配有网上展厅一个，党政主题光盘60张。

同时，持有晋中市图书馆以及各个分馆读者证的读者可以免费共享山西省图书馆全部数字资源，累计达333.6TB，其中包含山西省图网上报告厅、书香中国互联网数字图书馆、人民日报图文数据库等数字资源，电子书4432343册。

晋中市图书馆还根据需要征集、定制或自建了具有本地特色的数据资源。如在2019年，晋中市图书馆信息技术部征集到具有晋中地方特色的光盘8张，包括乡土文化纪录片《边村》、乡村振兴大片《花戏》以及《长征走来老红军》《从电影中品读晋中》《春寒北寺巷》《冬殇北寺巷》《歌王老爹》等。每年还通过凤鸣讲坛音频资源加工、“馆员之声”音频资源录制加工等开展数字资源自建工作，并于2020年完成了《晋商故里》公共数字文化专题片项目。2020年，晋中市图书馆还定制建设了晋中文化旅游特色库、晋剧文化专题数据库等具有本地特色的数字资源。

（1）《晋商故里》文化专题片

晋中市图书馆在2018年10月成功申报了全国文化信息资源共享工程2019年度中央补助地方公共数字文化资源建设项目——《晋商故里》第一季，共计5集文化专题片，分别是：晋商文化——票号；晋中味道——平遥味道；晋中医药——定坤丹；晋中戏剧——晋剧；晋中传统手工技艺——介休琉璃。以上 5 集专题片于 2018 年 6 月策划筹备，2018 年 10 月由国家发展中心批准立项。晋中市图书馆于 2019 年 4 月 18 日完成专题片招标，并开始拍摄工作。2019 年 7 月 26 日，晋中市图书馆组织专家对样片《晋中戏剧——晋剧》进行了论证。2019 年 10 月 18 日晋中市图书馆组织专家对 5 集文化专题片成片进行了论证。2020 年，山西省图书馆组织专家对 5 集专题片论证通过，并上交至文化和旅游部全国公共文化发展中心。以上专题片每集 30 分钟，每集约 2GB，资源总量超 10GB。

2021 年 2 月 10 日，晋中市图书馆自建数字资源“游山西 · 读历史”《晋商故里》文化专题片之《晋中味道》正式上线。同年 3 月 27 日，《晋商故里》绘本上线“晋中市图书馆”微信公众号。此绘本源自晋中市图书馆《晋商故里》公共数字文化专题片项目，通过卡通漫画的形式对专题片内容进行全新展现与表达，将晋商文化受众扩大到学龄前儿童，使晋商精神不断传承。

（2）晋中文化旅游特色库

晋中文化旅游特色库是根据晋中市图书馆需求而建设的以晋中市地方特色资源为主的专题库。此库是按检索式定制所需要的资源，系统自动整合相关资源，按需分类，以专题资源库的形式发布出来，为读者提供特色、专业的资源服务的数据库。

晋中文化旅游特色库建于 2020 年。此特色库目前数据总量 61925 条，约 3GB，包含“魅力晋中、晋商文化、红色文化、旅游文化、方言文化、饮食文化、艺术荟萃、非遗传承、人物春秋、晋中文物、节庆活动、晋中史志、公共文化、地方文献、专题研究、特色资源”等 16 个模块。其中地方文献是晋中市文联整理的当地地方文献。专题研究根据采集资料分为三大专题，即改革发展研究、晋商文化研究、晋中党史研究。特色资源为晋中市图书馆图片资源、视频资源等自建资源。平台内容覆盖期刊、博士论文、硕士论文、报纸、年鉴、会议论文等资源。

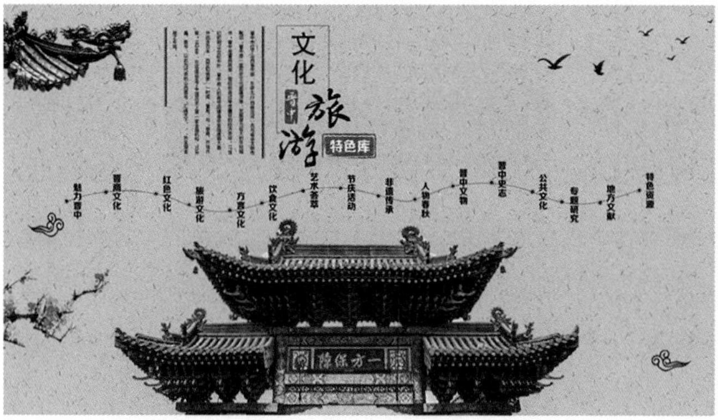

图 4-59　晋中文化旅游特色库首页

（3）晋剧文化特色资源数据库

晋剧，即“中路梆子”，是山西地方戏曲“四大梆子”之一，因产生在山西中部而得名。后随着晋中巨商大贾的经商足迹，剧团活动的范围不断扩大，历史上曾经远赴上海、天津、北京、辽宁、陕西、甘肃、河北、内蒙古等地演出。2020 年 12 月 14 日，为进一步完善晋中市公共文化服务体系建设，深入实施文化惠民工程，滋养民族心灵，培养民族自信，加强人民群众对地方传统文化的保护意识，晋中市图书馆结合地方特色山西“四大梆子”剧种之一的晋剧，建设了“晋剧文化特色资源数据库”。

晋剧文化特色资源数据库中包括期刊、博硕论文、报纸、年鉴、图片、视频等多种数据类型，共包含“晋剧发展、晋剧教学、晋剧活动、晋剧研究、优秀剧目、名家风采、晋剧文创、荣誉奖项”8 大模块，容量共计约 0.6TB，包括文献数据 400 条、图片 400 张、视频 60 小时、口述史 4 讲。

晋中市图书馆建设的晋剧文化特色资源数据库，可翔实全面地带领市民读者、研究学者多方位地学习了解晋剧文化，对晋剧文化的保护、传承和发展可发挥重要作用，同时也对晋剧文化的抢救、开发和利用具有重要意义。

图 4-60 晋剧文化特色资源数据库页面

4.5 技术建设：与时俱进、保障有力

技术是图书馆运营发展的重要驱动力，尤其在当前科技日新月异的信息时代，技术对于图书馆的重要性不容忽视。现代图书馆经历了自动化、数字化、网络化的发展历程，正在朝向智能化、智慧化图书馆时代前进。创建于这一发展形势下的晋中市图书馆，在馆舍建设阶段就注重应用新技术，以科

技为支撑致力实现图书馆管理和服务智能化。数年来，晋中市图书馆坚持以信息时代的发展要求为依据，以图书馆的信息化建设为指引，以读者的阅读需求为根本，打造基于互联网传播技术和计算机云技术的智能化系统，使读者能在图书馆服务中充分享受到智能化带来的便利。

图书馆技术建设通常涉及以下几个方面：网络环境建设、硬件系统建设、软件平台建设、数据库资源建设、图书馆业务系统建设、图书馆网站建设、网络安全等。目前，晋中市图书馆依托于便捷高效的图书馆集群管理系统实现对相关业务的统一管理，推出图书馆网站、移动图书馆 App 为广大读者提供丰富的数字化服务，并融合图书馆信息服务系统和微信公众号平台，搭建了晋中市图书馆微服务大厅，进一步方便读者获取图书馆资源和服务。晋中市图书馆还在馆内灵活配备了多种自助设备和触摸屏设备，实现虚实相融，不断拓展图书馆的空间价值和服务覆盖面，为晋中市图书馆成为社会公众城市生活的“第三空间”提供有力保障。

4.5.1 图书馆业务系统

晋中市图书馆的业务系统采用的是 Interlib 图书馆集群管理系统，于 2018 年 4 月投入运营，开发服务商为广州图创计算机软件开发有限公司。2018 年 1 月，晋中市图书馆办公自动化系统投入使用；3 月，安装图书馆业务管理系统等一系列设备及管理软件；4 月，晋中市图书馆与山西省图书馆、太原市图书馆完成 Interlib 系统对接，实现图书通借通还；11 月，晋中市图书馆业务管理系统由 Interlib3.0 升级到 Interlib3.5 版本。晋中市图书馆集群管理系统已于 2019 年 9 月 28 日在晋中市公安局网安部门备案，备案等级为二级。这一系统在我国图书馆界应用较为广泛。目前该系统由晋中市图书馆负责运行维护，晋中市文化和旅游局是该系统的主管单位，晋中市图书馆信息技术部是该系统的运维部门。

该图书馆集群管理系统部署在晋中市榆次区凤鸣街 209 号晋中市图书馆中心机房内，由主机服务器、网络设备、防火墙设备、存储系统以及相关的设施设备构成，是按照一定的应用目标和规则对信息进出采集、加工、存储、传输、检索等处理的人机系统。晋中市图书馆中心机房配置了 13 台边界设备：防火墙设备 3 台、核心交换机 2 台、入侵防御设备 2 台，上网行为管理设备 2 套，负载均衡设备 2 台，汇聚交换机 2 台。

晋中市图书馆的 Interlib 图书馆集群管理系统作为新一代的文献信息管理系统，包含采访、编目、流通、典藏、期刊、系统设置以及总分馆建设管理系统，涵盖图书借还、读者办证、图书加工、总分馆管理等业务的管理。该系统采用 B/S 模式，使用 Java 技术，遵照 J2EE 标准，具备三层体系结构，可基于互联网实现传统业务管理与海量数字资源管理的结合。

Interlib 图书馆集群管理系统作为资源共建共享的新型实现形式，可通过互联网将图书馆联合起来，组成一个区域性的虚拟图书馆群，建立一个区域图书馆群的电子化、数字化、网络化的立体信息空间，实现真正意义上的图书馆群的资源管理和业务协作，在全市范围内建立总分馆系统。

晋中市图书馆应用该系统将本馆主要用户群划分为个人用户（读者）、企业及组织、分馆、政府四大类，并对个人用户按照年龄等细分为学前儿童、学龄儿童、青少年、成人或老年人。对于读者来说，该系统的应用可为读者提供在线查询、信用借还书、自助图书馆等便捷、人性化的服务，符合读者的信息获取方式，打造读者喜闻乐见的活动和参与方式，激发读者阅读兴趣，促进全民阅读，同时也有利于树立图书馆与时俱进、亲民惠民的社会形象。

2020 年，受到新冠疫情影响，很多图书馆被迫闭馆或者限制入馆人数，实行预约入馆制。2020 年 1 月 24 日，为贯彻落实本市对新型冠状病毒感染疫情联防联控工作的要求，避免因公共场所人群聚集而导致的传染风险，保障读者和一线员工的身体健康，晋中市图书馆发布闭馆公告。直至 2020 年 5 月 23 日，晋中市图书馆正式恢复开馆。为了给重新开馆后读者预约进馆做好准备，在 2020 年 3 月 16 日，晋中市图书馆完成入馆登记预约系统安装以及调试工作，设置后台预约规则，编写使用指南，进行预约测试。2021 年 7 月 13 日，为了在做好疫情常态化防控工作的前提下更好地服务读者，晋中市图书馆对读者暑期预约制度进行了调整，并对预约系统进行了升级。

4.5.2　晋中市图书馆网站

在互联网时代，图书馆网站的作用十分重要，不仅可展示图书馆的形象，提供数字化服务，也是读者和社会各界除到馆之外了解图书馆的又一重要窗口和途径，且因这一方式不受地理、时间限制，更是受到广泛欢迎。晋中市图书馆适应时代需求，将图书馆网站建设早早提上日程，官网网站于 2018 年 6 月正式投入使用，网址为 www.jzstsg.com。此后，依靠网络的高效传播、海量存储、方便快捷、资源共享等优势，晋中市图书馆为读者提供更加便捷、高效的服务。

图 4-61　晋中市图书馆网站首页

晋中市图书馆网站设有新闻资讯、服务指南、资源导航、读者活动、图书馆之城、关于本馆六个一级栏目，其下又分别设立若干子栏目。根据图书馆发展需要，对子栏目的设置又进行调整。目前，“新闻资讯”下包含通知公告、媒体报道、业界动态、馆务公开、政府信息公开。“服务指南”下包含读者须知、办证须知、服务时间、服务公约、借阅规则、特色服务、功能区布局、失物招领、图书文献捐献细则。“资源导航”下包含实体资源、资源推荐、数字资源、特色资源、内刊资源、自建资源。资源导航栏目中提供了晋中市图书馆采购的数字资源以及共享的山西省图书馆数字资源，2021 年，又重点增加了具有本地特色的晋中文化旅游特色库、晋剧文化专题数据库以及红色主题的数字展厅等资源，读者可凭证进行网上电子文献借阅。“读者活动”下包含凤鸣讲坛、美术展览、少儿天地、读书沙龙、影音鉴赏、读者访谈、活动安排。“图书馆之城”下包含晋中总分馆、晋中图书馆联盟、重点文化工程、晋中市图书馆学会。“关于本馆”下包含本馆概况、机构设置、参观本馆、情报刊物。

在晋中市图书馆网站首页，除了展示以上栏目的最新内容，还提供了馆藏资源、数字资源的一站式检索功能以及站内检索功能。2018 年 7 月 11 日，晋中市图书馆网站后台咨询平台服务正式上线。晋中市图书馆网站首页在醒目位置提供了晋中市移动图书馆的二维码以及读者常用的功能和需要的信息，如在线咨询、借阅查询、网上续借、读者留言、志愿者服务等，实现馆员与读者的在线互动交流。

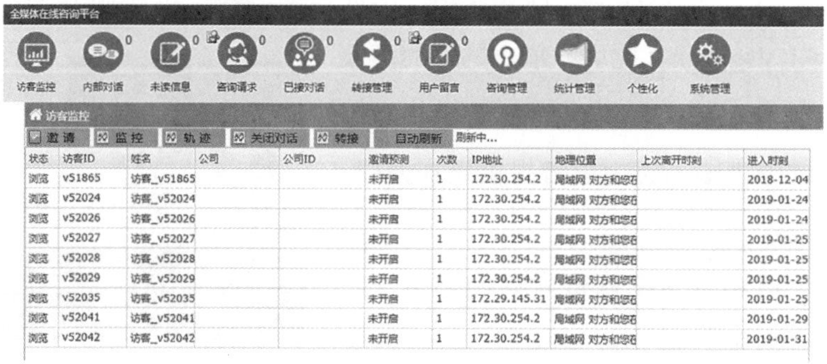

图 4–62　晋中市图书馆网站后台咨询平台

目前，晋中市图书馆网站由专人进行更新维护，同时，设于负一层机房的网站服务器由专人每天巡查两次，为网站的正常运行提供了技术保障。晋中市图书馆网站坚持每天更新内容，并根据需要及时更新活动预告、活动总结、图书馆通知公告、电子资源等方面的信息。

4.5.3　晋中市移动图书馆

移动互联网一般是相对于 PC 互联网[①]而言，是在 PC 互联网的基础上发

① PC互联网是指通过台式电脑、笔记本电脑等这类个人计算机（英文Personal Computer，简称即PC）连接互联网的模式。

展出现的新事物，它将移动通信和互联网二者结合起来融为一体，同时具备了移动通信随时、随地、随身和互联网开放、分享、互动的优势。智能手机等移动终端设备出现后，移动互联网发展之势极为迅猛，很快就渗透到人们生活、工作的各个领域，对图书馆行业也带来了巨大影响，极大地改变了人们的阅读方式和阅读习惯。在此环境下，移动图书馆的存在就十分必要。为此，晋中市图书馆开发推出了晋中市移动图书馆，即“晋中市图书馆”手机端 App，于 2018 年 5 月正式上线。

晋中市移动图书馆包含 2 万多种 ePub 格式热门图书以及 100 万种以上原貌图书，并提供相关搜索服务。同时提供 300 种以上报纸资源，不少于 2 万集适合手机使用的学术视频，不低于 3000 个的适于智能终端阅读的特色专题资源，此外还提供 900 集名师讲坛、1000 本绘本以及 100 本有声书。

图 4–63　晋中市移动图书馆页面

使用晋中市移动图书馆需要注册，已经注册过“移动图书馆”的用户，可以通过手机号登录，未注册过的用户，可使用手机号进行注册登录。晋中市移动图书馆可实现以下功能：

（1）读者管理空间

晋中市移动图书馆为每位读者提供了一个知识空间，读者可以根据自己的需求对空间进行管理，在空间中创作创新、订阅专题，将记录的阅读思想、笔记等内容永久保存。移动图书馆可以根据读者行为，推送相应的专题。

（2）丰富多样的资源类型

晋中市移动图书馆不仅整合了电子图书、期刊、报纸、视频等传统资源，更有关于晋中、晋商文化的专题资源，同时还会为读者推荐大量热门学术前沿专题，且支持下载后离线查看。

（3）学术交流的平台

在晋中市移动图书馆中，读者可以查看好友的书房、好友共享的笔记等，同时可以通过小组讨论、发消息等方式及时沟通想法，这实现了读者与读者之间、读者与作者之间的学术交流。

图 4-64　晋中市移动图书馆的交流平台

（4）使用行为的记录

晋中市移动图书馆能挖掘用户行为分析，统计用户阅读过程的所涉及的使用量、笔记、好友、收藏、阅读时长等 5 个部分数据，对用户行为做出整体性的分析，从而帮助用户养成阅读习惯，记录阅读行为。

4.5.4 微服务大厅

微信是近些年我国图书馆领域使用率较高的一个社交软件，目前尤其常见的利用方式就是通过开通图书馆微信公众号向读者发送信息，提供在线服务，它在阅读推广、图书馆宣传营销方面发挥着重要作用。在这方面，微信公众号的自定义菜单功能为图书馆拓展了更多发展空间。图书馆可根据自身情况对此进行开发应用，在微信公众号的会话界面底部增加相应菜单功能，打造出又一个和读者交流互动的平台。

晋中市图书馆以本馆微信公众服务号为载体，融合图书馆信息服务系统和第三方交互应用平台，搭建了微服务大厅，随时随地为读者提供手机端网上图书馆服务。2018 年 1 月，晋中市图书馆开通了微信公众号服务号和订阅号。2018 年 4 月，晋中市图书馆微信公众号上线了微服务大厅并投入运营。

图 4–65 晋中市图书馆微服务大厅

晋中市图书馆微服务大厅共有 12 个模块，如：读者证（解）绑定、个人资料、书目检索、读者借阅信息、图书续借等。微信服务大厅把图书馆离散的平台系统汇总，有效地提高了信息服务的敏捷性和可扩展性，一定程度上解决了传统图书馆存在的局限性，为图书馆打造了一个“互联网+”平台。其服务功能可以包含查询图书馆图书、管理读者证、关注借阅情况、续借图书、读者证挂失、检索图书、参照图书排行榜选择性读书、下载借阅电子书等。

晋中市图书馆微服务大厅提供的常用功能有：绑定实体读者证、生成二维码读者证、查看个人资料、查询借阅信息、图书续借、书目检索、读者证挂失。此外，读者还可通过晋中市图书馆微服务大厅查看自己的活动预约情况以及文献预借情况，查看借阅排行榜，进行活动报名，在线浏览、使用晋中市图书馆的各类数字资源和相应服务，如懒人听书、凤鸣传书、有声绘本、晋中文化云、网上展厅、云图有声、QQ 阅读、中华连环画、名师讲坛、易趣少儿数字图书馆、居家健身、锦绣书香数字图书馆、方志数据库、VR 文旅资源库、畅想之星、中少绘本资源库、网上报告厅、名师讲坛、中少期刊资源库、中少动画资源库、书童数字博物馆、橙艺艺术、中华优秀传统文化百科库、非洲动物、万方数据、龙源期刊、爱读宝、青悦读、十九大学习、博看微书屋、“乡村振兴，美丽山西”展览、中图法宣传、乐儿数字资源等。

截至 2021 年底，晋中市图书馆微服务大厅基础服务数据为：微信公众号粉丝数 42649 人，绑定读者数 5587 人。根据 2021 年读者对晋中市图书馆微服务大厅菜单访问数据，书目检索、我的预约、个人资料、借阅信息、图书续借、借阅排行榜、活动报名、懒人听书、我的朗读、清明答题、凤鸣传书、我的预借、读者证挂失、有声绘本、晋中文化云、网上展厅依次排在访问次数的前列。书目检索的访问次数达到 20118 次。由此可见，晋中市图书馆微服务大厅在服务读者方面发挥了明显作用。

4.5.5 硬件设施建设

如前所述，晋中市图书馆在馆舍设施建设阶段就十分注重应用现代化技术，在 24 小时自助图书馆、电子阅览室、数字体验区、个人视听室、集体视听室、电影厅、音乐厅等区域配备了先进的硬件设施设备，为读者提供便捷、舒心的现代化图书馆服务。为保障读者在馆内享受到顺畅的互联网服务，2018 年 1 月，晋中市图书馆接入 400M 联通专线，2 月，接入 300M 电信专线。此外还配备了智慧墙、智能书架以及多种自助设备和触摸屏设备，根据需要将之分布于图书馆各楼层区域，让读者在晋中市图书馆中也能随时随地体验到新技术带来的便利。晋中市图书馆还安排人员对馆内设备每日进行巡检并制表记录，确保这些设备能稳定提供服务。

智慧墙系统是图书馆大数据技术的一大应用成果。晋中市图书馆通过对图书馆后台数据进行挖掘，将其推送到前端智慧墙实时发布，由此能够直观了解读者行为偏好和个性化阅读需求，全面提升图书馆服务效率。读者也可通过智慧墙了解晋中市图书馆的服务情况、动态和资源利用情况。目前，晋中市图书馆智慧墙系统位于二层，紧邻南入口，展示的内容包括馆藏文献借阅排行榜、当天实时借还数据、图书馆公告、馆藏文献借阅历史统计数据、图书推荐、图书馆介绍、服务温馨提示以及图书馆咨询服务电话。

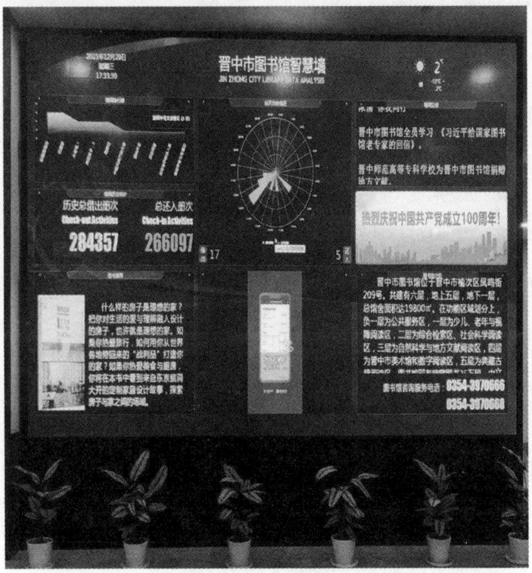

图 4–66　智慧墙

晋中市图书馆在位于一层的24小时自助图书馆中配备了智能书架。该智能书架应用RFID技术，与图书馆系统、数据库进行对接，书架侧面安装有触摸显示屏，可显示整列书架上的图书信息，如所在书架、图书名称、图书索书号、图书条码、图书作者等。馆员利用智能书架可实现实时盘点、查找错架图书。读者可利用智能书架的触摸显示屏查找图书具体位置，对图书进行定位导航。

图4-67　智能书架

晋中市图书馆在馆内配备了多台自助办证机、智能借还机、阅读本自助借还柜、少儿自助借还书机、OPAC自助查询机、自助图书消毒杀菌机等，让到馆读者能够享受到如超市购物般的全自动借书体验。此外，晋中市图书馆还配备了以下触摸屏设备，可为读者提供电子书、电子期刊以及名师讲坛等数字资源的在线阅览以及手机端借阅。

表4-2　晋中市图书馆触摸屏设备统计

设备名称	资源内容	数量	备注
博看4K触摸屏智能终端	内容涵盖4000种高清期刊、200种高清报纸和5000册图书；支持安卓和苹果系统扫码借阅	3台	2018年采购

续表

设备名称	资源内容	数量	备注
博看少儿点读系统	提供 300 种 4K 高清少儿期刊，支持在线阅读和移动阅读，另含 50 集视频、30 种游戏	1 台	2018 年采购
龙源大屏机	3000 册图书、200 种期刊、300 多份报纸；大屏机图书每月更新 100 册，期刊和报纸实时更新	1 台	2019 年采购
超星歌德机	3000 种图书，每月更新 150 册；100 种期刊，每月定时更新	4 台	2018 年采购
博看朗读亭系统	全库 5000 多种资源，持续更新；背景音乐 100 多条，读者可根据自己爱好自主选择；可定制朗读比赛活动	1 台	2018 年采购
瀑布流电子书借阅机	瀑布流电子图书借阅机筛选出 3000 本高品质电子书进行屏幕流动呈现，且每月定期提供不少于 150 本当月热门图书及新书的上架更新。内容涵盖经典名著、小说传记、历史军事、人文社科、亲子育儿等多达 12 个类别	2 台	2019 年采购
电子阅读本	超星阅读本电子阅读器提供不少于 30000 本精编电子图书，超星阅读本有在线、离线两种图书获得方式；除此之外，读者也可以使用数据线通过 USB 接口连接阅读本设备与电脑，导入本地电子书进行离线阅读	60 本	2019 年采购

图 4–68 朗读亭

图 4–69　馆内触摸屏设备

4.6　体系建设：覆盖全域、服务地方

体系建设是当前我国公共文化服务领域的一项重要工作。公共图书馆是社会主义公共文化服务体系的重要组成部分。晋中市图书馆作为地市级图书馆，对晋中市全域的图书馆事业发展负有引领职责，应在全市公共文化服务体系建设、图书馆总分馆服务体系建设发挥重要作用。自 2018 年开馆以来，晋中市图书馆着力加强基层图书馆辅导和培训工作，不断完善晋中地区总分馆服务体系建设，为晋中市成功创建国家公共文化服务体系示范区和晋中市争创全国文明城市做出重要贡献，有力地促进了城乡一体化发展，基本实现网上联合编目、通借通还、共建共享目标。

4.6.1　基层辅导和培训

我国公共图书馆是与行政区划一致的。《中华人民共和国公共图书馆法》规定县级以上人民政府应当设立公共图书馆。在我国，地市级公共图书馆有责任和义务面向本区域内的县级公共图书馆开展基层辅导和培训工作。晋中市图书馆在 2016 年才正式设立。在此之前，晋中市没有地市级公共图书馆，辖区内 11 个县（区、市）图书馆直接受山西省图书馆指导。晋中市图书馆在 2018 年开馆后，即着力发挥地市级公共图书馆的作用，履践中国图书馆学会和山西省图书馆学会会员单位的权利和义务，以深入基层、集中辅导、上下联动三种方式，不断提升晋中市各级公共图书馆的业务内涵，持续推动公共文化服务迈上新台阶。

2018 年，晋中市图书馆业务发展部多次深入本区域内各县（区、市）图书馆进行了基层调研，对全市 11 个县（区、市）图书馆的藏书资源等情况进行梳理。同时，晋中市图书馆还积极组织区域内县（区、市）图书馆参与相关培训活动。2018 年 4 月 15 日至 20 日，由文化和旅游部公共文化司主办，中国图书馆学会承办，山西省图书馆学会、晋中市图书馆共同协办的全国基层文化队伍示范性培训——第七期全国县级图书馆馆长培训班在晋中市举办。来自华北地区以及全国其他地区共计 120 余名县级图书馆馆长参加此次培训，其中就包括晋中市各县（区、市）级图书馆馆长。时任晋中市图书馆副馆长胡萍主持了授课环节。此次培训从党性修养和政治觉悟、公共文化服务政策与法规、基层图书馆管理与服务等多个层面实现县级图书馆馆长在学识上的积淀、视野上的拓展和理念上的提升。

2019 年，晋中市图书馆累计面向本区域内各县（区、市）图书馆开展基层辅导 12 次，其中深入县（区、市）图书馆调研 9 次、集中学习 2 次、到馆座谈 1 次。在实地调研中，晋中市图书馆与各县（区、市）图书馆围绕图书馆工作开展情况进行密切交流，重点调研了各县（区、市）图书馆总分馆建设情况以及图书馆发展现状和存在的问题等。在调研结束后，晋中市图书馆还将各县（区、市）图书馆的建设情况汇总成调研报告，针对各县（区、市）图书馆的要求和实际情况制订详细的基层辅导方案，从而为图书馆事业发展提供更有力的帮助。2019 年 4 月 20 日，在 4·23 世界读书日来临之际，晋中市图书馆力邀图书馆界知名专家、国家图书馆原馆长詹福瑞教授莅临凤鸣讲坛开展专题讲座“读书的智慧”，全市 11 个县（区、市）图书馆代表共

43 人参与此次培训，共飨文化大餐。2019 年 11 月 30 日，“山西省公共数字文化服务推广活动走进晋中市图书馆”主题培训班在晋中市图书馆举行，培训围绕“地方资源建设与服务推广的山西实践”展开，并针对图书馆公共数字文化建设提出建议，榆次区图书馆代表参加了此次培训。

图 4-70“山西省公共数字文化服务推广活动走进晋中市图书馆”主题培训班

2020 年，晋中市图书馆累计开展基层辅导 15 次。其中深入县（区、市）图书馆调研 11 次、集中学习 4 次。按照山西省文化和旅游厅公共文化领域重点改革任务评估验收要求，晋中市图书馆于 2020 年 8 月 26 日至 8 月 31 日对晋中市及下辖 11 个县（区、市）进行实地考察，依次协助榆次区图书馆、灵石县图书馆、介休市图书馆、平遥县图书馆、祁县图书馆、太谷区图书馆、寿阳县图书馆、昔阳县图书馆、和顺县图书馆、左权县图书馆、榆社县图书馆完成山西省文化和旅游厅图书馆总分馆制建设验收工作。2020 年 9 月 8 日，“阅三晋，行天下”晋中站全民阅读活动在晋中市图书馆一层学术报告厅举行。此次活动由山西省图书馆学会、山西省图书馆、各市县（区）文化和旅游局指导协调，太原市图书馆主办，晋中市图书馆积极联动全市 11 个县（区、市）图书馆馆长及业务骨干共同参与活动，展示出晋中市公共文化服务的新面貌。通过分享环节，众人还进一步了解了“阅三晋，行天下”

这一山西省群众文化惠民品牌活动的工作情况及推广经验，了解了有声诵读、戏剧表演、阅读脱口秀等阅读推广方式。

图 4-71 “阅三晋，行天下”晋中站活动

2021 年是“十四五”规划开局之年，晋中市图书馆从“加强基层图书馆辅导和培训工作”“不断完善全省总分馆制建设体系”两方面向山西省图书馆学会提出“十四五”发展建议，为晋中地区总分馆制建设提出合理建议，并明确发展需求。同时，经过 3 年多的积累，在 2021 年，晋中市图书馆采取“调查问卷、制订计划、具体落实、总结提升”四步走，将基层辅导工作逐渐推入正轨。截至 2021 年 10 月底，晋中市图书馆累计开展基层辅导 16 次，其中深入基层 3 次、集中辅导 11 次、上下联动 2 次，圆满完成全年辅导培训任务。

为提高公共文化服务效能，进一步了解基层图书馆工作实际和总分馆制建设情况。2021 年 3 月 22 日，晋中市图书馆馆长胡萍一行 9 人赴寿阳县图书馆进行调研。在此次调研中，晋中市图书馆了解到寿阳县图书馆分馆龙栖湖党建书屋建设过程中存在困难，缺乏图书资源。调研结束后，晋中市图书馆积极奔走，联系多方单位，征集党政类图书 260 册，悉数捐赠给龙栖湖党建书屋用于充实纸质类文献资源，为该书屋的建设尽上一份力量。2021 年 3

月 30 日，介休市图书馆馆长及相关业务骨干到晋中市图书馆交流学习，就新馆搬迁、功能布局、造价控制、运营管理等方面进行座谈。随后 4 月 7 日，晋中市图书馆一行深入介休市图书馆新馆工地，实地考察了该馆新馆建设、建筑结构和工程进度等情况，并进行现场指导。随后，在介休市图书馆召开新馆功能布局研讨会，与会人员根据介休市图书馆新馆的建筑结构，并结合介休市当地文化特色，分别就书库建设、期刊阅览室建设、数字阅读区建设、特色馆藏建设、特色服务建设及新馆内部装饰、装修等方面进行了深入探讨。在此次调研中，晋中市图书馆充分发挥地市级图书馆的作用，将创新思维充分融入介休新馆建设的各项工作中去，让介休市图书馆新馆这张城市名片可以早日展现在市民面前。

图 4–72　介休市图书馆新馆功能布局研讨会

晋中市图书馆还积极邀请各县（区、市）图书馆同人到晋中市图书馆集中学习。2021 年也是第七届全国文明城市创建周期的开局之年，晋中市在 2021 年被中央文明办确定为第七届全国文明城市创建提名城市。为此，晋中市图书馆联动各县（区、市）图书馆开展了多次集中学习活动，努力为建设崇德向善、文化厚重、和谐宜居、人民满意的文明城市做出贡献。2021 年 4 月 24 日，为庆祝 4 · 23 世界读书日，晋中市图书馆邀请河北大学文学院教授、央视百家讲坛主讲人韩田鹿莅临凤鸣讲坛开展专题讲座“品读中华经典——解读《三国》”，晋中市 8 个县（区、市）图书馆馆长及业务骨干参加了此次活动。2021 年 10 月 23 日至 24 日，“琴传天下”古琴文化传承活动在晋中市图书馆举办，北京古琴文化研究会理事王宁担任主讲，弘扬我国古琴文化，启发大家认识传承传统文化的使命与责任。晋中市各县（区、市）图书馆馆长及业务骨干参加了此次活动。活动结束后，晋中市图书馆馆长胡萍为各县（区、市）图书馆学员颁发了培训结业证书。这些活动的举行，加强了地市级图书馆与县级图书馆之间的文化交流，也对晋中市争创第七届（2021—2023 年）全国文明城市的工作发挥出润物无声的滋养和促进作用。

图 4-73 “琴传天下”古琴文化传承活动

4.6.2 市域总分馆建设

2019 年 2 月 18 日，文化和旅游部、财政部公布第三批国家公共文化服务体系示范区（项目）名单，晋中市成为山西省唯一被列入第三批国家公共文化服务体系示范区名单的城市。创建国家公共文化服务体系示范区（项目）是文化和旅游部、财政部共同组织实施的一项重大文化惠民工程，根本目的是推动各地解决公共文化服务体系建设面临的突出矛盾和问题，深化改革创新，形成具有推广价值的典型经验，示范带动全国现代公共文化服务体系建设。以成功创建国家公共文化服务体系示范区为标志，目前，晋中市图书馆等市级“五馆一院”全部建成，全市 11 个县（区、市）图书馆均达到国家三级以上标准，全市 118 个乡镇综合文化站全部达标，95% 以上行政村（社区）建成综合文化服务中心。全市图书馆总分馆服务体系建设成效明显，成为晋中公共文化服务事业发展新亮点，全市乡镇（街道）综合文化站普遍建成图书馆分馆，村级综合文化服务中心多数建成村级服务点，市县城区建设了多家城市书房（或叫智慧书屋、同心书屋），基本实现网上联合编目、通借通还、共建共享目标。

2018 年开馆运营后，晋中市图书馆制订了《晋中市总分馆制建设及发展方案（草案）》，同年针对全市 11 个县区级图书馆的藏书资源等进行了梳理，坚持公共文化服务公益性、基本性、均等性、便利性的原则，加快构建覆盖城乡、通借通还、资源共享的全市公共图书馆总分馆体系，即以晋中市图书馆为总馆、11 个县（区、市）图书馆和市其他机构（如高校、企业图书馆联盟）为市馆分馆，以及以各县（区、市）图书馆为总馆，相应基层图书馆、流通站为县（区、市）馆分馆，并延伸至最基层的市—县（区、市）—乡镇（街道）—村（社区）四级共享的公共图书馆总分馆服务体系。

2019 年，晋中市图书馆业务发展部以《晋中市总分馆制建设及发展方案（草案）》为基础，全面开展对 11 个县（区、市）图书馆的总分馆建设调研工作。期间，先后赴榆次、太谷、平遥、介休、榆社、左权、和顺、昔阳和寿阳进行总分馆建设调研，对各馆馆藏资源、基本服务、人员配置、开放经费、设施建设、总分馆制建设等的开展情况进行深入了解，发现存在问题，提出解决对策并予以相应帮助。

图 4-74 晋中市图书馆赴榆社县图书馆开展总分馆制建设调研工作

2020 年 3 月 17 日，晋中市图书馆完成了祁县图书馆业务系统数据迁移工作，至此累计完成 9 个县（区、市）图书馆的 Interlib 系统数据迁移，即榆次区图书馆、平遥县图书馆、榆社县图书馆、左权县图书馆、和顺县图书馆、昔阳县图书馆、寿阳县图书馆、太谷县图书馆、祁县图书馆，并将总分馆服务体系建设工作重点转移为总分馆服务与培训。目前，9 个县（区、市）分馆与晋中市图书馆总馆之间已可实现文献信息资源共享、图书通借通还、读者活动联动开展等。

在数据迁移完成后，晋中市图书馆作为总馆向各个县（区、市）分馆提供业务、技术指导，总馆与县（区、市）分馆人、财、物各自独立，县（区、市）馆下辖的分馆的经费由县（区、市）馆自行承担。县（区、市）馆建设下级分馆时，应遵守省馆相关规定，合理规划分馆代码。县（区、市）馆的馆藏文献资源的数据导入晋中市图书馆之后，通过馆际流通调试，确保馆与馆之间实现通借通还、OPAC 可检索两馆图书。同时，晋中市图书馆计划在后期与各个县（区、市）分馆共享数字资源，实现资源利用最大化。各个县（区、市）图书馆作为晋中市图书馆分馆进行规划实施，晋中市图书馆为其提供业务、技术指导。为方便馆际业务、技术交流，晋中市图书馆信息技术部建立了总分馆问题交流群，实时解决总分馆方面问题。如在2020年1月至9月，晋中市图书馆信息技术部即通过交流群共计处理各个分馆业务系统问题30项。针对出现的问题，晋中市图书馆信息技术部还进行了记录，并对问题进行分析归类，就经常出现的问题对县（区、市）分馆进行指导培训。

图 4–75　为祁县图书馆馆员开展 Interlib 系统培训

2020年8月26日至8月31日，晋中市图书馆对晋中市及下辖11个县（区、市）进行实地考察，帮助各县（区、市）图书馆顺利完成2020年山西省文化和旅游厅公共文化领域重点改革任务评估验收工作，并撰写《晋中市公共文化服务领域重点改革任务考察报告》(以下简称《报告》)。《报告》介绍了晋中市及各县（区、市）基本公共文化服务标准化建设任务落实完成情况，县级文化馆图书馆总分馆制建设、管理和开展服务落实完成情况情况，以及晋中市公共图书馆、群艺馆公共文化机构法人治理结构改革任务落实完成情况，还有基层综合性文化服务中心建设完成情况。

《报告》显示，通过示范区建设，晋中市将公共文化服务体系建设摆上重要位置，在资金投入、设施建设、产品服务供给、体制机制创新、服务效能建设等方面都取得了显著进步，推动了本地公共文化服务体系建设的跨越式发展。晋中市已基本建立县级统一的总分馆制管理体制和运作机制，实现“五个统一”，即统一形象标识、统一队伍配置、统一配送服务、统一数字服务、统一考核评估。所有基层服务机构统一形象标识，乡（镇、街道）文化站图书室统一使用“×× 县图书馆 ×× 分馆”的名称，村（社区）图书室加挂“×× 县图书馆 ×× 村（社区）服务点”的牌子。队伍配置方面，由晋中市各县级总馆向每个分馆下派 1 名文化特派员，负责总分馆业务指导和联络工作，各分馆馆长由文化站站长或文化特派员担任，且定期召开由总馆负责人主持、各分馆馆长参加的总分馆工作例会。文献资源方面，通过接入全省统一的图书馆总分馆系统或启用本馆自有系统，实行县级图书馆总馆主导下文献资源的统一采购、统一编目、统一培训、通借通还，且推动有条件的农家书屋成为图书馆分馆。晋中市 11 个县（区、市）全部参与文化信息资源共享工程与公共电子阅览室建设计划，总馆和分馆之间通过文化云、官方网站、微信公众号、移动端 App 等方式基本实现数字资源的共建共享。并且，晋中市 11 个县（区、市）均建立了总分馆绩效评估和群众满意度测评标准。

截至 2020 年 9 月，晋中市共建成县级图书馆总馆 11 个、乡镇（街道）分馆 128 个，乡镇（街道）级分馆普及率达到 94.81%，建成村（社区）分馆 7 个、特色分馆 22 个，对照《山西省县级文化馆图书馆总分馆制建设评价指标（试行）》自评得分均在 900 分以上。基层综合性文化服务中心建设方面，晋中市共 2682 个行政村，已完成 2562 个村综合文化服务中心建设，对照《山西省基层综合性文化服务中心建设评价指标（试行）》自评得分都在 400 分以上，达标率 95%。全市 220 个社区中已完成 205 个社区综合文化服务中心建设，自评得分都在 400 分以上，达标率 93%。可以看出，晋中市基本建成以县级图书馆为总馆、以乡镇（街道）文化站为分馆、以村（社区）基层综合文化服务中心为馆外基层服务点，吸收企业、学校等其他系统图书馆加入的总分馆服务体系，基本做到城乡图书馆服务全覆盖。

同时，《报告》也指出了工作中存在的问题。如个别图书馆未纳入山西省图书馆总分馆制系统：县级图书馆总分馆制工作必须依托一定的图书馆自动化管理系统组织进行，而灵石县图书馆在系统选择上未依托山西省图书馆管理系统开展工作，而是启用本馆自有系统开展工作。其分馆配备和总馆借阅活动场所相同的图书借阅管理软件和设备，并为已建立的 12 个分馆开通系统端口，所有图书做到了统一编目、加工，实现了通借通还。但因启用本馆自有系统，灵石县图书馆不能与山西省图书馆、晋中市图书馆实现图书的通借通还。

4.6.3 城区总分馆建设

在积极推进市—县（区、市）—乡镇（街道）—村（社区）四级共享的公共图书馆总分馆服务体系建设的同时，晋中市图书馆还特别注重在晋中市城区谋划布局，与政府机关、企事业单位、民主党派、社会组织、景点景区等合作共建分馆、流通站、便民阅读点等，走出了一条社会合作建设分馆的特色之路，打通公共文化服务“最后一公里”，为广大市民提供方便、快捷、优质的公共文化服务。

开馆之后，晋中市图书馆流通部即着手编写分馆合作协议书、分馆建设标准及管理办法等，为在城区推进总分馆建设提供保障。为保障市民的基本文化权益，满足市民精神文化需求，引导市民养成良好的阅读习惯，提高人文素养与阅读品位，在城区总分馆服务体系建设中，坚持以晋中市图书馆为总馆，与分馆签订分馆协议，统一采编、统一管理，推行标准化服务，全面实现一卡通用、通借通还、资源共享，免费为市民提供图书阅览、自助办证、自助借书、自助还书等读者服务，为市民提供方便、快捷、优质的公共文化服务平台。2018 年 7 月 26 日，晋中市图书馆与上岛咖啡签约共建便民阅读点，作为晋中市图书馆分馆进行管理。7 月 31 日，晋中市图书馆流通部为上岛咖啡便民阅读点上架 6000 册图书。2018 年 10 月 15 日，晋中市图书馆市纪委分馆建立，配备 600 册图书，11 月 7 日，晋中市图书馆市纪委分馆开馆仪式举办。该分馆位于晋中市纪委监委机关办公楼负一层，室内配备 4 张阅览桌，可同时接纳 16 位读者读书阅览。分馆安排专人负责管理，并明确管理制度，每天开放时间为 8 个小时。

图 4-76　晋中市图书馆市纪委分馆开馆仪式

2018 年，晋中市图书馆在城区建立了 3 个分馆。2019 年，新建城区分馆 9 个。2020 年，新建城区分馆 7 个。2021 年，新建分馆 13 个，其中包括晋中市图书馆建设的第一所城市与农村地区公共图书馆文献资源共享平台——太谷上安书房。太谷上安书房是晋中市图书馆响应国家政策，实施乡村振兴战略，推动农村文化事业发展而设立的。太谷上安书房所在的太谷区上安村是一个明清古村落，此地晋商文化和民俗文化并存，已入选第七批中国历史文化名村，并被列入第五批中国传统村落名录。在共建固定服务点之外，晋中市图书馆还推出了图书流动车作为补充。2019 年，晋中市图书馆为图书流动车配备 1000 册图书。随后每年为图书流动车更换 1000 册图书。2021 年，晋中市图书馆图书流动车共开展服务 54 场，流通文献 75000 册次，服务 27482 人次。分馆、流通站、便民阅读点、图书流动车等的建设，对充分发挥晋中市图书馆馆藏优势、提高文献利用率发挥了显著作用，是实现图书馆延伸服务的有效途径。同时，还扩大了晋中市图书馆的社会知名度和文化影响力，增强了晋中市图书馆对全市文化的辐射力。

图 4–77　晋中市图书馆图书流动车进社区开展服务

截至 2021 年 12 月，晋中市图书馆共有 29 个分馆，提供 5.79 万册图书借阅服务。其中，2021 年新建的同心书屋被打造成为晋中市图书馆总分馆建设的示范样板。为了提升公共文化服务效能，切实保障人民群众基本文化权益，2021 年 7 月初，由晋中市委统战部牵头，晋中市文化和旅游局与民革、民盟、民建、民进、农工党、九三学社等合作建设同心书屋，作为晋中市图书馆分馆。至 2021 年 9 月，晋中市共建成 6 个同心书屋，配备上架图书共 38081 册。6 个同心书屋分布于晋中市榆次区不同地点。其中，同心 · 大益书屋位于榆次区新华街 199 号大益茶体验馆内，同心 · 田森书屋位于榆次区迎宾街与莱园西街二巷交叉口田森汇营销中心二层，同心 · 海纳瑞隆裕书屋位于榆次老城内，同心 · 美年书屋位于东湖井商业街 35 号，同心 · 昱嫚嘉书屋位于安宁街 18 号；同心 · 雅康书屋位于迎宾街 113 号。

表 4-3　晋中市图书馆分馆建设情况

序号	分馆名称	文献数量 / 册	分馆建立时间	分馆面积 / 平方米
1	晋中市纪委分馆	500	2018 年 10 月 15 日	50
2	晋中市榆次区本真子曰咖啡厅分馆	200	2018 年 12 月 4 日	100
3	晋中吉盛物业管理有限公司分馆	2000	2019 年 7 月 27 日	80
4	晋中市委北宿舍分馆	600	2019 年 8 月 23 日	90
5	晋中市财政局分馆	500	2019 年 8 月 28 日	120
6	晋中市委组织部分馆	600	2019 年 11 月 7 日	30
7	晋中瑞达公交有限公司分馆	1500	2019 年 11 月 17 日	420
8	晋中市政府办公室分馆	500	2019 年 12 月 18 日	30
9	晋中市拘留所分馆	1000	2019 年 12 月 19 日	40
10	晋中市委办公室分馆	200	2020 年 4 月 3 日	20
11	晋中市委政法委分馆	300	2020 年 6 月 16 日	46.6
12	晋中市直属机关事务管理局分馆	1000	2020 年 8 月 24 日	46
13	晋中市政府南区分馆	6250	2020 年 10 月 28 日	80
14	嘉禾苑物业管理有限公司分馆	500	2020 年 12 月 4 日	10
15	晋中市文化和旅游局分馆	200	2020 年 12 月 22 日	10
16	晋膳天下分馆	1000	2021 年 3 月 25 日	20
17	开发区农商行分馆	500	2021 年 5 月 11 日	20
18	太谷上安书房	1000	2021 年 5 月 21 日	30
19	同心・大益书屋	3939	2021 年 7 月 6 日	300
20	同心・田森书屋	7219	2021 年 7 月 7 日	600
21	同心・海纳瑞隆裕书屋	4746	2021 年 7 月 22 日	265.04
22	同心・美年书屋	6351	2021 年 8 月 1 日	308.56
23	同心・昱嫚嘉书屋	7531	2021 年 8 月 3 日	268
24	同心・雅康书屋	8295	2021 年 8 月 29 日	272.9
25	晋中市公安局城区分局分馆	1500	2021 年 7 月 29 日	60
26	榆次区政协分馆	2000	2021 年 11 月 16 日	50

续表

序号	分馆名称	文献数量 / 册	分馆建立时间	分馆面积 / 平方米
27	大唐现代双语学校分馆	3000	2021 年 11 月 23 日	120
28	海玉石头饼厂分馆	1500	2021 年 12 月 22 日	205

同心书屋管理运营采取“民主党派牵头 + 企业支持”的运营方式，充分发挥政府和社会各界力量，资源共享，合力共建。同心书屋之间以及同心书屋与图书馆之间实现通借通还。各个同心书屋图书定期轮换更新，并配有自助办证设备和数字资源阅览借阅设备。同心书屋面积平均在 300 平方米以上，将充分发挥图书借阅、艺术欣赏、文创空间、文化传播、党派活动等各项文化功能，竭诚为广大市民提供方便、舒适、高雅的读书学习和文化交流环境。如同心 · 田森书屋即由晋中市委统战部创建，民建晋中市委负责日常管护，由山西田森集团公司免费提供场地，晋中市图书馆负责提供馆藏文献资源及对工作人员进行培训。同心 · 田森书屋内设有儿童阅读区、自助服务区、休闲阅读区、书画展示区、沙龙活动区、学习阅读区 6 个功能区域，读者可凭身份证实现零费用办证、借阅、还书等全自助服务。每月，同心 · 田森书屋还不时举办读书分享会、文化讲座等特色文化活动。

图 4–78　同心 · 田森书屋

图 4-79 晋中瑞达公交有限公司分馆

图 4-80 同心 · 海纳瑞隆裕书屋

图 4-81 同心 · 昱嫚嘉书屋

为确保分馆的服务效能，避免出现“建而不管”“建而不用”的情况，晋中市图书馆对分馆的考评办法中明确规定，对图书流失量大、管理混乱的服务点可酌情减少图书配送量或撤销分馆或阅读点。如 2019 年，上岛咖啡便民阅读点因考核不通过被撤销，并撤回 6000 册图书。2019 年 8 月 24 日，晋中市图书馆与晋中市榆次区哈尔听教育培训学校有限公司合作建立了哈尔听分馆，配备图书 2000 册。2020 年 9 月 23 日，因其图书流失量大，晋中市图书馆撤销哈尔听分馆并撤回图书。

4.7 品牌建设：读享晋中、阅遍天下

晋中市图书馆在建馆之初就确立了“读享晋中，阅遍天下”的理念，开馆以来，晋中市图书馆便有意识地强化品牌建设，打造特色服务品牌，提升知名度、美誉度、忠诚度。目前，晋中市图书馆的凤鸣讲坛、晋小图、晋韵美展已成为享誉省内外的三大品牌活动，并不断新增“阅读在路上”、“读享晋中”主题沙龙、寻找“书香家庭”、“凿楹纳书”、志愿者“云”课堂等特色活动，持续打造新的阅读推广品牌。

4.7.1 凤鸣讲坛

图书馆公益讲座作为一种传播知识、交流思想的有效方式，因其影响力强、涉及领域广、内容丰富而受到图书馆界的推崇和广大读者的青睐。凤鸣讲坛于 2018 年 1 月 20 日正式面向读者开放，相关工作由晋中市图书馆读者工作部负责，是晋中市图书馆为了落实十九大关于坚定文化自信、推动社会主义文化繁荣而采取的系列措施之一。凤鸣讲坛以普及优秀中国文化为目的，涉及文学、历史、经济、科学等多个方面，本着追求学术创新、鼓励思想个性、强调雅俗共赏的原则，邀请著名专家学者举办公益讲座并与广大读者朋友进行互动，是晋中市图书馆倾力打造的晋中市公益讲座平台。凤鸣讲坛规划每月举办 2 期，现已成为晋中市图书馆的一大品牌活动，在广大读者与专家学者之间架起一座知识的桥梁，向读者传播先进文化，普及科技知

识，不断提高读者科学文化素质。2021 年 3 月，凤鸣讲坛的标识正式确定，并对外公布。

截至 2021 年底，晋中市图书馆共开展凤鸣讲坛 128 期 164 场，总服务人数 18891 人次。其中，共开展线上凤鸣 14 期 50 场，线下凤鸣 114 期。历年活动场次及服务人数如下：2018 年开展凤鸣讲坛 29 期，服务人数 3573 人次；2019 年开展凤鸣讲坛 46 期，服务人数 6226 人次；2020 年，严格遵守疫情防控要求，晋中市图书馆积极开展凤鸣“云”讲坛线上活动，共开展线上活动 7 期 25 场、服务人数 744 人次，线下活动 15 期、服务人数 965 人次，2020 年共开展凤鸣讲坛 40 场，全年总服务人数 1709 人次；2021 年共开展凤鸣讲坛 49 场，包括线上 7 期 25 场、服务人数 800 人，线下 24 场，有 5 场采用了“线下 + 线上抖音同步直播”的形式，服务人数为 6583 人，其中线下参与人数为 2548 人。

晋中市图书馆与晋中市司法局、晋中市妇女联合会、晋中市社会科学界联合会等达成合作协议，邀请相关领域专家不定期来凤鸣讲坛为读者举办专题讲座，还多次邀请医院、高校的专家学者来凤鸣讲坛开展讲座。讲师均具有一定的社会知名度和影响力，为副高职称以上或副处级别以上人员，或为相关行业内知名人士。同时，晋中市图书馆还吸纳利用山西省图书馆、上海图书馆等的讲座资源进一步丰富凤鸣讲坛内容。如 2019 年 7 月 21 日，山西省图书馆主办的“文化行三晋 讲座走基层”活动走进晋中市图书馆，邀请到百家讲坛主讲人、知名美学专家潘知常教授带来“职场红楼”主题讲座；2021 年 4 月 13 日，在因新冠疫情暂停线下活动的情况下，晋中市图书馆特将上海图书馆提供的上图讲座资源整理成专题讲座，并上传至晋中市图书馆微信公众号。4·23 世界读书日期间，凤鸣讲坛还会重点开展高质量讲座，如 2019 年国家图书馆原馆长詹福瑞教授带来的“读书的智慧”公益讲座，2021 年百家讲坛主讲人韩田鹿教授带来的“品读中华经典——解读《三国》”主题讲座。此类讲座场场座无虚席，提高了晋中读者的阅读鉴赏水平与认知。

图 4–82　韩田鹿做客凤鸣讲坛解读《三国》

此外，凤鸣讲坛不断挖掘市民日常需求，扩大讲座吸引力和影响力。如围绕时政、热点、节令开展主题讲座，带领读者紧跟时代发展步伐，学习更多有趣、有意义的文化知识，促进交流互鉴，充实精神文化生活。2018 年 6 月，晋中市图书馆凤鸣讲坛邀请著名教育专家皇甫军伟举办“文化自信与家风家教”讲座，除了众多晋中读者，北京、广州、四川、内蒙古、河北、湖南、新疆等地的读者也来到活动现场；12 月，凤鸣讲坛邀请到作家毛守仁带来《民俗与文学》主题讲座，让广大读者领略了从民俗看文学创作的新思路。2019 年，凤鸣讲坛在三八妇女节带来的“遇见最美的自己”主题讲座，让女性读者在阅读中感悟生活之美、形体之美；“中国古代刑法史”主题讲座，则将法律知识以一种寓教于乐的方式呈现在晋中读者面前。2020 年 10 月，凤鸣讲坛在全省范围内率先举办了有关于《中华人民共和国民法典》的讲座“生活中的《民法典》”；11 月，与晋中市公安局城区分局禁毒大队共同举办了“听缉毒警察聊珍爱生命”主题讲座；12 月 4 日第 7 个国家宪法日，晋中市图书馆与晋中市司法局联合推出凤鸣讲坛宪法日特别讲座“法律的温度”；12 月 12 日举办了“家庭出行中那些与安全息息相关的小细节”主题讲座。为庆祝中国共产党建党 100 周年，凤鸣讲坛在 2021 年 7 月开展百年党史主题讲座，山西大学军事理论教研室倪宁教授的讲座“枪杆子里面出政权——从百年党史看中国强军梦”和王先峰教授的讲座“山西在抗日战争中的贡献”带领读者们回顾中国共产党百年辉煌历史，坚持走中国特色社会主义道路的复兴之路、追梦之旅。

图 4-83　皇甫军伟在凤鸣讲坛开展主题讲座

2021 年，凤鸣讲坛大力推出“游山西 · 读历史”系列讲座，包括山西旅游职业学院旅游文化与艺术系副主任胡果教授的“‘游山西 · 读历史’走进寻常百姓家”、山西大学历史文化学院副教授、民俗学博士闫爱萍的“从山西面食如何感受中国人的礼节”，山西大学文学院教授卫才华的“山西民俗漫谈”、太原师范学院教授王林义的“山西方言与山西文化”、山西大同大学文学院教授彭栓红的“多元文化视野下的北魏石窟造像解读”、山西大学文学院副教授王旭的“诙谐艺术与乡村社会”等，展现出山西悠久厚重的历史和独特的地域文化，受到晋中读者的广泛好评。这一年凤鸣讲坛还新增了抖音直播形式，即不但在晋中市图书馆学术报告厅开展线下讲座，还在抖音官方账号推出线上直播，目的是打破线下讲座的限制，满足无法到馆的读者的学习需求。

图 4-84　凤鸣讲坛之“从山西面食如何感受中国人的礼节”主题讲座

晋中市图书馆还创建了“凤鸣讲坛·读者活动微信群”及时向读者推送活动讯息，群成员已有百余人，每期凤鸣讲坛都会有固定读者积极参与，并获得热烈的反响和优良的口碑。在读者心中，晋中市图书馆凤鸣讲坛公益文化讲座为促进大众文化、教育提供了较大的平台，晋中市图书馆不再仅仅是收集、整理、保存、传播文献的场所，更是一所社会大学，帮助人们不断提升、进步。下一步，晋中市图书馆计划每月开展两次线下凤鸣讲坛，并有序增加线上凤鸣讲坛，按照社会科学、文学、艺术和生活几个大类开展主题讲座，在科技、社会生活和艺术中找寻文化线索，多举办更贴近民意、民生的讲座，让读者在丰富多彩的公益讲座中提升自己的文化素养、文学素养、感官体验和鉴赏能力。

4.7.2　晋小图

晋小图少儿品牌系列活动是晋中市图书馆 2018 年开馆以来推出的第一个少儿阅读推广项目，目的是为晋中市少年儿童提供优质的阅读环境及阅读活动。晋小图少儿品牌系列活动注重阅读的精细化和阅读中的分层次规划，具有探索性、创新性，旨在培育教导少年儿童德、智、体、美全面发展，着力打造成孩子健康成长的“第二课堂”，引领广大家庭和少年儿童感受阅读魅力，引领阅读风尚，培养阅读习惯，营造家庭书香氛围。

发展至今，晋小图少儿品牌系列活动已包含晋小图中华优秀传统文化活动、晋小图故事屋、晋小图艺术课堂、晋小图我跟老外学口语、晋小图艺术早教探索、晋小图书虫创客（科普类活动）、晋小图公益课堂、晋小图义务小馆员、晋小图绘本剧等多项活动内容。自 2018 年 4 月至 2021 年 12 月底，晋小图少儿品牌系列活动共举办活动 779 场，有 24641 人次参与，丰富的活动受到了广大小读者们的欢迎。数年来，晋小图少儿品牌系列活动一直颇受晋中市社会各界广泛关注，社会效益良好，影响面广泛，现已成为晋中市图书馆少儿活动当之无愧的品牌性活动，开创了晋中市少年儿童公益性传统文化系列活动的先例。

晋小图少儿品牌系列活动相关工作由晋中市图书馆少儿部负责，包括最初的活动策划、合作机构的选择，活动的实施以及最后的总结工作。此系列活动在广大读者中已获得较高欢迎度和喜爱度，效果十分显著，少儿读者通过活动学到传统文化知识，家长在与孩子之间的良好互动中增进了亲子关系。在活动举办时，家长和小读者往往热情参与，经常发生报名人数过多的情况。对此，晋中市图书馆少儿部也坚持积极采取相关措施确保活动高效高质开展。例如在每期活动开始前的一个月就提前推出本月活动预览表，活动开始前一周提前发布本周各项活动的活动介绍，以便少儿读者根据自己的情况选择合适的活动来参加。低龄段的小读者可参加“晋小图艺术早教探索”，高龄段小读者可参加“晋小图故事屋”等活动。

2020 年 1 月，晋小图中华传统文化系列活动荣获山西省图书馆学会颁发的 2019 年优秀阅读推广项目“三等奖”。2021 年 5 月 29 日，晋小图赴北京中国儿童中心，亮相首届“童阅中国”阅读嘉年华活动，得到首都人民的广泛认可与好评。现场，晋中市图书馆向全国各族人民发出了乐享山西晋中文化、旅游、民歌、艺术的“邀请函”，活动中线上线下互动超 10 万余人次。

图 4-85 晋小图亮相首届“童阅中国”阅读嘉年华

（1）晋小图中华优秀传统文化活动

晋小图中华优秀传统文化活动分为传统节日系列和国学系列。传统节日系列活动是以我国传统节日为主题，在浓厚的节日氛围中带领小读者了解我国传统节日的文化历史背景、民风民俗等知识，并配合体验环节，让孩子更容易吸收传统文化中所蕴含的智慧精髓，在潜移默化中提升小读者的人文素养。国学系列则是通过开展“弘扬国学，文脉传家”国学系列活动，让少年儿童读者亲身参与到国学教育实践中。晋小图中华优秀传统文化活动的开展，有利于激发少年儿童对传统文化的学习兴趣，展现向善、向上的时代风采，激励少年儿童健康成长。

图 4-86　晋小图中华优秀传统文化活动之茶道

（2）晋小图故事屋

晋小图故事屋系列活动分为线上和线下两种形式，以“阅读，悦读，让孩子爱上阅读，从阅读中享受乐趣”为主旨，通过绘本阅读培养孩子的观察力、想象力、表达力、专注力，旨在让孩子们在轻松愉快的氛围中，提高孩子们的阅读能力和口语表达能力。

图 4-87　晋小图故事屋活动

（3）晋小图艺术课堂

晋小图艺术课堂有绘画、手工等活动形式，每一期都会根据主题结合相关绘本知识一同开展。绘画形式多样，有国画、油画、涂鸦等。手工活动的艺术表现形式也十分丰富，如利用剩余材料或废旧材料，变废为宝，或通过泥塑锻炼孩子的动手能力。晋小图艺术课堂活动将手工制作与游戏、绘画相结合，寓教于乐，达到游戏和教育的双重目的。

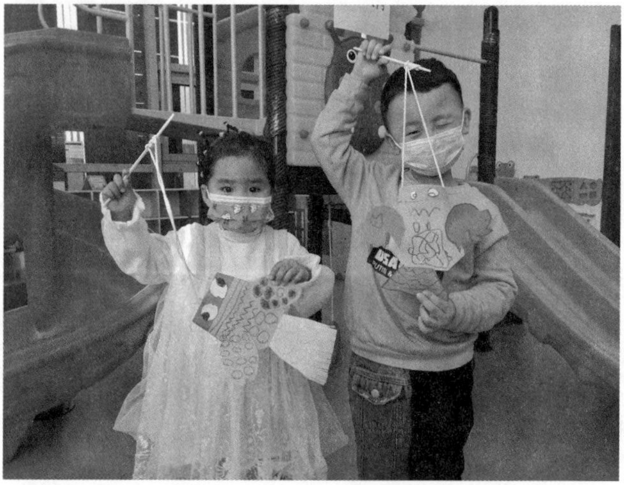

图 4–88　小读者展示晋小图艺术课堂成果

（4）晋小图“我跟老外说口语”

公共图书馆在少儿英语教育中的作用日益重要。晋中市图书馆自觉作为文化素质的教育基地担负起相应责任，满足少年儿童对英语学习的需求，使图书馆成为他们英语学习的“第二课堂”。为此，晋中市图书馆少儿部规划每月展开 4 期英语活动，其中就包括面向少儿读者开展的“我跟老外说口语”活动，通过与本地权威外语学习机构合作，邀请外教进行英语教学。活动中，孩子们可与外教一起跳舞、读绘本、学单词、做游戏，由此让 3—12 岁的读者在欢乐的氛围中增加对英语的兴趣，增强英文语感，激发他们对英语学习的兴趣。

图 4-89 晋小图“我跟老外说口语活动”

（5）晋小图艺术早教探索

晋小图艺术早教探索是晋中市图书馆为 2—3 岁宝宝带来的早教艺术课程，一方面可将科学育儿知识推广给宝宝父母，帮助父母和家庭学习科学育儿理念，另一方面也有助于培养提升 2—3 岁宝宝的秩序感、社交能力、安全感、节奏感、空间认知力等。晋小图艺术早教探索通过举办艺术探索公益活动，帮助低龄小读者开发智力、全面成长，并提升家长读者们的育儿经验。同时，晋中市图书馆还为到馆的 0—3 岁宝宝读者带来音乐艺术体验活动，通过现场享受歌剧式和手偶情景剧活动形式，提升宝宝对音乐艺术的感知和兴趣。

图 4-90 晋小图艺术早教探索活动

（6）晋小图书虫创客（科普类活动）

2019 年 7 月 27 日至 8 月 17 日，晋小图少儿品牌系列活动推出公益活动“书虫创客营”。晋小图书虫创客（科普类活动）打造了集学习、互动、分享等一体的社交化阅读新模式，以全新的面貌呈现，让孩子和家长一起在亲子互动中，共同进行创意摄影、体验虚拟空间等，让读书变得更有乐趣，让学习变得不再枯燥，从而提高小读者对学习的兴趣，增强求知欲，培养求知的积极主动性，真正实现沉浸式学习和家长陪伴式成长。晋小图书虫创客（科普类活动）有助于丰富小读者的课外生活，提高认知能力，培养孩子的想象力、和解决问题的能力。

图 4–91　晋小图书虫创客活动

（7）晋小图公益课堂

晋小图公益课堂的内容形式非常丰富，包括开蒙礼、茶道、造纸术、扎染、印刷术国学课堂、家长课堂、诗文赏析等，以多媒体展示、现场教授、记忆训练为主。同时开展线上、线下课堂。

图 4-92 晋小图公益课堂

（8）晋小图义务小馆员

本着加强青少年奉献意识的原则，晋中市图书馆为小读者们提供一个展现自我能力、提升个人素质的志愿服务平台，开展“义务小馆员”招募活动，旨在让小读者培养健康的读书习惯，提升社会责任感，锻炼社会实践能力。2018 年 5 月 7 日，晋中市图书馆少儿部开始了第一期义务小馆员招募。截至目前，累计招募 5 期义务小馆员，共计 105 人次参与。这些义务小馆员在节假日、寒假、暑假进行志愿者服务，累计服务时长 8400 小时。

图 4-93 优秀义务小馆员表彰现场

（9）晋小图绘本剧

绘本剧是绘本阅读活动的延伸，把绘本改编为戏剧形式，以戏剧语言来表达绘本中的内容、情节或主题。绘本剧表演是一门综合运用了文学、美术、音乐、舞蹈等多种艺术手段的艺术表现形式。近年来在绘本阅读活动上的探索和各种活动的开展，使得越来越多的孩子喜欢上了绘本，尤其是对于自己喜欢的绘本故事，总能较快掌握故事的情节和对话，而且乐于模仿、表现。绘本剧旨在透过绘本剧表演，让小读者在模仿与表现中轻松创造、愉悦身心、增强自信。2021 年 10 月 10 日，晋小图推出绘本剧系列活动，首场绘本音乐剧《跑跑镇》在小读者的期盼中拉开帷幕；11 月 7 日，晋小图绘本围裙剧《漏》在晋中市图书馆负一层音乐厅演出；11 月 21 日，晋小图绘本光影剧《谢谢您来做我的妈妈》在晋中市图书馆负一层音乐厅上演。

图 4-94　晋小图绘本剧活动

4.7.3　晋韵美展

在图书馆为读者举办的各种活动中，展览也是最为常见的形式之一。晋中市图书馆在四层设立了馆中馆美术馆，以展览为主，秉承着“借展览之力，推创新服务”的理念举办各式各样的展览，并要求晋韵美展年举办“展线不低于 200 米或展品不少于 200 幅作品”的文化艺术展览 15 场以上。自 2018 年开馆以来，晋中市图书馆美术馆一直坚持传播优秀文化、服务晋中市民、推进创作研究，举办了书法、美术、摄影、拓片、紫砂、瓷器、对联、非遗、图书、图片、物件、老家具、文创产品等类型丰富的展览。晋韵美展品牌由此日渐响亮。晋中市专业美术展馆实现从无到有，其公共教育职能也在一场场展览的更迭中逐渐凸显，为培育、提升人民群众的艺术鉴赏力及审美趣味发挥出重要作用。

2018 年 1 月 20 日晋中市图书馆部分区域试开馆运营之时，晋韵美展即推出首场活动，举办了“梦想之巅儿童画展”。截至目前，晋中市图书馆美术馆每年可接待数十万名展览爱好者。2018 年 4 月 1 日至 12 月 31 日，晋中市图书馆共举办 24 场晋韵美展，接待了 126283 人次参观。2019 年，共举办 38 场晋韵美展，接待了 322375 人次参观。2020 年，共举办 24 场晋韵美展，接待了 83025 人次参观，其中线上 5 场，856 人次参观，线下 19 场，82169 人次参观。2021 年，晋中市图书馆共举办 46 期 81 场晋韵美展，其中线下展览 34 场（含 8 场开幕式），线上展览 12 期 47 场，线上共 2108 人次参观，线下共 457339 人次参观。数年来，晋韵美展的层次在不断提升，形式在不断变化，内容在不断丰富，得到了广大市民欢迎。

一些在重要时间段或结合重大事件举办的展览活动更是受到社会各界广泛关注，在人民群众中显示出巨大影响力。如 2018 年 11 月 26 日，晋中市人大、晋中市总工会联合主办的“走进新时代 共筑中国梦”纪念改革开放 40 周年书画展在晋中市图书馆开展。此次书画展共征集到各县（区、市）人大常委会、总工会书画作品 336 幅，经大会评选展出优秀作品 256 幅。这些作品中既有老一辈艺术家的力作，又有书画界中坚力量的精品，还有艺坛新秀的豪情创作。作品从不同角度、不同层面描绘了改革开放的新画卷，歌颂了改革开放的伟大成就，弘扬了不忘初心、牢记使命的新时代主旋律。

图 4-95 “走进新时代 共筑中国梦”纪念改革开放 40 周年书画展

2019 年 5 月，晋中市成功举办首届晋中国际马拉松赛，开创了晋中马拉松历史的新纪元。同年 11 月 25 日上午，首届晋中国际马拉松回眸摄影展在晋中市图书馆开展，共展出从海量作品中选取的 60 幅首届晋中国际马拉松比赛中的精彩摄影作品，体现摄影与体育、艺术性与代表性的统一，让前来观展的市民再次领略这场精彩赛事。

图 4-96 首届晋中国际马拉松回眸摄影展

2020 年，新冠疫情发生后，在晋中市委宣传部、晋中市文旅局的倡导下，晋中市广大文艺工作者齐心协力、同频共振，创作了一大批强信心、暖人心、聚民心的优秀文艺作品，有效提振了全市广大干部群众战胜疫情的信心和勇气。2020 年 7 月 17 日上午，由晋中市委宣传部、晋中市文旅局主办的“生命重于泰山”晋中市战疫情文艺作品展在晋中市图书馆四层美术馆开展。这一展览是在 3000 余幅应征作品中筛选出 250 幅作品进行展出，其中书法作品 109 幅、美术作品 32 幅、剪纸作品 24 幅、摄影作品 31 幅、海报 10 幅、微视频 44 条。

图 4–97 “生命重于泰山”晋中市战疫文艺作品展开幕式

疫情防控期间，晋中市图书馆美术馆特别将晋韵美展搬到线上，让大众在足不出户的情况下依然能欣赏到专业性、艺术性极高的优秀作品。2020 年，晋中市图书馆除了通过晋中市图书馆微信公众号直接举办各种线上艺术展览活动，还在线上举办“回顾晋韵美展”系列活动，主要围绕 2018 年至 2019 年晋中市图书馆美术馆举办的所有艺术性展览进行总结回顾，并将精美的艺术作品再次展示给市民及读者，让大家宅在家中也能充实个人精神生活。2020 年 8 月，“山水情怀——山西当代山水画作品晋中巡展”在晋中市图书馆微信公众号上线展出。2021 年 1 月 1 日，“笔尖下的诗韵山西—晋中站”展览在晋中市图书馆美术馆开幕，此次展览由山西籍书法家用毛笔以真草篆隶行多种表现形式，书写历代山西诗人的诗词。同月，此展览也在晋中市图书馆网站上线。

4.7.4 “阅读在路上”活动

晋中市图书馆推出的“阅读在路上”活动是以图书馆活动为载体，以阅读为核心，以地方文旅资源为基础的全民阅读推广活动创新服务品牌。这是在2018年晋中市文化和旅游系统整合之前，晋中市图书馆根据晋商文化和读者阅读取向，领先一步开创的文旅融合阅读推广品牌。自2018年“阅读在路上”活动开展以来，共举办105场，已有6000余人参与其中。

“阅读在路上”活动让阅读走进大好河山，从图书馆自身出发，以不断丰富人民精神文化生活、满足人民群众日益增长的文化需求为出发点和落脚点，将阅读与本土文化充分结合，通过体验式阅读、互动式阅读、分享式阅读、交友式阅读等与读者互动的阅读形式，结合重大节日节点，因地制宜、因时制宜，让图书馆与读者之间、地方文旅资源与读者之间建立起亲密的互动关系，让诗和远方不再遥远，让风景与阅读不再相忘，也让广大读者通过现场实地的观察、观看，重拾晋商本土文化自信，守望民族根脉。

2018年7月22日，晋中市图书馆开展“老西醋博园，阅读在路上”活动，带领读者走进位于榆次区的老西醋博园，了解山西老陈醋的历史、技艺、传承和文化。2018年8月4日，在“阅读晋商文化，守望民族根脉”活动中，读者们驾驶摩托车铁骑从榆次一路骑到古城平遥，近距离接触到票号票据，聆听票据玄机。此后数年间，“阅读在路上”活动已带领众多读者走进平遥古城、梁家红色大院、李家大院、祁寯藻故里、后沟古村、苗世明藏报馆、晋中市气象局、常家庄园等地，纵览人文景观，了解科学知识，寻访非遗文化，听晋剧名家讲述过往。

在“阅读在路上”活动中，参与者将阅读到的文字和路上的所见所闻相结合，加以思考，形成有体系、有规程的阅读链条。在培养参与者自由、独立的智识能力的同时，与第三方文化、旅游点建立起全域旅游的粘连性和常态化推广的开放性。参与者能够更加自主、更加深入地了解、感知文化的魅力，自觉增强文化遗产保护意识和传承意识。为此，“阅读在路上”活动受到高度肯定，频频获誉：在 2019 年中国图书馆学会公共图书馆分会第二届公共图书馆创新创意征集推广活动中被评为创新案例一等奖；在上海市图书馆学会和国家图书馆出版社联合主办的“2019 年图书馆服务创新案例交流分享会”活动中，荣获一等奖，并被邀请参与“2019 阅读推广及服务创新案例交流分享会”进行宣讲交流。

图 4-98 “阅读在路上”之“阅读晋商文化，守望民族根脉”活动

图 4-99 “阅读在路上”之“书香助力战‘疫’，阅读通达未来”活动

4.7.5 “读享晋中”主题沙龙

晋中市图书馆的“读享晋中”主题沙龙致力于以读书会的形式推广全民阅读，传播古今中外优秀文化，旨在为广大市民及社会各界知识分子提供一

个活跃开放的读书交流平台。“读享晋中”主题沙龙包括“阅天下·悦女人”艺术沙龙、“凤鸣 209”音乐沙龙等系列特色沙龙活动。在这里，读者可以交高朋、寻益友、慕贤师，同品经典子集，可以表见解、汲菁华、去无知，同论世之兴盛，一同读书，一同进步。同时，“读享晋中”主题沙龙还征收大家对于书籍、人生、社会的品评、见解及感悟，择优秀作品结集成册。

自 2018 年至今，晋中市图书馆共开展“读享晋中”主题沙龙 148 场，服务 29684 人次。其中 2018 年举办 32 场，服务 1072 人次；2019 年举办 59 场，服务 1105 人次；2020 年共开展 24 场，含线上 13 场、服务 22913 人次，线下 11 场、服务 985 人次；2021 年共开展 33 场，含线上 6 场、线下 27 场，线上共服务 2983 人次，线下参与人数为 626 人次。

目前，“读享晋中”主题沙龙已经成为晋中市图书馆读者们的“心灵旅社”，是晋中市民的“第三会客室”。在“读享晋中”主题沙龙中，读者不仅可以阅读知识，更可以体验纯手工制作工艺，学习演奏古筝、尤克里里等乐器。如 2018 年 5 月 20 日，“读享晋中”携手晋中星巴克开展“倾听咖啡，享受咖啡”主题沙龙活动；2021 年 9 月 17 日，晋中市图书馆举办“读享晋中”中秋古琴沙龙活动，与古琴爱好者们一同抚琴邀月，共同品味虚静高雅的中国古琴文化，用独特的方式迎接传统的中秋佳节。

图 4–100 “倾听咖啡，享受咖啡”主题沙龙活动

4.7.6 寻找“书香家庭”活动

家庭对于每个人的影响可以说是潜移默化的，在阅读习惯的养成上表现得亦十分突出。“家庭阅读”是“全民阅读”的一个重要组成部分，在推动全民阅读、正确引导广大市民读者的阅读兴趣和习惯、提升阅读质量和能力、增强阅读水平和效果等方面起到积极的促进作用。为此，晋中市图书馆自2019年起发起寻找“书香家庭”活动，每年举办一届。至2021年，寻找“书香家庭”活动已经开展三届，参与人数在不断增多，因其效力强大，得到了晋中市妇女联合会的青睐，由双方合力共同举办寻找“书香家庭”活动。2019年，寻找“书香家庭”活动荣获中国图书馆学会阅读推广委员会“家庭阅读推广优秀案例”征集活动三等奖，并被邀参加在江苏省南京市举办的“家庭阅读推广优秀案例交流暨创新发展研讨会”进行案例宣讲，接受颁奖。

寻找“书香家庭”活动于每年的4·23世界读书日期间在全市范围内全面展开，围绕“推广全民阅读，建设书香晋中”为主题，倡扬家庭良好家风、培养家庭阅读习惯、提高家庭文明素养，所有爱读书、爱藏书的家庭都可参与评选活动。开展寻找“书香家庭”评选活动旨在通过广泛摸底了解全市“书香家庭”的标准和数量，全面了解晋中市家庭阅读的现状，发掘和培养更多的家庭读书榜样，并对“书香家庭”进行表彰激励。

2021年3月，由晋中市图书馆与晋中市妇女联合会联合开展的晋中市第三届寻找“书香家庭”活动启动。活动参选条件提出，全市范围内的家庭，在读书氛围、阅读条件、读书活动、阅读成效、阅读创新五个方面符合两个及以上标准的即可申报。①读书氛围。家庭成员热爱读书，每周都有一定的阅读时间，有科学的读书计划、良好的读书习惯和氛围，至少有一名家庭成员有3—5年的阅读历史。②阅读条件。家庭藏书量超过200册；有良好的阅读环境，书架、书桌整齐干净，书目分类陈列；在当地图书馆、书店办有读者证并有相关借阅、购书信息。③读书活动。家庭成员积极参加图书馆、工作单位或学校以及其他单位组织的各类读书、讲座、培训等活动。

④阅读成效。家庭成员有做读书笔记或摘录等习惯，公开发表过有关阅读的文章或在市级以上征文比赛、读书活动中曾获奖。⑤阅读创新。有丰富感人的家庭读书故事，在事业创新、就业创业、学业创优等方面取得显著成效，并有一定的示范作用；家庭成员善于利用数字阅读等新型方式进行阅读，并带动身边的人学习使用新型阅读方式。

图 4–101 “书香家庭”颁奖现场

根据活动通知，符合条件的市民可通过当地县（区、市）妇联或图书馆报名或经单位推荐，市直属单位申报则直接提交至晋中市图书馆。申报家庭需提供家庭全体成员、家庭藏书、阅读环境、阅读活动、家庭成员读书学习奖状证书及重要成就等相关图片。活动分为五个阶段，包括推荐申报、初评、网络投票、线上复评、专家终评，最终确定“书香家庭”进行公示并颁奖。在报送参选家庭后，市、县（区、市）妇联、图书馆分别对市直属单位和各县申报的“书香家庭”进行初评。各县（区、市）各评选出 10 户家庭，市直属单位共评选出 12 户家庭进入复评。进入复评的家庭在晋中市妇联和晋中市图书馆的微信公众号参与网络投票，从中选出 108 户家庭参与终评。终评阶段将聘请市级专家综合线下评选得分、网络投票情况及每户家庭的申报材料进行评定，最终确定 100 户候选“书香家庭”。2021 年 6 月，第三届寻找“书香家庭”活动进入终评阶段。而在复评阶段的网络投票中，活动访问量达到 1871621 人次，投票数达到 1354268 票，可见其受欢迎程度。

4.7.7 “凿楹纳书”

晋中市图书馆十分重视地方文献的征集和利用。通过多方努力，晋中市图书馆地方文献馆藏实现从无到有，地方文献阅览区也建成并对外开放，为读者提供关于晋中地方史志资料的阅读查询。为了让馆藏地方文献资源得到进一步开发和利用，让广大读者可以更好地了解晋中历史文化，让更多读者知晓地方文献的藏书特点以及藏书的阅读价值，晋中市图书馆特开辟“凿楹纳书”专栏，推送地方文献阅读推广系列文章，旨在以符合读者阅读特点以及地方文化特色为标杆，创新文化共享方式，促进全民阅读社会的构建。

自 2019 年起，晋中市图书馆通过本馆微信公众号和馆刊《晋中图情》推出专栏“凿楹纳书”，从介绍晋中方志入手，意在通过对特定地方的文化特色介绍，吸引读者阅读相关地方文献，让更多读者了解地方文献编纂者编书之不易，通晓文献构造特点，珍视文献由来及其作用，并对晋中当地的文化特色有更深厚的了解，从而促进区域文化传承。

按照规划，“凿楹纳书”专栏首先对晋中市和下辖 11 个县（区、市）依次进行介绍，每次介绍一个地方的方志。先后向广大读者介绍推荐了《晋中地区志》、《晋中市志》、《榆次县志》（民国三十一年本整理本）、《榆次市志》、《灵石县志》、《祁县志》、《平遥县志》、《介休县志》（康熙版、乾隆版、嘉庆版、光绪抄本、民国版）、《介休市志》、《太谷县志》（乾隆四年影印本）、《太古县志》、《寿阳县志》（清代影印本）、《昔阳县志》、《和顺县志》、《榆社县志》、《左权县志》等地方文献。推荐文章主要介绍地方的发展变化以及文化精要，如介绍晋中撤区设市后的变化发展，榆次自 1942 年后当地民俗特色的发展情况。对各县的介绍主要针对其地方文化特色进行，如针对灵石县，主要阐述其县名由来以及以静升古镇王家大院为代表的文化特色。

“凿楹纳书”专栏系列文章的整体内容结构有一定规范，分为前言、精要概述、内容概述、阅读价值、影响以及对地方存史的重要性五大部分。以对地方志类文献的推介为例：前言主要概述地域沿革或名称由来；精要概述主要论述成书背景并逐步过渡到对文化精要的介绍；内容概述主要叙述文献的主体构造及其主要内容类别；阅读价值主要说明文献存现的价值，对后人的影响以及对地方存史的重要性；最后列举推荐地方文献阅览区中与这一地域相关的其他文献。

“凿楹纳书”专栏的创新点在于以主题精要进行地方志的推广介绍，相关文章中内容不止包括对方志书籍本身内容的精简，更有工作人员对与志书成书时间为同一年代的读者的访问，记录当时的社会背景以及人们的吃穿住行。值得一提的是，“凿楹纳书”专栏编者充分结合自己作为生于20世纪90年代的“90后”的身份，文献内容辅以编者个人见解对特定地域的方志做精准阐述，希望借此让读者也感同身受地了解某一特定年代下的社会发展情况。同时，“凿楹纳书”专栏文章还以图文共现的形式，通过老照片的年代感和文字的精准描述更直观生动地展开内容。文末所罗列馆藏同一地域的其他文献，由方志的阅读辅以其他晋商史料类、文学类等文献的阅读，从而让读者更完整系统地了解地域文化。

从效果来看，此举取得明显成功。自2019年2月1日晋中市图书馆微信公众号发布第一篇推文“凿楹纳书——晋中篇”以来，得到晋中乃至省内外广大读者的多方关注和广泛好评，晋中市图书馆收到的地方文献个人捐赠明显增多，前来地方文献阅览区阅读文献的读者人数也显著增多。2019年4月15日，晋中市图书馆还走进晋中广播电视台FM103.4晋中综合广播，以“凿楹纳书——晋中篇”为主题向广大听众推介《晋中市志》等地方文献，进一步发挥阅读推广的效应。

4.7.8 志愿者“云”课堂

志愿者“云”课堂是晋中市图书馆2021年推出的品牌活动，活动从构想、策划到实施，历时半年。至2021年底已开展16期，共服务52498人次。

志愿者“云”课堂的主要授课群体是大学生，受众是广大青少年。其目的一是给大学生搭建一个展现个人能力的平台，二是以大学生群体作为榜样群体，引导更多青少年积极向上。

2021年8月暑假，晋中市图书馆的志愿者“云”课堂在线开播，主题为“牛奶蜡烛密信”的小实验。志愿者“云”课堂不仅发挥了志愿者的主观能动性，更是得到了学校的认可，得到了群众的信赖。

4.8　服务工作：读者为本、化育心灵

自开馆以来，晋中市图书馆一直着力营造文化氛围和阅读环境，增强图书馆的“吸引力、感召力、凝聚力和影响力”，在潜移默化中影响读者、带动读者、提升读者，共享这座“阅读平台，精神家园”。数年间，晋中市图书馆以“读念在馆，唱诵于野”为亮点，突显“读书声起，愉悦心身；朗诵古今，怀数中外”的鲜明特色，让广大群众能体验有声读书，尽享朗读之美。晋中市图书馆还特别注重面向特殊群体的服务，贯彻图书馆服务的平等原则。晋中市图书馆的志愿者服务让广大读者也能参与到图书馆服务工作中，进一步加强并深化了图书馆与读者的联系。此外，晋中市图书馆还通过开展更高层次的信息咨询服务，发挥图书馆的情报信息服务功能，使图书馆为地方社会经济发展提供更大助力。

4.8.1　阅读推广服务

自20世纪90年代以来，“全民阅读”在我国日益受到重视，尤其是2014年后，“全民阅读”每年都被写入国务院《政府工作报告》。在此发展环境下，全民阅读推广工作逐渐成为各级各类图书馆的核心业务之一，对于公共图书馆来说，这一工作尤为重要。2018年1月1日开始施行的《中华人民共和国公共图书馆法》第三十六条明确规定：“公共图书馆应当通过开展阅读指导、读书交流、演讲诵读、图书互换共享等活动，推广全民阅读。”阅读推广服务旨在激发人们的阅读兴趣，培养大众爱读书、多读书、读好

书的阅读习惯，形成终身阅读习惯。很显然，这并不是一件立竿见影的工作。阅读推广服务需要持之以恒地进行，如积跬步，如聚小流，才能发挥成效。也正因此，晋中市图书馆在2018年开馆运营后，高度重视面向读者开展丰富多样的阅读推广服务，如前文所述晋中市图书馆的系列阅读推广服务品牌，就是其中的杰出代表。当然，晋中市图书馆的阅读推广服务并不限于此。

（1）“阵地”“延伸”服务并举

晋中市图书馆除了打造凤鸣讲坛、晋小图、晋韵美展、“阅读在路上”、“读享晋中”主题沙龙、寻找“书香家庭”、“凿楹纳书”、志愿者“云”课堂等一系列阅读推广服务品牌，还兢兢业业地开展了各种各样的阅读推广服务，为促进全民阅读做出贡献，如“五进”服务，即图书馆服务“进社区、进机关、进学校、进军营、进工地”[①]。“阅读在路上”项目即是晋中市图书馆“五进”服务中打造的优秀品牌。晋中市图书馆通过出动图书流动车、悬挂宣传标语条幅、摆放展架等方式，以晋中市图书馆服务功能推介、流动借阅服务、流动展览、现场捐书、“你选书，我买单”、“文化讲座、课堂进基层”等活动为载体，积极延伸图书馆的服务领域，扩大服务范围，延长服务时间，实现图书馆服务无缝隙、全覆盖、零距离直达基层群众，以“线上+线下”服务将全民阅读推广工作落到实处、落到基层。2018年晋中市图书馆共完成“五进”服务45场；2019年晋中市图书馆共完成“五进”服务64场；2020年，“五进”服务共完成78场；2021年“五进”服务以“线上+线下”的形式全年共完成73场，其中线下开展66场，线上开展7场。

① “五进”服务也有指“进社区、进企业、进学校、进部队、进农村”。

图 4-102 图书馆服务进军营

图 4-103 图书馆服务进企业

流动服务是图书馆重要的延伸服务方式，这种服务方式具有机动灵活的特点，可为远离图书馆或不便于到馆的广大群众提供更加便捷的图书借阅服务，促进全民阅读。晋中市图书馆的图书流动车内配有各类图书千余册，到达指定地点后免费开放，人们可以直接上车阅读，车内配备座位、书桌以及灯光和空调，还可现场办理读者证。2018 年晋中市图书馆共开展流动服务 45 场；2019 年开展流动服务 45 场；2020 年开展流动服务 40 场；2021 年开展流动服务 64 场，其中党代会专题流动服务 10 场，流动图书 9 万册次。

阵地服务方面，晋中市图书馆提供了更为丰富多样的阅读推广服务。如前文介绍过的凤鸣讲坛、晋小图、晋韵美展、“读享晋中”主题沙龙等活动主要就是在晋中市图书馆开展。除此之外，晋中市图书馆还经常举办各种特色活动，如利用负一层电影厅开展周末和假期电影公益展播。晋中市图书馆的“第七放映厅”每周日下午 15:00 放映，节假日有所调整。2018 年，“第七放映厅”播放电影 45 场；2019 年，播放电影 65 场；2020 年，线下播放电影 19 场。其中，2018 年 6 月 9 日至 7 月 28 日，晋中市图书馆开展的特色活动“乡土文化遗产电影展映月”受到广泛关注。此次展映活动共八期，免费放映了《边村》《长征走来老红军》《向天而歌》《秧歌未央》《花戏》等 15 部晋中题材的优秀乡土文化纪录片，不仅集中展现了晋中地区的传统文化、非物质文化遗产，也让观众在两个月内饱尝了极富晋中乡土特色的文化大餐。

图 4-104　乡土文化遗产电影展映月活动现场

（2）因时而动顺势而为

每逢重大节庆活动或纪念日，如春节、国庆、4·23 世界读书日、图书馆服务宣传周、全民读书月等时候，晋中市图书馆也会趁势推出一系列阅读推广活动，以大型活动为抓手，让社会公众共同领略阅读之美，分享阅读之趣。这些系列主题活动的开展，不仅引领广大市民读者走进图书馆，还将“阅读”作为一项事业慢慢在晋中市民中推广开来，让人们对日益增长的美好生活充满新的期待。

2018年，晋中市图书馆遵照《全民阅读“十三五”时期发展规划》，在晋中市委宣传部、晋中市文化局领导下，配合晋中市文化局4月至6月“全民读书季”、7月至9月“全民文化活动季”、10月至12月“全民文化共飨季”等文化活动，与有关部门机构合力联动，并利用门户网站，组织开展4·23世界读书日、“图书馆服务宣传周”和“全民读书月”、“书香晋中”、纪念改革开放40周年等一系列大型阅读推广活动，掀起全民阅读热潮。如5月在晋中市万达广场开展“图书馆服务宣传周”主题活动，6月在“文化和自然遗产日”当天走进官道巷开展非遗宣传活动，10月1日国庆节举办“国庆亲子嘉年华”活动，国庆假期走进榆次老城文庙开展祭孔活动。2018年12月5日，晋中市图书馆还特别推出一系列开馆活动，其中志愿者团队和读者自发表演的快闪诵读诗词《天堂就是图书馆》受到高度好评。

图4-105 “图书馆服务宣传周”主题活动

图 4-106 “文化和自然遗产日”非遗宣传活动

图 4-107 “国庆亲子嘉年华”活动

图 4-108 走进榆次老城开展祭孔活动

图 4-109 快闪诵读诗词《天堂就是图书馆》

2019 年是中华人民共和国成立 70 周年，晋中市图书馆在这一年开展了丰富多彩的庆祝活动。如 9 月，晋中市图书馆举办庆祝中华人民共和国成立 70 周年“全城共读”主题活动；10 月 1 日，开展了晋小图“我和我的祖国”——献礼新中国成立 70 周年少儿主题活动。在 2019 年 12 月 5 日开馆一周年之际，晋中市图书馆也举办了大型音乐诵读会活动纪念开馆一周年。

图 4-110 庆祝中华人民共和国成立 70 周年“全城共读”主题活动

图 4-111　晋小图“我和我的祖国”——献礼新中国成立 70 周年少儿主题活动

图 4-112　晋中市图书馆开馆一周年纪念日主题活动

2020 年，在第 15 个“文化和自然遗产日”到来之际，晋中市图书馆推出了一系列活动宣传推广晋中市非遗文化，其中最受注目的是由晋中市文化和旅游局主办、晋中市非物质文化遗产保护中心和晋中市图书馆承办的晋中市首届非遗文化旅游创意作品大赛。6 月 13 日，大赛新闻发布会在晋中市图书馆召开，宣告大赛正式启动。9 月 30 日，以“挖掘非遗内涵 创意晋中礼物”为主题的晋中市首届非遗文化旅游创意作品大赛颁奖仪式暨优秀作品展开幕式在晋中市图书馆举行。现场展出优秀作品 200 余组，精品作品 46 组。2020 年 10 月 24 日至 25 日，以“书式生活·交换空间”为主题的晋中市图书馆首届图书交换集市在图书馆南门广场举行，现场还推出了你划我猜、绕口令闯关大比拼等活动项目和小朋友精心准备的朗诵表演，吸引了众多人参与其中。

图 4–113 晋中市首届非遗文化旅游创意作品大赛新闻发布会

图 4–114 晋中市首届非遗文化旅游创意作品大赛颁奖仪式暨优秀作品展开幕式

图 4–115 晋中市图书馆首届图书交换集市

2021 年 2 月春节期间，晋中市图书馆积极响应国家图书馆、中国图书馆学会和山西省图书馆学会号召，开展了“赏春意 品书香 暖万家”春节主题系列活动，包括“楹联文化”古籍资源展、精选楹联展、国图公开课等多项内容，将优质资源惠及广大读者，共享文化盛宴，共贺新春。这一年，晋中市图书馆还积极举办各种活动庆祝中国共产党成立 100 周年，如 4 月至 7 月，晋中市图书馆在本地区组织开展“话峥嵘岁月迎光辉未来——庆祝中国共产党成立 100 周年诗文诵读比赛”，4 月 23 日世界读书日，举办“读党史学党史”全民阅读大赛，6 月 30 日，举办“童心齐向党共绘画卷庆百年 · 红色基因代代传”活动。

图 4–116 “赏春意 品书香 暖万家”春节主题系列活动

图 4-117　“话峥嵘岁月 迎光辉未来”庆祝中国共产党成立 100 周年诗文诵读比赛

图 4-118“读党史 学党史”全民阅读大赛

图 4-119　“童心齐向党共绘画卷庆百年 · 红色基因代代传”活动

（3）云端共享线上书香

晋中市图书馆的在线阅读推广服务十分丰富多彩。2018 年开馆后，晋中市图书馆很快便搭建了以图书馆网站、移动图书馆 App、图书馆微信公众号为核心的新媒体服务矩阵。基于这些平台，除了直接在线提供馆藏丰富的数字资源，晋中市图书馆还开展了不同形式、不同主题的线上阅读推广活动，为读者推荐提供各类资源，让晋中市图书馆的馆藏文献资源得到更充分的利用。2021 年，晋中市图书馆又开通了官方抖音号，新媒体服务矩阵日益壮大。据统计，晋中市图书馆在 2021 年共举办线上活动 209 场次，共计 38374 人次参与。

2019 年 4 月起，晋中市图书馆与晋中广播电视台 FM103.4 晋中综合广播合作开设阅读推广栏目“1034 城市夜读 · 品味书香”，于每周一晚 7：00 直播，带来城市上空最美的声音。同年 11 月起，晋中市图书馆再度创新阅读推广活动形式，为了更好地传承红色基因、坚定理想信念，凝聚晋中市人民奋发前行的磅礴力量，晋中市图书馆组织全体馆员开展每周一次的有声推送活动“周五有阅”，由馆员通过录音介绍 50 位三晋英模事迹及学习心得，并以音频配文字的方式在晋中市图书馆微信公众号上发布，由此组织引导全市人民学习宣传三晋英模、铭记历史、缅怀英雄。2021 年，“周五有阅”活动推出中共晋中党史人物传系列，献礼建党 100 周年。

2020 年 1 月 24 日，晋中市图书馆员录制“抗击疫情 请听我说”线上有声栏目，实现闭馆不闭网，在线上继续为读者服务。2020 年 2 月 10 日，晋中市图书馆推出晋中非物质文化遗产线上活动“非遗听我说”，每周一期，通过音频及文字片段的形式，将晋中非物质文化遗产分享给读者进行了解学习，以促进晋中本土文化的传承与发扬。同一时期，晋中市图书馆还推出“品读经典 · 感悟人生”线上活动，通过朗读原文内容的方式与读者共同品味古今中外经典作品。

图 4-120　晋中市图书馆员录制“抗击疫情 请听我说”线上有声栏目

2021 年，晋中市图书馆推出线上“你选书，我买单”活动，也即“凤鸣传书”活动，读者通过晋中市图书馆微信公众号进入微服务大厅，点击“凤鸣传书”活动进入“云书馆”界面，挑选自己喜爱的图书下单后，该图书就会由京东快递到读者手中，快递费用由晋中市图书馆承担。读者阅读完后将图书归还至晋中市图书馆即可，无需支付书费，享受免费借阅。

开馆运营以来，除了“凿楹纳书”，晋中市图书馆还在线推出了多种形式的图书推荐活动。如“凤鸣荐书”以主题推荐和时事专题的形式将馆内优质图书资源进行推荐；“你选书，我买单”推荐书目每月把新华书店推荐的新书进行筛选，选出 50 册质量和内容比较好的图书面向读者进行推荐。此外，还有“馆员荐书”“名师荐书”“晋小图 · 荐书小达人”等荐书活动，由馆员、专家学者、小读者等各方人士向人们推荐图书，引导人们多读书、读好书。

4.8.2　面向特殊群体服务

公共图书馆肩负着推动信息公平获取的重要职责，应不分年龄、种族、职业等向全体社会公众开放。面向少年儿童、老人、残疾人等弱势群体提供特殊服务便是保障公共图书馆服务公益性、平等性的重要表现。晋中市图书馆自开馆运营以来，坚持根据未成年人、老年人、残障人等群体需求举办丰富多彩的个性化服务活动。

面向未成年读者的服务。如针对未成年人广泛开展“我和老外学口语”、艺术早教、欢乐拼搭、国学课堂等“晋小图”系列活动。如 2018 年 4 月 22 日，晋中市图书馆组织开展了“弘扬国学，文脉传家”国学系列活动之宝贝开蒙礼活动。晋中市图书馆还面向少儿读者推出“参观晋中市图书馆”社会实践活动，让孩子们走进图书馆，了解图书馆，从小培养孩子们爱读书、多读书、会读书、读好书的良好习惯。自开馆后已接待辉煌幼儿园、红黄蓝幼儿园、寿安里小学、双语小学、榆次六幼、星梦艺术培训学校、智慧树学校、文星幼儿园、普瑞奇教育扶贫学校等众多园校小读者参观晋中市图书馆。2019 年，晋中市图书馆少儿部共开展 167 场少儿读书活动。2020 年，晋中市图书馆开展了 236 场丰富多彩健康有益的少儿读书活动，把少年儿童吸引到图书馆来。晋中市图书馆少儿部在开展“晋小图”系列活动中，积极与学校、培训机构联系，邀请手工、绘画、书法、国学、英语、古筝等特长教师前来进行短期培训或现场指导，拓展少儿阵地活动的形式和内容。形成“周周有活动”的常态化运营机制，吸引了大批家长和小读者参与其中。2021 年，晋中市图书馆专门面向少儿读者开展了 226 场读书活动，并在做好现有丰富多彩活动的基础上，更加注重阅读内容、着眼精细阅读。

图 4–121　宝贝开蒙礼活动

面向老年读者的服务。晋中市图书馆针对老年人群体推出了“e时代共分享”公开课，指导老年人使用微信等现代软件。晋中市图书馆还经常组织人员送书上门，将图书馆服务带到老年人群体身边。如2018年6月17日，晋中市图书馆在端午节期间开展“五进”之走进社区活动，在敬老院开展志愿服务慰问演出活动。

图4-122 端午节期间走进敬老院开展活动

面向残疾读者的服务。2018年开馆后，晋中市图书馆即配备盲人智能阅读机等，设立视障阅读区，专设服务热线并配备专车，设专人负责接送视障读者，开办“文化助盲 光明前行”盲人读书沙龙，经常面向视障读者举办活动，如带领盲人读者去郊游，开展规范盲文讲座，与特殊教育学校联合举办盲童朗读比赛，向盲人读者发放盲人智能听书机并进行培训等。如2018年10月15日，晋中市图书馆流通部组织开展了“文化助盲，光芒照亮你和我”助盲活动，教导视障读者使用馆内相关设备资源。2021年10月15日，晋中市图书馆举办了“庆祝中国共产党100华诞！不忘初心、牢记使命”关爱残疾人事业音乐会。

图 4-123“文化助盲，光芒照亮你和我”助盲活动

图 4-124 关爱残疾人事业音乐会

为更好地关注特殊群体，构建和谐社会，晋中市图书馆坚持面向特殊群体开展关怀活动，有针对性地做好特殊人群的阅读推广工作，包括慰问养老院、慰问盲人、慰问农民工、慰问留守儿童等。晋中市图书馆于 2018 年至 2021 年举办 37 场面向特殊群体的活动，为特殊人群带去更加方便周到的服务，帮助特殊人群享受到充实的精神生活，感受到社会的温暖。

4.8.3　志愿者服务

当前，在图书馆中引入志愿者服务已十分普遍，面向读者的志愿者服务也成为了图书馆服务的一个重要组成部分。开馆以来，晋中市图书馆馆员队伍的人数一直在 60 人左右，通过向社会招募志愿者，建立志愿者服务队，晋中市图书馆有效地缓解了工作人员不足的问题，为广大热心公益的人们提供了一个服务社会的平台，丰富了图书馆服务形式与内容，对促进图书馆事业发展发挥出十分积极的作用。

2018 年，晋中市图书馆登记在册的志愿者共计 722 人，上岗志愿者 335 人，个人志愿者累计服务时长达 3392 小时，志愿者团队累计服务次数 49 次，累计服务时长 1001 小时。共开展志愿者活动 12 场，包括“爱在市图 · 梦圆公益”志愿者联谊会、4 · 23 世界读书日志愿者经典诵读、晋中市图书馆彩生活志愿服务队总分队第三届队员联谊活动暨换届表彰大会、晋中市委组织部志愿实践、端午节敬老院慰问演出、“改革开放四十载 · 青春志愿我先行”第一届优秀志愿者表彰大会、义务小馆员联谊暨表彰大会、慰问环卫工人献爱心、志愿者岗前培训、图书馆开馆仪式志愿者快闪诵读诗词、山西医科大学志愿者培训、山西大学商务学院志愿者培训等，累计参与人数达 900 人次。

图 4–125　在山西大学商务学院举办志愿者培训班

2019年，晋中市图书馆制定了《晋中市图书馆志愿者管理办法》，保障志愿者活动有序开展。《晋中市图书馆志愿者管理办法》对志愿者的权利、义务及退出机制，志愿者服务内容，志愿者招募方式，志愿者服务记录，志愿者的激励与表彰，志愿者工作的组织和管理，志愿者岗位及其职责等方面进行了规范。明确志愿者服务内容包括：参与书库、阅览室的日常辅助管理，协助工作人员进行书刊整理、分类、上架等工作；协助读者借阅、查找书刊，解答咨询；协助、参与图书馆读者调查，各种读者服务活动的策划设计、宣传筹备、知识传播、组织实施等工作；协助、参与速录、主持、美术等有特长专业需求的工作；讲座会务、撰写通讯；为残障市民提供帮扶服务等。

2020年，晋中市图书馆制定了《晋中市图书馆学雷锋志愿者服务手册》，进一步拓展志愿者服务。晋中市图书馆的学雷锋志愿服务是围绕“学雷锋、树先锋”主题，以晋中市图书馆为中心，长期提供馆内日常志愿服务，主要包括馆内图书的整理上架、读者的日常接待咨询、协助开展馆内日常活动等，发扬不怕苦不怕累的志愿奉献精神。同时，组织各种志愿者活动，将志愿者活动与“五进”活动等相结合，开展慰问演出、送温暖、献爱心等活动，以晋中市图书馆为中心将志愿奉献精神传递到各地，丰富活动形式，贯彻实践雷锋精神。

图 4-126　志愿者、义务小馆员表彰大会在晋中市图书馆举办

2021年，晋中市图书馆已实现志愿者管理制度化、规范化，志愿活动常态化、社会化。年度新注册报名志愿者929人，开展志愿者培训16场，其中馆内培训12场，馆外培训4场。开展志愿者活动66场，含志愿者“云”课堂16场，服务时间5280小时。2021年8月4日，晋中市图书馆学雷锋志愿服务队前往羊毫街社区，参与了榆次区全员新冠病毒疫苗（第二针剂）接种志愿服务工作。

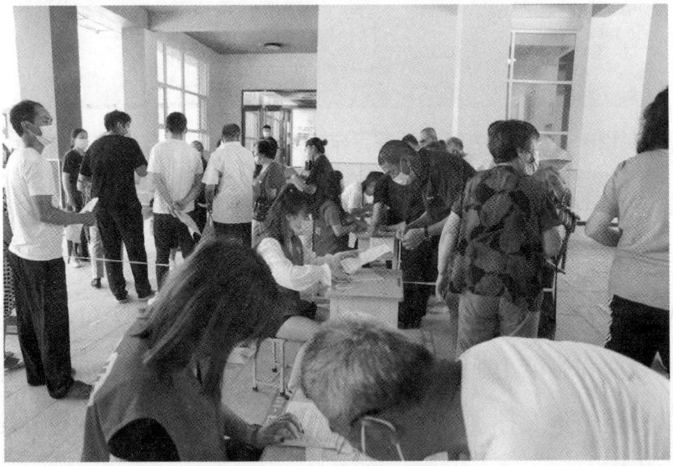

图4–127 晋中市图书馆学雷锋志愿服务队开展疫苗接种志愿服务

大学生是晋中市图书馆志愿者队伍的主力军。这与晋中市图书馆毗邻山西省高校新区有很大关系。借助地理优势，大学生加入晋中市图书馆志愿者团队、进行志愿者服务的工作开展得十分到位有序。截至2021年底，晋中市图书馆已建立来自太原理工大学、山西医科大学、中北大学信息商务学院、原山西大学商务学院会计学院（现已合并到山西工程科技职业大学）、晋中师范高等专科学校、晋中学院等多所高校以及晋中红十字彩生活志愿服务队等13个志愿者服务队伍。注册志愿者达2814人，其中个人志愿者880人，上岗志愿者2770人，累计服务时长达13676小时。

图 4-128　山西晋中理工学院青年志愿者服务队参与馆校共建活动

数年间，晋中市图书馆志愿者不仅在馆内提供了无私志愿服务，还经常走进社区、学校、农村、企业、机关等地方开展图书馆服务和其他社会公益服务。这些志愿者服务明显提高了晋中市图书馆的知名度和美誉度，扩大全民阅读的感召力和影响力，为构建现代公共文化服务体系、促进全民阅读做出明显贡献，进一步发挥了晋中市公共图书馆在晋中市公共文化服务体系建设中的应有作用。

4.8.4　信息咨询服务

信息咨询服务是图书馆服务的中心工作，在一定程度上甚至已成为评判图书馆业务水平高低的标志。图书馆信息咨询服务包括一般现场咨询服务、网络信息咨询服务以及更高层次的决策信息服务。

现场咨询服务方面，晋中市图书馆在每个楼层以及各个功能区设置了咨询台，提供咨询服务。如图书馆南入口和北入口的咨询台，现场为读者解答疑问，并负责接听读者来电悉心提供解答。在各部门岗位设置方面，明确了相应岗位负责的咨询工作内容，将咨询服务落实至个人。并特别设立了信息咨询岗，工作内容包括：定期编辑政府咨询刊物《晋中市图书馆决策参考》；定期编辑上报《晋中市图书馆文旅信息》；负责网站信息咨询工作，并定期进行数据分析；负责企业、学校、个人等信息咨询服务工作等。

晋中市图书馆于 2018 年 7 月中旬开通网站咨询平台服务，针对网站用户提出的问题进行专人收集整理，并及时做出回复。晋中市图书馆网站在醒目位置提供了在线咨询功能，读者能够快速地通过晋中市图书馆网站进入网站咨询平台，快速有效地提出问题并得到答复。而且，晋中市图书馆网站咨询平台设置了机器人解答，对于常见性问题读者都可以通过查看知识库得到解答，最大限度地提高了信息咨询服务的时效性和便捷性。为及时对读者的网络咨询做出反馈，晋中市图书馆为专人配备了电脑小音响，从而确保在第一时间及时回复用户。

开馆运营以来，晋中市图书馆即定期编辑专题信息刊物系列，至 2021 年底共编制 14 期，定期呈送至晋中市委、晋中市政府、晋中市文旅局，发挥好图书馆的信息情报功能，有针对性地为政府、企事业单位编撰专题性资料汇编。利用图书馆的有利条件，为有需求但不方便的人群提供专题资料查阅服务，实现了二次文献走出图书馆，切实为社会各阶层提供更加便捷的服务。晋中市图书馆 2018 年共编制专题信息刊物《参考消息》“文化改革发展专辑”2 期。2019 年共编制专题信息刊物《晋中决策参考》4 期，其中“文化改革发展专辑”1 期、“文化旅游发展专辑”3 期。2020 年共编制专题信息刊物《晋中市图书馆决策参考》4 期，其中“抗击疫情专辑”2 期、“文化旅游发展专辑”2 期。2021 年共编制专题信息刊物《晋中市图书馆决策参考》“文化旅游发展专辑”4 期。

4.9　总体成效：效能优良、各方满意

从 2018 年初开馆运营到现在，虽然只有短短 4 年多的发展历史，晋中市图书馆却创造出令人瞩目的成绩，形成具有示范效应的晋中模式。晋中市图书馆自建馆以来便对标第六次县级以上公共图书馆评估定级的国家一级馆标准，从 4 年多的实践成效来看，晋中市图书馆的相应服务效能指标均达到

国家一级馆标准，受到社会各界广泛好评和肯定，数年间已频频获誉。从投入产出比来看，晋中市图书馆以更小的成本取得了更大的成效，其社会化运营之路无疑十分成功，对于我国公共图书馆探索高质量转型发展可起到的示范作用。

4.9.1 服务数据统计

截至 2021 年 12 月 31 日，晋中市图书馆免费开放服务项目 33 个，包括图书报刊阅览服务、读者证办理服务、24 小时图书馆服务、数字资源查阅服务、全国文化信息资源共享工程数字资源查阅服务、电子设备服务、信息查询、文化交流、凤鸣讲坛、少儿培训、志愿者服务等，在满足各种类型读者阅读需求的同时，也有效提高了图书馆资源利用率。

数年来，晋中市图书馆正常运营开放时，每日开放时间不低于 10 小时，每周开放达 70 小时。全年 365 天全开放，公休日正常开放。每周一上午例行闭馆进行设备维护和馆员培训。2020 年受新冠疫情影响，晋中市图书馆于 2 月 23 日施行闭馆，5 月 23 日开馆，实行限流措施。7 月起图书馆实行延时错时开放，每日开放时间达到 10.5 小时。

2021 年，晋中市图书馆共接待读者 542256 人次，接待上级检查、同行交流来访等共计 96 场 1861 人。举办读者活动 1263 场次，参加活动人数达 821085 人次。全年书刊文献外借 80033 人次、180608 册次，总流通量为 350002 册次，年文献流通率为 0.66 次。2021 年因疫情影响，入馆人数受到限制，单日最多接待读者 4059 人次，从 2021 年 8 月 4 日起，每日入馆人数下降至 800 人。年读者人均到馆量为 0.6 人次。

表 4–4 晋中市图书馆历年服务数据

	2018 年	2019 年	2020 年	2021 年
新增读者人数	10110	7926	3039	4126
总流通人次	458338	754385	320582	542256
书刊文献外借人次	43327	50239	26057	80033

续表

	2018 年	2019 年	2020 年	2021 年
书刊文献外借册次	96149	136678	80238	180608
年文献流通率	0.52	0.79	0.45	0.66
图书馆网站访问人次	34117	53032	82032	100293
举办读者活动场次	422	563	1080	1263
年读者人均到馆次数	0.76	1.25	0.53	0.6

新媒体服务方面，晋中市图书馆微信公众号平台的服务号从 2018 年 1 月 16 号开通至 2018 年 12 月 31 号，共推送图文消息 160 条，订阅号从 2018 年 1 月 19 日开通至 2018 年 12 月 31 日，共推送图文消息 322 条，其中微信公众号共发布新闻报道 320 篇。2018 年，晋中文化云推送图文消息 167 条，移动图书馆 App 访问量 89265 人次。

2019 年，晋中市图书馆微信公众号的服务号推送图文消息 369 篇，关注人数达 18412 人，留言回复 57 条；订阅号推送图文消息 673 篇，关注人数达 6391 人，留言回复 136 条；晋中文化云推送图文消息 233 篇，图书馆活动平台 94 篇；移动图书馆 App 访问量 300361 人次。

2020 年，晋中市图书馆微服务大厅绑定公众号粉丝数为 31796 人，绑定读者数为 4196 人，证储存数 392 张；移动图书馆 App 总点击量 228059 次，读者登陆次数为 12729 次，文献传递 865 篇；电子阅读本借出 35 次，归还 35 次；博看朗读亭年度总用户数 28307 人，总录音数 1977 次，朗读资源总数 1378 条，扫码登陆次数 864 次；瀑布流年内共计下载 24503 册；龙源期刊全年点击量 17735 次，借阅量 6656 册，续借量 2799 册。

2021 年，晋中市图书馆微信公众号平台全年订阅号推送宣传稿 2020 篇、关注人数 12558 人，服务号推送信息 366 篇、关注人数 43387 人，回复留言 7481 条；晋中市图书馆抖音号共发布 59 条视频，粉丝 478 人；晋中文旅云平台全年推文 61 篇，图书馆活动平台 38 篇；移动图书馆 App 访问量

284172人次；电子阅读本借出31次，归还33次；博看朗读亭年度总用户数11236人，总录音数16246次，朗读资源总数74062条，已读2388条，扫码登录次数2894次，登录人数1595人；龙源期刊全年点击量9344次，借阅量3740册，续借量1800册。

用户意见处理与日常评价方面，晋中市图书馆有完善的读者反馈意见的收集、评价和管理体系，包括咨询台读者意见簿、读者咨询信息登记表、网站咨询与反馈、微信平台咨询与反馈等，读者意见回复率达到100%，读者对意见反馈结果满意率达到84.6%。

晋中市图书馆也有完整的读者满意率调查体系。2019年每季度由读者服务部对外发放调查问卷（含网络问卷）300份，问卷回收率达到80%，2019年度读者满意率为98.67%。2020年，每季度由读者服务部对外发放调查问卷（含网络问卷）1200份，问卷回收率达到80%，2020年度读者满意率为98%。2021年度共发放1200份调查问卷，问卷回收率为88%，读者满意率达94.2%。

晋中市图书馆的发展运营受到社会广泛关注，2018年，社会各界对晋中市图书馆宣传报道累计169篇，2019年共111篇，2020年共183篇。2021年共接待上级检查、同行交流来访等共计96场1861人。2018年6月，晋中市图书馆被授予“晋中市政协委员之家”；8月，获晋中市教育局、晋中市旅游发展委员会授牌成为“第一批晋中市中小学生研学实践教育基地”；9月，获晋中市司法局挂牌成为“司法文化基地”，并被授予“晋中市法治文化基地”；被晋中市妇女联合会授予“家教家风实践基地”；11月，被山西省社会科学界联合会授予“山西省社会科学普及宣传基地”。数年间，晋中市图书馆累计获得各种奖项102项，其中个人获奖76项，集体获奖26项，包括国家级奖项荣誉49个，省级奖励和荣誉45个，市级奖励和荣誉8个。晋中市图书馆馆长胡萍于2021年11月获得人力资源社会保障部、文化和旅游部授予的“全国文化和旅游系统先进工作者”称号。

表 4–5 晋中市图书馆所获重要集体荣誉一览表

时间	参加活动名称	荣获荣誉名称	颁发证书单位
2018 年 4 月	“依法办馆 创新发展——新时代公共图书馆建设与服务”知识竞赛	集体三等奖	山西省图书馆学会
2018 年 10 月	“我的书房故事”主题征集活动	优秀组织奖	中国图书馆学会阅读推广委员会
2018 年 11 月	—	山西省社会科学普及宣传基地	山西省社会科学界联合会
2019 年 1 月	全国科普宣传周活动	2018 年先进集体	山西省图书馆学会
2019 年 1 月	2018 年“同筑中国梦、共度书香年”春节主题活动	最佳组织单位	山西省图书馆学会
2019 年 1 月	2018 年全民阅读活动	全民阅读优秀组织单位	山西省图书馆学会
2019 年 8 月	第二届公共图书馆创新创意征集推广活动	“阅读在路上”活动被评为案例一等奖	中国图书馆学会公共图书馆分会
2019 年 9 月	“家庭阅读推广优秀案例”征集活动	寻找“书香家庭”活动被评为案例三等奖	中国图书馆学会阅读推广委员会
2019 年 10 月	全国首届“图书馆杯全民英语口语风采展示活动”山西赛区	优秀组织奖	山西省图书馆学会、山西省高等学校图书情报工作委员会
2019 年 11 月 6 日	2019 图书馆阅读推广及服务创新培训交流会	“阅读在路上”活动被评为一等奖	国家图书馆出版社、上海市图书馆学会
2020 年 1 月	—	“阅读在路上”活动获 2019 年优秀阅读推广项目二等奖	山西省图书馆学会
2020 年 1 月	—	晋小图中华传统文化系列活动被评为 2019 年优秀阅读推广项目三等奖	山西省图书馆学会

续表

时间	参加活动名称	荣获荣誉名称	颁发证书单位
2020年1月	2019年“盛世中国，喜迎华诞”国庆系列主题活动	优秀组织单位	山西省图书馆学会
2020年1月	2019年科普宣传主题活动	科普宣传先进集体	山西省图书馆学会
2020年1月	2019年全民阅读主题活动	全民阅读优秀组织单位	山西省图书馆学会
2020年3月	2019年世界读书日系列活动	2019阅读推广星级单位	中国图书馆学会
2020年4月	—	第二批全国家庭亲子阅读体验基地	中华全国妇女联合会
2020年5月	抗击疫情主题文艺作品征集活动	朗诵音视频作品《战瘟神》获晋中市抗击新冠肺炎疫情百件优秀文艺作品奖	中共晋中市委宣传部
2020年7月	—	山西省三八红旗集体	山西省人力资源和社会保障厅、山西省妇女联合会
2020年10月16日	“诗画山西 行走阅读”寻找山西阅读推广达人活动	优秀组织奖	山西省图书馆协会、山西省图书馆
2021年4月	—	晋中市模范单位	中共晋中市委、晋中市人民政府
2021年4月	“阅三晋，行天下”全民阅读活动	星级组织单位	山西省图书馆学会
2021年12月	2021年度“话峥嵘岁月 迎光辉未来”系列主题活动	优秀组织单位	山西省图书馆学会
2021年12月	2021年度“赏春意 品书香 暖万家”春节主题活动	优秀服务单位	山西省图书馆学会
2021年12月	2021年度全民阅读工作	优秀组织单位	山西省图书馆学会

图 4–129　晋中市图书馆被授予“晋中市政协委员之家”

4.9.2　价值评估调查

图书馆作为一个服务机构，因其提供的是无形的服务，人们对于图书馆的价值往往缺乏直观的认知。公共图书馆一直坚持免费开放、公益服务，更多追求社会效益，而非经济效益。而这也造成公共图书馆的价值难以用一个具体直观的数值进行展现。为确定晋中市图书馆采用的社会化运营模式是否更值得，晋中市政府曾进行过测算，结果表明，相比山西省内同类型公共图书馆，晋中市图书馆的运行费用平均每平方米减少开支 163 元，节约率达 34.2%，人员数量相比应配备标准，节省达 50%。为更进一步对晋中市图书馆价值进行评估，第三方北京碧虚文化有限公司接受委托在 2021 年 12 月 28 日至 2022 年 1 月 8 日特别面向大众开展了一次晋中市图书馆价值评估调研，收集相应信息和数据，据此为晋中市图书馆的价值做出量化评估。

此次调研中，晋中市图书馆读者调查问卷的设计借鉴了 2013 年牛津经济研究院为大英图书馆所做的经济效益评估调查问卷。调查内容主要包括读者的个人情况、读者使用晋中市图书馆的一般情况、晋中市图书馆对读者的重要性、读者对晋中市图书馆的数字化服务及其开展的读者活动的利用情况和价值评估。截至 2022 年 1 月 8 日，共收回 172 份调查问卷。

根据此次调查结果统计：受访者中有 113 人持有晋中市图书馆读者证（占 65.7%），有 151 人是晋中市常住人口（占 87.79%）；在性别方面，男性 46 人，女性 120 人，另有 6 人表示“不想说”；在年龄上主要是 25 岁至 44 岁的青壮年人群（占 65.12%）；在学历方面，以本科（占 44.77%）和大专（占 29.65%）居多；在职业方面，以企业工作人员（占 26.74%）、非营利机构工作人员（占 20.93%）和自由职业者（占 18.02%）居多；在月收入方面，以 3001—5000 元（占 33.14%）和 1000—3000 元（占 31.4%）为主。相关情况参见图 4-130。

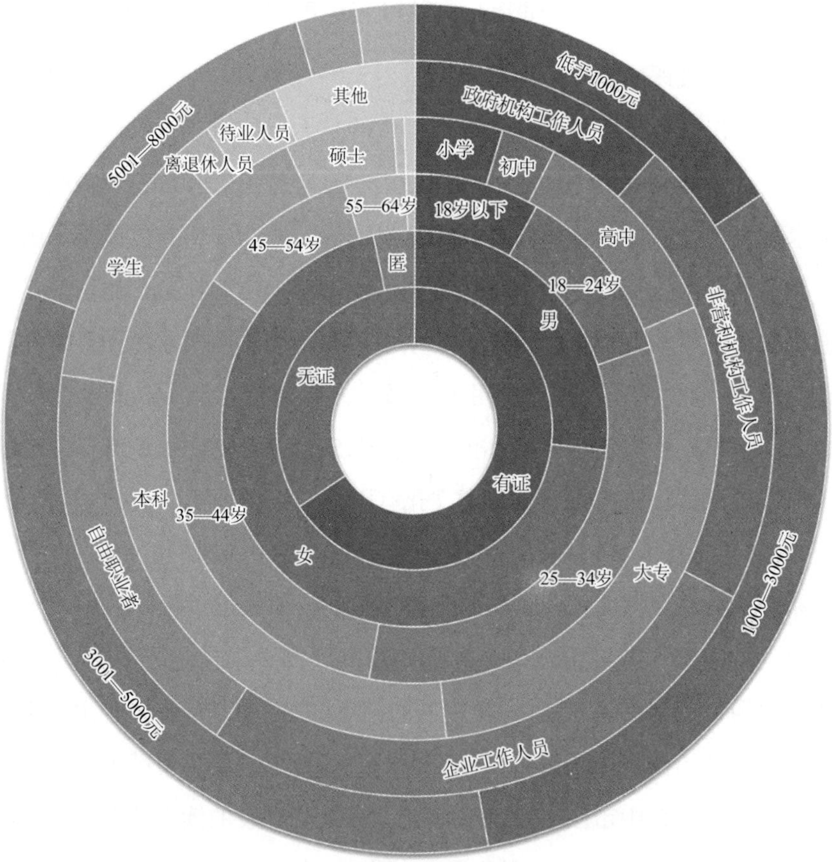

图 4-130 受访者个人情况统计

根据调查，人们最常用的晋中市图书馆服务依次为借阅图书（72.67%的受访者选择使用过）、查找资料（58.14%）、参观展览（39.53%）、听讲座（23.26%）、在线阅读数字资源、听歌看电影、参加培训、参加其他读者活动、文献传递、下载数字资源、查阅公开的政府信息。25.58% 的人一至两月去晋中市图书馆 1 次，21.51% 的人每月去晋中市图书馆 1—2 次，而几乎每天去一次的人占 10.47%。从表 4-6 可以看出，持有读者证的人显然会更经常去图书馆，有证受访者中每年去图书馆 6—12 次的居多。但即使没有持读者证，人们也会去图书馆享受其提供的公共文化服务，无证受访者中每年去图书馆 1—2 次的居多。在来回路上花费的时间上，43.02% 的人不到 30 分钟，32.56% 的人需要 30 分钟到 1 小时。每次在晋中市图书馆停留的时间上，28.49% 的人会待 1—2 小时，22.67% 的人待 30 分钟到 1 小时。人们选择来图书馆而不是去其他信息服务场所的原因，排在前列的依次为：图书馆有舒适的环境（68.6% 的受访者选择）、有丰富而系统的馆藏文献资源（65.12%）、有独具特色的馆藏文献资源（42.44%）、有图书馆工作人员的支持和帮助（41.86%）、有最新的馆藏文献资源（34.88%）。有 29.65% 的人因为图书馆比其他地方花费更少而选择来图书馆，还有 15.7% 的人选择来图书馆是因为这里更有可能交到志同道合的朋友。

表 4-6 年到馆次数调查统计

到馆次数	有证受访者		无证受访者	
	人数	占比	人数	占比
每年 1—2 次	3	2.65%	18	30.51%
每年 3—5 次	13	11.50%	11	18.64%
每年 6—12 次（即一至两月 1 次）	33	29.20%	11	18.64%
每年 13—24 次（即每月 1-2 次）	30	26.55%	7	11.86%
每年 25—52 次（即一至两周 1 次）	10	8.85%	1	1.69%

续表

到馆次数	有证受访者		无证受访者	
	人数	占比	人数	占比
每年 53—100 次（即每周 1—2 次）	8	7.08%	2	3.39%
每年 101—200 次（即每周 2—4 次）	2	1.77%	1	1.69%
每年 201—300 次（即每周 4—6 次）	1	0.88%	3	5.08%
每年 300 次以上（即几乎每天 1 次）	13	11.50%	5	8.47%

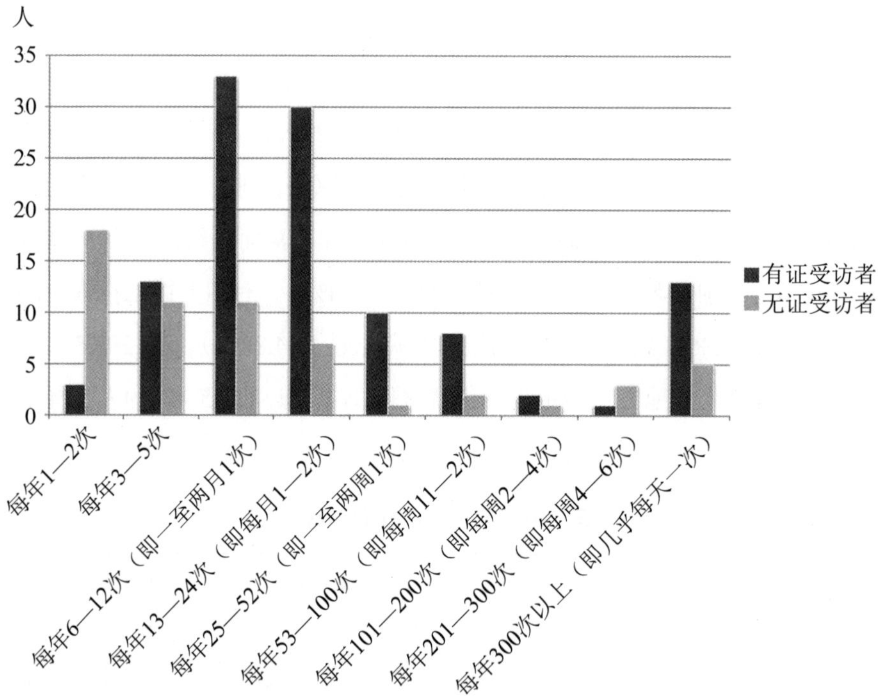

图 4–131　年到馆次数调查结果

关于图书馆的重要性方面，13.95% 的人表示如果不能使用晋中市图书馆的服务，自己的学习（或研究、工作、生活）将会受严重影响，44.77% 的人觉得有些影响，而 41.28% 的人认为不受影响。当回答“如果你不能使用晋中市图书馆的服务，那么你选择其他来源的相应服务每年需要额外支付多少费用？”时，31.98% 的人选择了 1—100 元，29.65% 的人选择了 100—500 元，14.53% 的人表示除图书馆之外自己别无选择，10.47% 的人选择了 500—1000 元。在假设晋中市图书馆无法获得政府财政拨款维持运营时，66.28% 的人表示愿意通过捐款或付费订阅服务来帮助图书馆继续运营，回答“不愿意”的人占 15.12%，18.6% 的人选择“无法回答”。在对晋中市图书馆不同方面的重要性进行评估时[①]，受访者对图书馆提供的各种免费服务（59.3% 的人认为非常重要）、图书馆面向特殊人群提供的特定用户服务（56.98%）、图书馆员工专业且可靠的知识服务（54.07%）、图书馆在满足个人的自我实现和总体幸福感（52.91%）、图书馆在保存传承区域文化地方记忆（52.33%）、图书馆免费提供的海量数字资源（51.74%）等方面的认可重视程度较高。此外，有 50% 的受访者也认为，图书馆提供的免费培训服务，以及图书馆作为一个高效的学习、研究、阅读场所非常重要。从图 4-132 中全体受访者、无证受访者、有证受访者之间的比较可以看出，大家对于图书馆不同方面重要性的评估大致相似。无论是有证还是无证的受访者，对于图书馆的场所价值及其展览服务的价值（即问题 4、问题 12），认可度基本一致；而有证受访者尤其看重图书馆提供的各种免费服务（即问题 8），无证受访者则最看重图书馆的免费服务及其面向特殊群体的服务（即问题 8、问题 9）。

① 由受访者根据设置的问题从1—10的十个数字之间选择一个数字来评判其重要性，1表示一点也不重要，10表示非常重要。图4-132根据调查结果分别计算出全体受访者、无证受访者和有证受访者对图书馆17个方面的重要性量化值，然后据此制作成雷达图，按照图例颜色从深到浅依次为全体受访者、无证受访者、有证受访者。

表 4–7　关于图书馆不同方面重要性评估的调查问卷设置

序号	问题
1	图书馆作为学习 / 研究 / 阅读的信息资源中心，对你有多重要？
2	图书馆作为一个值得信赖的信息来源，对你有多重要？
3	远程在线访问图书馆馆藏资源对你来说有多重要？
4	图书馆的馆舍环境（布局设计、装修等）作为一个高效的学习 / 研究 / 阅读场所，对你有多重要？
5	图书馆独具特色的馆藏文献，对你有多重要？
6	图书馆丰富而系统的馆藏，对你有多重要？
7	图书馆作为一个能够激发和实现创新的孵化器，对你有多重要？
8	图书馆提供的各种免费服务（如免费借阅等），对你有多重要？
9	图书馆面向特殊人群（如少年儿童、老年人、残疾人、农民工等）提供的特定用户服务（如面向少儿群体开展的晋小图系列活动），你觉得有多重要？
10	图书馆员工专业且可靠的知识服务，对你有多重要？
11	图书馆免费提供的海量数字资源，对你有多重要？
12	图书馆提供的晋韵美展等公开展览服务，对你有多重要？
13	图书馆提供的凤鸣讲坛等公益讲座服务，对你有多重要？
14	图书馆提供的免费培训服务，对你有多重要？
15	图书馆免费提供的读书沙龙、比赛等各种读者活动，对你有多重要？
16	在满足你的自我实现和总体幸福感方面，图书馆的作用对你有多重要？
17	你认为图书馆在保存传承区域文化、地方记忆方面的作用有多重要？

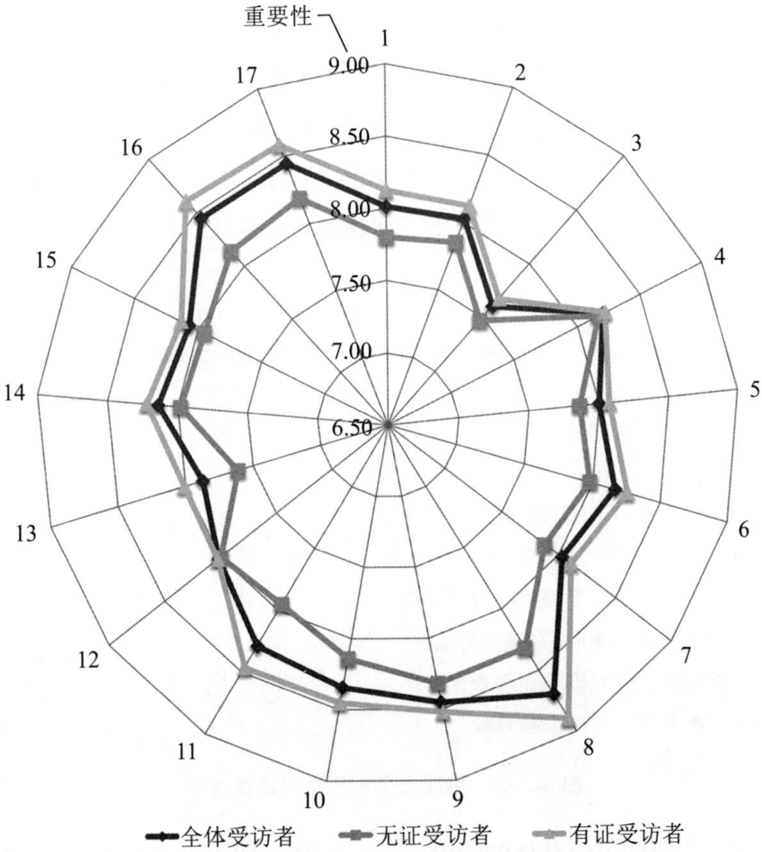

图 4-132 受访者对晋中市图书馆不同方面重要性的评估

注：图中序号代表表 4-7 中问题，受访者从 1—10 中选择一个数字来评判其重要性。

关于晋中市图书馆的数字服务方面，87.79% 的人认为图书馆的数字服务有带给自己更加便利的体验，72.67% 的人表示如果不能使用晋中市图书馆的数字服务，自己需要去图书馆更多次。在过去一年中，57.56% 的人使用过晋中市图书馆的网站，30.81% 的人表示经常使用；58.72% 的人使用过“晋中市图书馆”App，25.58% 的人表示经常使用；86.05% 的人使用过晋中市图书馆的微信公众号服务，52.33% 的人表示经常使用。此外，48.26% 的人使用过晋中市图书馆的电子阅读本，31.98% 的人使用过电子阅览区，29.07% 的人使用过个人视听室，28.49% 的人使用过朗读亭，23.26% 的人使用过触摸屏数字阅读一体机，14.53% 的人使用过歌德电子借阅机和瀑布流电子图书借阅机。不同渠道的数字服务利用情况参见图 4-133。可以看出，晋中市图书馆的读者最经常通过微信公众号获取图书馆的数字服务。其中，排在前三的微信公众号、移动图书馆 App、图书馆网站是可以随时随地获取图书馆的数字服务，而其他渠道则需要到馆才能利用，因而会受到限制。

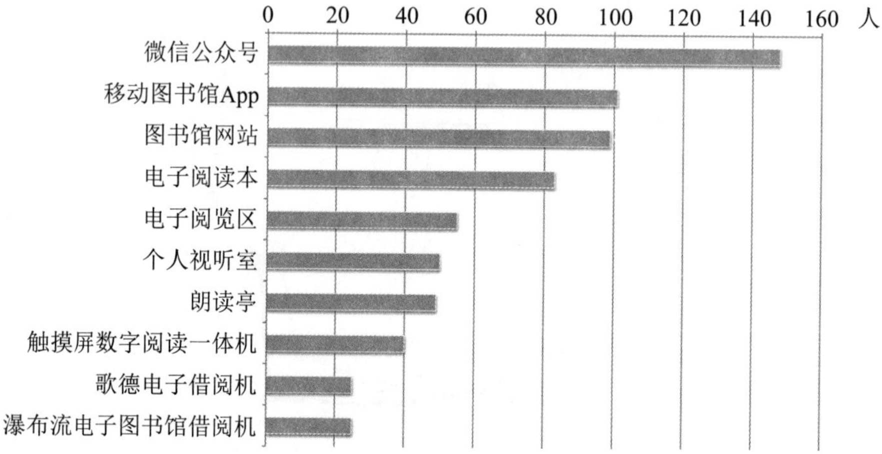

图 4-133　数字服务利用情况调查结果

对于晋中市图书馆开展的读者活动，47.67% 的人表示有所了解，23.26% 的人不太了解，21.51% 的人非常了解，也有 7.56% 的人不知道图书馆有什么读者活动。57.56% 的人在过去一年中曾参与过晋中市图书馆举办的读者活动，19.77% 的人经常参加，31.98% 的人偶尔参加。参与度较高的读者活动有晋韵美展（44.19%）、凤鸣讲坛（43.6%）、晋小图系列活动（26.16%）、“第七放映厅”活动（20.35%）、“阅读在路上”活动（16.28%）、音乐诵读会（16.28%）。46.51% 的人表示非常愿意参加晋中市图书馆开展的读者活动，并有 35.47% 的人有兴趣参加。而无论是否曾参与过活动，77.33% 的人认为晋中市图书馆开展的读者活动对促进个人和社会发展有价值。为了解读者对晋中市图书馆开展的读者活动价值的评估，此次调查中也设置了相关问题，即假设无法再获得晋中市图书馆免费提供的各类读者活动资源时，受访者选择其他渠道的替代活动资源每年将额外支付多少费用。调查结果如图 4-134 所示。可以发现，大多数受访者认为，如果不能通过晋中市图书馆获得讲座、展览、培训以及其他读者活动资源，他们通过其他渠道获得相应的活动资源需要额外支付 1—100 元。有一些受访者认为选择其他替代活动不会增加自己的成本，其人数占比分别为：讲座 18.02%、展览 20.35%、培训 20.35%、其他读者活动 21.51%。平均来看，这部分受访者大概占两成。反之而言，有八成的受访者认为如果没有晋中市图书馆提供的活动资源，自己需要额外付出更多。当然，认为除图书馆之外自己别无选择的受访者数量也较为明显，不容忽视。

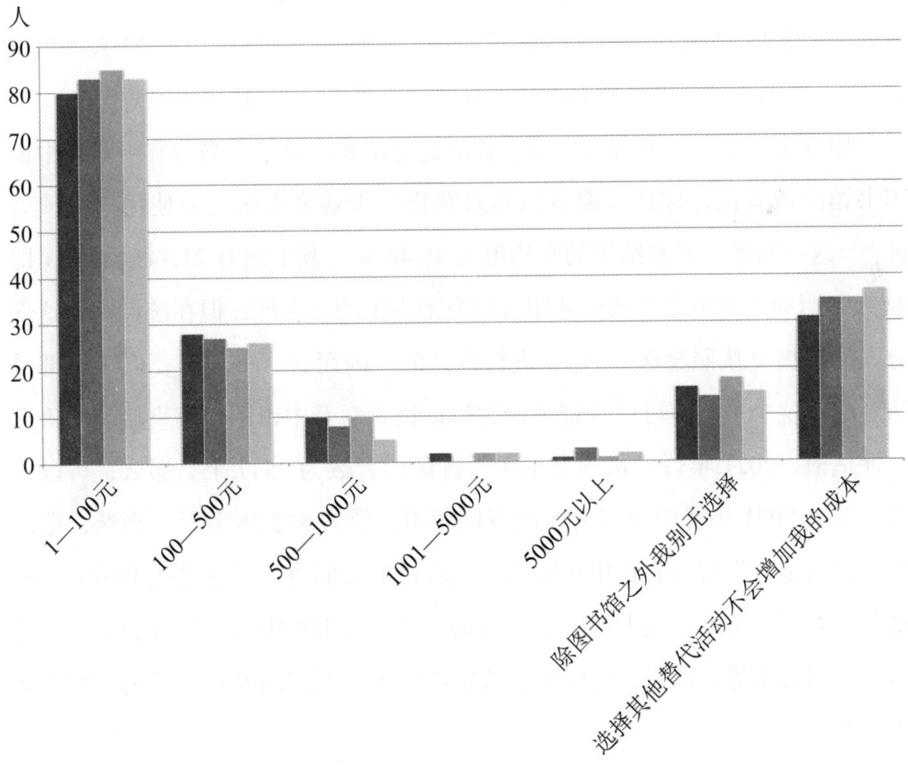

图 4-134 受访者对晋中市图书馆各类读者活动价值的评估调查结果

为帮助社会公众以及决策者更好地了解晋中市图书馆的价值，这里需要一个合理的、可信度高、可量化的图书馆价值评估方法。投资回报率（ROI）指通过投资而应返回的价值。这已成为目前国内外图书馆进行价值评估的一个常用方法。

本次调查主要是通过直接调查受访者的假设支付意愿或放弃其使用图书馆服务权利的补偿意愿来衡量图书馆的价值，从而合理计算出晋中市图书馆的总收益。在调查问卷中包含了这类问题："为了支持晋中市图书馆及其服务的继续提供，你愿意每月支付的捐款或订阅的最高金额是多少？""当你有一张晋中市图书馆的读者证，你现在愿意以每月获得多少钱来永远放弃使用这张读者证？"这两个问题的调查结果中，前者的平均值是 82.06 元，后者的平均值是 71.91 元①。值得注意的是，在后者的回答中，有 27 人（约占 15.7%）明确表示不愿意放弃，甚至直言"无价""多少钱也不愿意"。

如只统计持有晋中市图书馆读者证的受访者，对于"当你有一张晋中市图书馆的读者证，你现在愿意以每月获得多少钱来永远放弃使用这张读者证？"这一问题，调查结果的平均值为 46.46 元。其中约有 21.24% 的人（即 24 人）明确表示不愿意放弃使用晋中市图书馆的读者证，但在统计中，这部分人的数据是按照金额为"0"进行统计的。因而这一平均值要低于全部受访者的。这个平均值可以合理推论为持证读者对晋中市图书馆直接利用价值的评估值。2021 年晋中市图书馆实际持证读者数为 9547 个。那么，可以由此计算出 2021 年晋中市图书馆的直接利用价值为 532.26 万元。当然，还需要指出的是，没有持有晋中市图书馆读者证的人们也可以享受图书馆的多种服务，如到馆阅览、线上线下信息咨询以及在图书馆中自习、看展览、听讲座、休闲娱乐等。所以，实际上，晋中市图书馆所产出的直接利用价值应高于 532.26 万元。

---

① 根据受访者填写的金额总和除以受访者总人数而计算出平均值。其中没有填写或填写"不愿意"等的，统一按照金额为"0"进行统计。

从以上调查结果可见，晋中市图书馆可创造的价值显然不仅仅只是读者利用了图书馆服务而带来的“直接利用价值”，也应包括图书馆的非直接利用价值，如图书馆本身存在的必要性，图书馆对提升民众文化素养、增强其幸福感的重要性，图书馆对促进区域文化保存传承、保障信息公平获取的重要性。正因此，很多人可能并没有直接使用图书馆的服务，但依然认可图书馆的存在价值并愿意为维护其持续运营而提供支持。根据此次调查中无证受访者对于“如果你不能使用晋中市图书馆的服务，那么你选择其他来源的相应服务每年需要额外支付多少费用？”“为了支持晋中市图书馆及其服务的继续提供，你愿意每月支付的捐款或订阅的最高金额是多少？”这两个问题的回复中，平均每人支付费用分别为439.83元/年[①]、52.34元/月，以后者减去前者，计算出无证受访者对于图书馆非直接利用价值的评估平均值为188.25元/年。

根据要求，晋中市图书馆的服务人口覆盖全市域全年龄段。而由于现实因素，实际上晋中市图书馆的主要服务人口通常指的是晋中市榆次区的常住人口。根据晋中市榆次区统计局发布的《榆次区第七次全国人口普查公报》，2020年，全区常住人口为904518人，其中15—59岁劳动年龄人口为631688人。假设以后者为晋中市图书馆经费的潜在支付人群，按照此次调查所得的平均估值188.25元/年来计算，晋中市图书馆的非直接利用价值可达11891.53万元。

2021年晋中市图书馆的全年费用包括人员费用、项目费用（含资源建设费、互联网接入费、财产与人身安全保险费、同心书屋建设费、图书购买费、数字图书馆建设费、《图兴之路》专著费）、购买专业服务费用以及水电暖保安保洁费用。其中，购买专业服务费用由晋中市文化和旅游局支出，水

① 根据受访者选择的支付费用区间，取中位数，如1—100元的中位数为50元，选择“除图书馆之外自己别无选择”和“选择其他替代服务不会增加我的成本”这两个非数值选项的，则以支付费用为“0”进行计算，据此计算出平均值。

电暖保安保洁费用由晋中市机关事务管理局负责。而由于保安保洁费用是晋中市图书馆、晋中市博物馆、晋中市科技馆“三馆”一起签订的三年合同，无法确定2021年的具体费用。因而2021年水电暖保安保洁费用采用在2018年相应费用的基础上增加5%进行计算。最终统计出晋中市图书馆2021年的总费用为1843.4万元。

表4–8 晋中市图书馆投资回报率统计表

总收益	直接利用价值	532.26万元
	非直接利用价值	11891.53万元
总费用		1843.4万元
投资回报率		573.96%

如表4–8所示，晋中市图书馆2021年投资回报率为573.96%，用比率表示则为5.74∶1，也即在晋中市图书馆每投入1元，就可以获得约5.74元的回报。国际图联曾在2020年7月发布了一份报告——《用数据回顾过去十年图书馆的投资回报率》(*Library Return on Investment Reviewing the Evidence from the Last 10 Years*)[①]，其中展示了韩国、澳大利亚、西班牙、捷克、新西兰、加拿大、美国等多个国家的公共图书馆投资回报率，参见表4–9。而此次调查问卷设计时所借鉴的对象：2013年牛津经济研究院为大英图书馆所做的经济效益评估，其结果是5.1∶1[②]。当然，由于其中存在投资回报率统计方式以及国情的不一样而带来的差异，所以这些数值只能作为一个参照，而不意味着晋中市图书馆的投资回报率就要高于其他国家的公共图书馆。但由此来看，也可以认为，晋中市图书馆的投资回报率非常可观，可产生巨大效益，不仅有着重要的社会价值、文化价值、科研价值，也具有很

① 赵启玥. 国际图联发布《用数据回顾过去十年图书馆的投资回报率》报告（图）[DB/OL]. [2022–04–08]. http://www.chinalibs.net/ArticleInfo.aspx?id=484866.

② TESSLER A.A report for the British library: economic valuation of the British library january 2013 [DB/OL].[2022–04–08].http://www.chinalibs.net/ArticleInfo.aspx?id=515027.

高的经济价值，能为推动社会发展、增进人民福祉带来十分积极且深远的影响。

表 4–9 国外公共图书馆投资回报率研究报告案例

国家	投资回报率	研究对象	发表年份
韩国	3.66∶1	以首尔 / 京畿道及其他省份的公共图书馆为样本	2012
澳大利亚	2.9∶1	澳大利亚的公共图书馆服务（每个地区及总和）	2013
西班牙	2.25∶1	巴塞罗那市图书馆网络	2013
捷克	2.55∶1	布拉格市图书馆	2015
新西兰	1.27∶1—1.44∶1	赫特市多个图书馆	2013
加拿大	5.63∶1	多伦多公共图书馆	2013
美国	4.42∶1	德克萨斯州公共图书馆	2012

4.10 经验启示：机制创新、治理典范

晋中市图书馆开馆以来取得的的突出成效奠定了晋中模式这一典范。坚持党的全面领导、坚持以人民为中心、坚持依法办文化、坚持改革创新、坚持服务区域发展、坚持高质量发展，是晋中模式的核心理念，也是晋中市图书馆成功带来的最可贵启示。此外，从晋中市图书馆的探索与实践中，还可以得到以下经验启示。

4.10.1 以效能为导向进行机制创新，激发图书馆内驱动力

晋中市图书馆一直坚持在党的全面领导下依法举办文化事业，其中最突出的创新举措就是实施政府向社会力量购买公共文化服务，成为全国首家采用政府购买全流程服务外包运营模式的地级市图书馆。而在确定实施这一举措的同时，晋中市政府就对标国家一级馆评估定级标准明确了晋中市图书馆需要达到的年度运营目标，并做到各项指标量化、细化，在此基础上建立了

严格的考核机制和测评机制，进而构建了“理事会＋管理层＋服务商”相互制约又相互促进的现代新型管理模式。晋中市图书馆实践表明，这一以效能为导向的机制创新将传统对图书馆的“养人”模式转为“养事”，极大地激发出了图书馆发展的内驱动力。在每年的考核中，服务商华信公司均能完成年度运营目标，甚至部分指标超出要求。在运行费用和人员配置数量等发展成本低于同类型公共图书馆的情况下，晋中市图书馆的服务效能仍保障了国家一级馆标准，可以说是公共图书馆实现高质量发展的一个典范。

4.10.2 充分发挥决策型理事会作用，增强图书馆活力

我国公共图书馆领域的法人治理结构改革已经推行多年，图书馆法人治理结构改革的核心就是建立图书馆理事会。从理事会行驶的权力性质来看，图书馆理事会分为决策型理事会和咨询型理事会。我国在公共文化机构深入推进法人治理结构改革的关键在于它有助于实现政事分开、管办分离的事业单位改革方向。而从我国图书馆事业发展情况来看，咨询型理事会在这方面可发挥的作用很有限，难以将图书馆法人治理落到实处。晋中市图书馆理事会属于决策型理事会，负责晋中市图书馆重大事项的决策，同时对管理层履行职责的成效进行评估，对图书馆运营进行效能考核。晋中市图书馆理事会中既有政府方代表，又有图书馆方代表，还有来自社会层面的代表，能够有效综合晋中市图书馆相关利益方的需求，有助于促进决策的科学化、民主化，调动各方面积极性，发挥各位理事的专业特长和资源优势，支持图书馆建设和发展，实现开门办图书馆，增强了图书馆的发展活力。

4.10.3 广泛开展社会化合作，以丰富提升图书馆服务

晋中市图书馆的社会化运营探索与实践获得了显著成功，在具体的图书馆服务工作中，晋中市图书馆更是积极寻求与社会各界的合作，将图书馆优势与社会各界资源相结合，开展社会化服务，在社会上产生了良好的效益。如在凤鸣讲坛中，晋中市图书馆与晋中市司法局、晋中市妇女联合会、晋中市社会科学界联合会等建立了长期合作关系；与苏州生肖邮票博物馆、北京

星河公益基金、晋中市少工委等共同举办了多场晋韵美展活动；在面向未成年人的特色活动中，晋中市图书馆与文心书院联合开展传统文化课堂“快乐书法”书法活动，与积木宝贝培训学校携手开发儿童智力的艺术早教活动，和云壹教育共同打造少儿美术展览；与晋中公交公司、晋中古琴协会、樊登读书会等共同举办读者沙龙、读书会活动。晋中市图书馆还十分注重与其他图书馆之间的协作合作，如积极参加中国图书馆学会、山西省图书馆学会组织开展的各项活动。在 2021 年，晋中市图书馆参加首届“黄河流域城市阅读发展合作机制”区域阅读发展论坛，与沿黄九省（区）文旅跨地市、跨区域、跨业态协同发展，共同搭建资源共享平台，讲好“黄河故事”。

附　录

附录一　晋中市科技馆、博物馆、图书馆机构编制和专业人员选聘方案

晋中市机构编制委员会办公室文件

市编办发〔2016〕17号

关于印发《晋中市科技馆、博物馆、图书馆机构编制和专业人员选聘方案》的通知

市文化局、市科协：

《晋中市科技馆、博物馆、图书馆机构编制和专业人员选聘方案》已经2016年5月26日市编委会议研究通过。现印发给你们，请认真组织实施。

晋中市机构编制委员会办公室

2016年6月16日

晋中市科技馆、博物馆、图书馆机构编制和专业人员选聘方案

根据市编委主要领导批示精神，为推进晋中市科技馆、博物馆、图书馆机构建设和急需专业人员选聘工作，特制订本方案。

一、按照挖掘内部潜力、"撤一建一”原则设立“三馆”管理机构

1. 在晋中市青少年科技中心基础上成立晋中市科技馆（挂晋中市青少年科技中心牌子），为市科协所属公益一类事业单位，正科级建制，核定财政拨款事业编制 6 名（从晋中市青少年科技中心划编 5 名，从市直机动编制中调剂增编 1 名），其中 3 名用于晋中市青少年科技中心现有人员占编、3 名空编用于科技馆急需专业人员选调（招聘）。核定科级领导职数 1 正 1 副。

2. 撤销晋中市博物馆筹建处，设立晋中市博物馆，为市文化局所属公益一类事业单位，正科级建制，核定财政拨款事业编制 7 名（从晋中市群众艺术馆抽空编 5 名，从市直机动编制中调剂增编 2 名），其中 4 名用于晋中市博物馆筹建处现有人员划转后占编、3 名用于市博物馆急需专业人员选调（招聘）。晋中市博物馆等建处现有工作人员整体划入晋中市博物馆。晋中市博物馆筹建处现有自收自支事业编制 10 名予以核销，作为市直 2016 年减编任务。核定科级领导职数 1 正 1 副。

3. 撤销晋中市演出管理中心，设立晋中市图书馆（挂晋中市美术馆牌子），为市文化局所属公益一类事业单位，正科级建制，核定财政拨款事业编制 6 名（从晋中市演出管理中心划编 5 名，从市直机动编制中调剂增编 1 名），其中 3 名用于晋中市演出管理中心现有人员划转后占编、3 名用于图书馆急需专业人员选调（招聘）。晋中市演出管理中心现有工作人员整体划入晋中市图书馆。核定科级领导职数 1 正 1 副。

二、“三馆”急需专业人员选聘

1.“三馆”急需专业人员（每馆3名，共9名）职位和任职条件分别由市科协、市文化局根据工作需求确定。

2.“三馆”急需专业人员选调（招聘）原则：根据职位和任职条件，在市直事业单位现有人员中选调，也可在县（区、市）相关业务部门遴选，不足部分可面向社会公开招聘。

3.“三馆”急需专业人员的选调（招聘）工作在市人社局指导下由市科协、市文化局具体组织实施，选调（招聘）人员于2016年7月下旬到位。

三、“三馆”其他人员选聘

“三馆”运营所需其他人员采取政府购买服务的方式从市直自收自支事业单位现有人员中选用。

附录二　晋中市图书馆购买服务方案

晋中市图书馆购买服务方案

根据晋中市图书馆管理运行方案，结合我市实际，制订市图书馆购买服务方案。

一、政策依据

《国务院办公厅转发文化部等部门关于做好政府向社会力量购买公共文化服务工作意见的通知》（国办发〔2015〕37 号）和《中华人民共和国公共图书馆法》有关精神。

二、费用测算

全年购买专业服务费用 499.08 万元，今年从 4 月份开始，购买 3 个季度费用 374.31 万元。购买服务价格每平方米 252 元。

三、服务内容

1. 全年 365 天开放，每周 70 个小时接待读者，馆内所藏图书、期刊、音像等资源的借阅服务及相关功能区的管理；24 小时无人值守图书馆和室外微型图书馆图书更新、数据整理；数字资源服务。

2. 图书年流通率达到 0.7 次。

3. 人均到馆次数 0.4 次。

4. 数字资源达到 10TB。

5. 美术展览 15 场，每场展线不低于 200 米或者展品不少于 200 幅作品。

6. 举办凤鸣讲坛 24 场，授课老师为副高职称以上或副处以上人员，具有一定的知名度和影响力。

7. 举办馆内特色活动 60 场，例亲子阅读会、“读享晋中”晋中读书会、市民学堂、风雅颂、新书推荐会、读书沙龙等，做到周周有活动。

8. 积极开展“4·23 世界读书日”、“山西读书月”阅读推广月活动，组织阅读进社区、进机关、进学校、进军营、进工地推广活动，每年举办 60 场。

9. 开展流动服务次数 40 场，每次提供图书至少 1000 册。

10. 报纸装订 3600 份，期刊 1000 份。

11. 出版晋中图书馆情报刊物 6000 册（双月刊，每年 6 期，每期 1000 本）。

12. 图书馆专业设备维护保养。

四、管理措施

1. 建立严格的考核机制。图书馆要建立系统量化的考核指标和考核办法。指标力求按照国家评估定级一级图书馆标准设定，做到量化、细化，既是标准要求，又是考核依据。考核办法要体现科学严密、奖惩并用的原则，建立退出机制。

2. 建立测评机制。每季度市图书馆都将按照协议内容进行考核，对专业服务单位的服务内容进行测评，服务单位连续两次“不合格”，市图书馆法人单位就有权解除与专业服务单位之间的合作，重新进行招投标。

3. 实施奖惩兑现。按照考核与测评结果，严格奖惩兑现，让财政资金更安全、更效益。

附：晋中市图书馆 2018 年度运营指标

晋中市文化局
2018 年 2 月 4 日

晋中市图书馆 2018 年度运营指标

第一部分　服务效能

标号	项目名称	运营目标	一级指标值	指标解释与分项说明
1.1	基本服务			
1.1.1	基本服务项目	基本服务项目健全并免费提供	0—10	
1.1.2	周开馆时间 / 小时	70 小时	68	加分项包括:（1）节假日开放，加 5 分;（2）夜间开放，加 5 分
1.1.3	办读者证 / 张	2 万张	6%	（1）计算方法：持证读者数 / 服务人口数 ×100%。 （2）加分项共 5 分：达到 10%，加 2 分；达到 15%，加 5 分
1.1.4	年读者到馆量 / 人次	132 万人次	1.0	（1）计算方法：年到馆总人次 / 服务人口数。 （2）加分项共 10 分：达到 1.5 次，加 5 分；达到 2 次，加 10 分
1.1.5	年文献外借量 / 万册次	20 万册次	30%	加分项共 15 分：达到 50 万册次，加 5 分；达到 70 万册次，加 10 分；达到 90 万册次，加 15 分
1.1.6	年文献流通率		0.7	（1）计算方法：年流通总册次 / 馆藏书刊总量。 （2）加分项共 10 分：达到 1，加 5 分；达到 1.2，加 10 分

续表

标号	项目名称	运营目标	一级 指标值	指标解释与分项说明
1.1.7	年馆外流动服务点文献借阅量 / 万册次	开展馆外流动图书馆服务，年外借 4 万册次	1.2	加分项共 10 分：达到 1.5 万册次，加 5 分；达到 2 万册次，加 10 分
1.1.8	政府公开信息服务	1. 提供纸质查询，有查询专区 2. 提供电子查询		基本分项包括:（1）提供纸质查询，有查询专区，5 分;（2）提供电子查询，5 分
1.2	未成年人及其他特殊群体服务			
1.2.1	未成年人服务	1. 成立少儿部，健全服务制度，为未成年人服务提供保障 2. 每周定期检查服务效能 3. 打造少儿喜闻乐见的品牌活动 4. 设置专业低幼服务区		基本分项包括:（1）服务保障，10 分;（2）服务效果，15 分。 加分项包括:（1）未成年人服务专门品牌活动，加 5 分;（2）低幼服务，加 5 分
1.2.2	其他特殊群体服务	1. 设置残疾人绿色通道、专用卫生间 2. 每月开展送书上门便捷借还服务 3. 设置老年人专区（报刊阅览区） 4. 每月送书进企业、社区、工地等流动服务		基本分项包括:（1）残疾人服务，5 分;（2）老年人服务，5 分;（3）农民工服务，5 分

续表

标号	项目名称	运营目标	一级指标值	指标解释与分项说明
1.3	阅读推广与社会教育			
1.3.1	年讲座、培训次数	84 场：凤鸣讲坛 24 场、培训讲座 60 场	70	加分项包括:（1）达到 100 次，加 3 分；达到 150 次，加 6 分。（2）有网上讲座、培训，加 4 分
1.3.2	年展览次数		15	加分项包括:（1）达到 40 次，加 3 分；达到 60 次，加 6 分。（2）有网上展览，加 4 分
1.3.3	年阅读推广活动次数		20	加分项共 10 分：达到 50 次，加 5 分；达到 80 次，加 10 分
1.3.4	年数字阅读量占比 / %		50	计算方法：年数字资源借阅总次数 / 年各类文献借阅总次数 ×100%
1.3.5	年每万人参加读者活动人次		25	计算方法：年参加图书馆活动的总人次 / 服务人口数量 ×10000。 加分项共 10 分：达到 35 人次，加 5 分；达到 50 人次，加 10 分

续表

标号	项目名称	运营目标	一级指标值	指标解释与分项说明
1.3.6	图书馆服务宣传推广	每年中央级媒体宣传 2 次、省级媒体 24 次、其他媒体 108 次： 1. 开展服务宣传周的媒体宣传推广工作 2. 开展全民读书月的媒体宣传推广工作 3. 每年 4 月开展世界图书日的媒体宣传推广工作 4. 对其他相关活动的媒体宣传推广工作 5. 图书进社区、企业、学校等方式开展的书刊宣传推广活动		基本分项包括： （1）服务宣传周的媒体宣传推广工作，2.5 分； （2）全民读书月的媒体宣传推广工作，2.5 分； （3）世界图书日的媒体宣传推广工作，2.5 分； （4）对其他相关活动的媒体宣传推广工作，2.5 分； （5）馆内、馆外利用各种方式开展的书刊宣传推广活动，5 分
1.4	信息咨询服务			
1.4.1	普通参考咨询	1. 成立参考咨询部 2. 设立参考咨询服务台 3. 提供咨询、服务、提供一条龙服务 4. 开通线上咨询服务 5. 参加联合数字参考咨询		基本分项包括：（1）咨询台服务，2 分；（2）文献提供，2 分；（3）二、三次文献，2 分；（4）提供网上咨询和回复服务的，2 分；（5）设立专职人员进行实时咨询回复的，2 分。 加分项：参加联合数字参考咨询，加 5 分

续表

标号	项目名称	运营目标	一级指标值	指标解释与分项说明
1.4.2	专题咨询与情报分析服务	提供企业及其他单位信息定制服务		基本分项包括:（1）科技咨询与企业情报服务，5 分;（2）其他咨询服务（包括为本地区重点教育和其他部门提供情报服务等），5 分
1.5	网络资源服务			
1.5.1	图书馆网站	网站建设：界面美观、内容丰富、专人定期管理、更新和维护		基本分项包括:（1）网站结构，2 分;（2）网站内容，2 分;（3）网站美化，2 分;（4）网站维护，2 分;（5）管理与更新等方面，2 分。 加分项：图书馆网站中有英文网页，加 5 分
1.5.2	年人均网站访问量 / 次	1. 年人均网站访问量 0.2 次 2. 每月定期统计数据、分析并保存，以便查询和决策	0.2	计算方法：年人均网站访问量指图书馆网站中所有网页（含文件及动态网页）被访客浏览的总次数除以服务人口。 加分项：网站提供实时访问统计数据，含访客数据、访问页面等，加 5 分
1.5.3	可远程访问数字资源占比 / %	80%		计算方法：可远程访问的数据库个数 / 本馆发布服务的数据库的总个数 ×100%。 加分项共 5 分：达到 50%，加 2 分；达到 80%，加 5 分
1.6	新媒体服务			

续表

标号	项目名称	运营目标	一级指标值	指标解释与分项说明
1.6.1	微信公众平台、微博服务	1. 正式注册“晋中市图书馆”微信和微博平台 2. 微信平台关注者数量或微博粉丝数量二者之和占注册读者的比达到 70% 3. 定期推送（每周至少 1 次）服务信息		基本分项包括： （1）有正式注册微信或微博平台，若有 1 项，1 分，有两项，2 分； （2）微信平台关注者数量或微博粉丝数量二者之和占注册读者的比达到 10% 的，1 分，达 30%，2 分，达 50%，3 分，达 70%，5 分； （3）能定期推送（每月至少 2 次）服务信息的，3 分
1.6.2	移动图书馆	提供移动图书馆服务，且购置资源丰富相应版本软件		基本分项包括:（1）实现移动图书馆服务且效果良好，7 分。（2）提供相应版本软件，3 分
1.7	服务管理与创新			
1.7.1	服务数据显示度	1. 定期宣传发布图书馆服务数据 2. 利用图书馆网站定期发布服务数据 3. 图书馆馆舍入口处服务数据实时显示 4. 手机等移动客户端实时发布服务数据		指图书馆以多种方式将服务数据向社会公示。 基本分项包括:（1）定期宣传发布图书馆服务数据，3 分;（2）利用图书馆网站定期发布服务数据，2 分。 加分项包括:（1）图书馆馆舍入口处服务数据实时显示，加 5 分;（2）手机等移动客户端实时发布服务数据，加 5 分

续表

标号	项目名称	运营目标	一级指标值	指标解释与分项说明
1.7.2	服务品牌建设	打造服务 6 个品牌活动：如晋中读书节、晋中讲坛、风雅颂、晋商课堂、晋中展览等		加分项：超过 6 个，加 5 分
1.7.3	服务创新推广	体制创新、管理创新、服务创新并积极宣传推广		1. 基本分项包括：（1）服务推广手段与方法创新，2.5 分；（2）服务创新在本区域内的推广，2.5 分。 2. 加分项：服务创新获得表彰，并在上级区域内推广，加 5 分
1.8	读者评价			
1.8.1	读者意见处理与日常评价	1. 建立读者意见处理反馈机制与制度保障 2. 读者对反馈意见处理结果满意达到 80% 3. 建立读者日常评价的机制与管理 4. 读者好评达到达到 80% 5. 读者日常评价达到 90%		基本分项包括：（1）读者意见处理反馈机制与制度保障，5 分；（2）读者对反馈意见处理结果满意达 50%，10 分，达到 80%，15 分；（3）读者日常评价的机制与管理，5 分；（4）读者好评达到 50%，10 分，达到 80%，15 分。 加分项：读者日常评价达到 90%，加 5 分
1.8.2	读者满意率 / %		90	加分项：读者满意率达到 95% 以上，加 5 分

第二部分 业务建设

标号	项目名称	运营目标	一级指标值	指标解释与分项说明
2.1	馆藏发展政策与馆藏结构			
2.1.1	馆藏发展政策	制定完善的规章制度： 1. 有对各类文献资源的采集依据和工作要求的规定 2. 有各类文献资源结构占比的规定 3. 馆藏要体现对文献资源建设特点和本地区文献资源共建共享合理布局的要求		基本分项包括：（1）有对各类文献资源的采集依据和工作要求的规定，2 分；（2）有各类文献资源结构占比的规定，2 分；（3）有对文献资源建设特点和本地区文献资源共建共享合理布局要求的体现，1 分
2.1.2	馆藏专项规划	制定晋商特色馆藏专项规划		
2.1.3	馆藏发展政策执行情况	1. 图书、报纸、期刊等各类型文献品种采购合理，无重大缺藏，完善的规章制度和工作程序规范 2. 分期分批采购，保证资源的更新度		基本分项包括：（1）图书、报纸、期刊等各类型文献无重大缺藏，工作程序规范、严格，2.5 分；（2）文献采购及时，无集中突击性采购，2.5 分
2.2	编目与馆藏组织管理			

续表

标号	项目名称	运营目标	一级指标值	指标解释与分项说明
2.2.1	文献编目标准化	1. 制定晋中馆文献分类细则 2. 普通图书（包括中外文普通图书、少数民族图书等）编目符合标准，制定晋中馆图书编目细则，保证编目数据规范一致 3. 期刊、报纸文献编目符合标准，制定晋中馆报刊编目细则，保证编目数据规范一致 4. 视听资料编目符合标准，制定晋中馆视听资料编目细则，保证编目数据规范一致；电子文献编目符合标准，制定晋中馆电子文献编目细则，保证编目数据规范一致 5. 对馆藏少数民族文献或各类非书资料进行编目 6.参加全国性、全省性联合编目工作，上传馆藏目录并及时更新 7. 下载全国图书馆联合编目中心数据		基本分项包括:（1）本馆有文献分类细则，1 分;（2）普通图书（包括中外文普通图书、少数民族图书等）编目符合标准，本馆有相关编目细则，保证编目数据规范一致，1 分;（3）期刊、报纸文献编目符合标准，本馆有相关编目细则，保证编目数据规范一致，1 分;（4）视听资料编目符合标准，本馆有相关编目细则，保证编目数据规范一致，1 分;（5）电子文献编目符合标准，本馆有相关编目细则，保证编目数据规范一致，1 分。 加分项包括:（1）对馆藏少数民族文献或各类非书资料进行编目，加 2 分;（2）参加全国性、全省性联合编目工作，上传馆藏目录并及时更新，加 2 分;（3）下载全国图书馆联合编目中心数据，加 1 分

续表

标号	项目名称	运营目标	一级指标值	指标解释与分项说明
2.2.2	文献编目时效	制定完善的规章制度： 1. 图书在到馆 20 个工作日内完成编目 2. 期刊到馆 3 个工作日内完成记到，报纸在到馆 1 个工作日内完成记到 3. 其他各类文献及时编目		基本分项包括：（1）图书在到馆 20 个工作日内完成编目，1 分；（2）期刊到馆 3 个工作日内完成记到，报纸在到馆 1 个工作日内完成记到，2 分；（3）其他各类文献及时编目，2 分
2.2.3	编目文献占比 / %		90	计算方法：已编制目录的馆藏文献总数（种）/ 馆藏各类型文献总数（种）× 100%
2.2.4	加工整理与排架	制定晋中市图书馆完善的加工整理与排架制度： 1. 书标、加工给号（含登录号、条码号）和馆藏章规范、统一、整齐、美观 2. 架位维护管理：制定专门制度和有效措施 3. 排架正确率：落实到第三级，正确率达到 90%		基本分项包括：（1）书标、加工给号（含登录号、条码号）和馆藏章规范、统一、整齐、美观，2 分；（2）有专门架位维护管理制度和有效措施，1 分；（3）排架落实到第三级，正确率达到 90%，2 分

续表

标号	项目名称	运营目标	一级指标值	指标解释与分项说明
2.2.5	剔旧工作	制定完善的晋中市图书馆剔旧工作规章制度		基本分项包括：（1）剔旧工作制度，1分；（2）馆藏剔旧标准，2分；（3）剔旧工作执行情况，2分
2.2.6	文献保护	1. 制定晋中市图书馆普通文献保护、重点考查文献保护规章制度 2. 制定晋中市图书馆书库防火、防盗、防虫、防潮、防尘等措施、完善设备 3. 按时保洁，保持书库清洁卫生 4. 制定古籍与特藏保护措施（含古籍与特藏书库达标） 5. 2017—2018 年度被省级主管部门列为古籍保护单位		基本分项包括：（1）普通文献保护重点考查文献保护规章制度，2.5 分；（2）书库防火、防盗、防虫、防潮、防尘等措施、设备及效果，2.5 分；（3）书库卫生情况等方面，2.5 分；（4）古籍与特藏保护（含古籍与特藏书库达标），2.5 分。 加分项共 5 分：被省级主管部门列为古籍保护单位的，加 2 分；被列为国家级古籍保护单位的，加 5 分
2.3	地方文献工作			

续表

标号	项目名称	运营目标	一级指标值	指标解释与分项说明
2.3.1	地方文献工作组织	1. 成立专门组织机构和配备专业人员 2. 制订专门工作计划 3. 晋中市图书馆自行采集的地方图片、地方音视频文献和地方档案（晋中人讲晋中、外地人讲晋中、晋中人讲外地） 4. 设立地方文献专藏并管理 5. 地方文献编目加工整理 6. 开展地方文献对外服务 7. 有地方文献研究		基本分项包括:（1）有专门组织机构和人员，1分;（2）有专门工作计划并实施，1分;（3）有图书馆自行采集的地方图片、地方音视频文献和地方档案，1分;（4）有地方文献专藏并管理，2分;（5）地方文献编目加工整理，2分;（6）开展地方文献对外服务，2分;（7）有地方文献研究，1分
2.4	本区域公共图书馆服务体系建设			
2.4.1	本区域服务体系规划与共建共享	调研区域图书馆概况，制定总分馆制度，建立总分馆制体系		基本分项包括:（1）本区域服务网络建设的规划，2分;（2）管理及取得的成就等方面，2分;（3）有文献资源共享措施，1分;（4）有馆际互借或通借通还，2分;（5）有数字资源共享，1分;（6）文献资源共享的规模及效益等，2分

续表

标号	项目名称	运营目标	一级指标值	指标解释与分项说明
2.4.2	总分馆建设 / %		40	指本区域内设有直属分馆的二级行政区数量占本区域二级行政区总数的比例。 加分项：总分馆达到区域内二级行政区全覆盖，加 5 分
2.4.3	总分馆服务效能			
2.4.4	公共图书馆服务网点建设			指在总分馆基础上进行的各种延伸服务
2.5	基层辅导与学会工作			
2.5.1	基层业务辅导与培训	1. 基层业务辅导与培训的计划、经费、人员、总结 2. 基层业务辅导与培训的内容、次数、效果及反馈		基本分项包括：（1）基层业务辅导与培训的计划、经费、人员、总结，7 分；（2）基层业务辅导与培训的内容、次数、效果及反馈，8 分
2.5.2	图书馆学会（协会）工作	成立晋中市图书馆学会		基本分项包括：（1）计划与总结，1 分；（2）学术活动，1 分；（3）会员发展，1 分；（4）获奖情况，1 分；（5）学会会刊（工作通讯，纸质版与电子版均可），1 分。 加分项包括：（1）承担全省图书馆学会重要工作，加 2 分；（2）承担全国图书馆学会重要工作，加 5 分；（3）如有全国发行的正式刊物，加 3 分

续表

标号	项目名称	运营目标	一级指标值	指标解释与分项说明
2.12	业务管理			
2.12.1	图书馆宣传	1. 及时收集保存宣传材料 2. 媒体（包括报纸、电台、电视台、网络等）年宣传数量达到 300 篇次		基本分项包括:（1）有宣传材料，1 分;（2）媒体（包括报纸、电台、电视台、网络等）年宣传数量达到 300 篇次，4 分。 加分项：媒体年宣传数量达到 600 篇次且其中有若干篇次省级及以上媒体报道，加 5 分

第三部分 保障条件

标号	项目名称	运营目标	指标值	指标解释与分项说明
3.1	人员保障			
3.1.1	员工数量		60	基本分项包括:（1）达到基数 20 名员工，5 分;（2）达到每 2 万服务人口配备 1 名员工，5 分。 加分项：达到每 1 万服务人口配备 1 名员工，加 5 分
3.1.2	大学本科及以上学历员工占比 / %		40	1. 计算方法：馆内大学本科及以上学历的员工的数量 / 全馆员工总人数 ×100%。 2. 加分项：研究生学历员工占比达到 10% 以上，加 5 分
3.1.3	高级职称员工占比 / %		10	1. 计算方法：馆内获得高级职称的员工数量 / 全馆在编员工人数 ×100%。 2. 加分项：有正高职称员工，加 5 分
3.1.4	领导班子配备	1. 完善的人事选拔任用程序 2. 具有本科学历或副高职称以上占比达到 50% 3. 接受过图书馆专业系统培训 4. 领导班子成员中具有图书馆学及相关专业（信息管理与信息系统专业、信息资源管理专业、情报学专业、档案学专业）学历占比达到 75% 5. 领导班子老中青结合		基本分项包括:（1）考察领导班子选拔任用程序，2 分;（2）具有本科学历或副高职称以上占比达到 50%，5 分;（3）接受过图书馆专业系统培训，3 分。 加分项包括:（1）领导班子成员中具有图书馆学及相关专业（信息管理与信息系统专业、信息资源管理专业、情报学专业、档案学专业）学历占比达到 75%，加 2.5 分;（2）领导班子年龄结构合理，加 2.5 分

附录三　晋中市图书馆管理运行方案

晋中市图书馆管理运行方案

为建立市图书馆服务新模式，努力满足市民对图书文化服务的新期待，根据《中华人民共和国公共图书馆法》、《国务院办公厅转发文化部等部门关于做好政府向社会力量购买公共文化服务工作意见的通知》（国办发〔2015〕37号）和中宣部等七部委联合印发《关于深入推进公共文化机构法人治理结构改革的实施方案》（文公共发〔2017〕28号）精神，结合我市实际，制订本方案。

一、基本情况

晋中市图书馆是重要的公共文化设施，面积19800平方米，设计藏书量100万册，投资2.1亿元，于2014年11月开工，目前正在布展施工，预计2018年4月开馆试运行。

二、理念目标

作为一座城市的文化地标，图书馆不仅要满足人民便捷、舒适、实用、智能等的需求，还承载着传承历史与人文精神的责任，其管理理念要以人民为导向，树立服务精细、管理精准、高效运行的理念，借鉴国内外先进经验，着力建立以理事会为核心的法人治理结构和以政府购买专业服务为主体的管理运行新模式，努力提高服务效能，打造一个“标准化管理图书馆”和“永不关门的图书馆”。

三、运营管理架构

建立以理事会为主要形式的法人治理结构新机制，形成决策、管理和执行相互独立又相互制约和促进的运行机制。

（一）理事会——决策层：晋中市图书馆的决策层为理事会，理事会共 9 人，包括政府代表 4 人（财政、审计、人社、文化局各 1 人）、社会代表 3 人、图书馆系统代表 2 人（图书馆法人单位、专业服务单位各 1 人）。主要职责：

1. 审议决定图书馆章程和基本管理制度；

2. 审议决定图书馆的长期发展战略和发展规划；

3. 审议决定图书馆的年度工作计划、年度工作报告；

4. 审议图书馆财务预算草案；

5. 审议市文化局提名推荐的馆长、副馆长人选；

6. 评估馆长和管理层的年度工作，组织对图书馆的绩效评估工作；

7. 对理事会决议事项执行的监督；

8. 促进图书馆与政府、社会公众等的沟通。

（二）市图书馆——管理层：根据现有编制，组建人数为 6 人的市图书馆事业法人单位，设馆长 1 名（主持全馆工作）、副馆长 1 名（分管美术馆），办公室和综合业务部馆员各 2 名。主要职责：

1. 执行理事会决议。拟定、实施年度工作计划和重大改革事项，编制并组织实施经费预算等财务管理，负责国有资产和所属工作人员管理。

2. 负责图书馆资源建设，逐步建立能适应我市社会管理、教育科研和经济发展等需要的馆藏体系。

3. 组织图书征集、捐赠和使用，特别是地方文献的征集利用，负责搜集整理、抢救保护古籍等文化遗产。

4. 负责馆内阅读安全，做好互联网、电话接入等服务保障工作，协调机关事务管理局做好后勤保障服务。

5. 通过公开招标方式向社会购买专业服务，对专业服务进行管理监督和效能考核。

6. 推进和实施现代化技术在图书馆的应用，不断提高图书管理和服务手段的现代化水平。

7. 指导基层、单位建设图书馆总馆、分馆、服务点、图书室、图书漂流点，扩大服务覆盖面，满足基层、单位群众的基本文化需求。

（三）购买专业服务

购买服务的主要内容：

1. 全年 365 天开放，每周 70 个小时接待读者，馆内所藏图书、期刊、音像等资源的借阅服务及相关功能区的管理；24 小时无人值守图书馆和室外微型图书馆图书更新、数据整理；数字资源服务。

2. 举办展览讲座、艺术鉴赏、文化展示和数字化网络服务等活动，提供公众学习、研究、交流空间，开展流动服务和社会阅读推广活动等，满足市民日益增长的文化休闲需求。

3. 协助搜集整理、抢救保护古籍等文化遗产，做好晋中地方文献的征集、整理、利用工作，建设地方特色数字文化数据库。

4. 编辑出版图书馆信息情报刊物，为市政府及有关部门提供参考咨询服务。

5. 引导市民进行阅读，并积极对读者获取信息的相关方法进行教育，具体包括书目知识教育、文献检索知识方法教育、网络信息检索方法教育、阅读方法教育和学习方法教育等。

6. 协助基层、单位建设图书馆总馆、分馆、服务点、图书室、图书漂流点，扩大服务覆盖面，满足基层、单位群众的基本文化需求；根据需要对县（区、市）级图书馆工作进行业务辅导和专业培训。

7. 协助有关部门开展其他相关文化活动。

四、比较优势

（一）投入较少，服务更好，效率更高。

1. 面积较大。我市图书馆面积 1.98 万平方米，在地市级图书馆面积较大。

2. 服务更好。按照国家一级馆标准要求，我市图书馆每年举办讲座培训、展览、阅读推广等活动要达到 120 次以上，服务效能更好。

3. 费用更低。我市图书馆运行费用预算平均每平方米 252 元，运行成本更低。

（二）能够有效解决过去事业单位存在的权责不清、推诿扯皮、人浮于事、效率低下的问题。通过建立法人治理机制，合理界定各方面的权责关系，实现管办分离的新型政事关系；通过购买服务，降低运行成本，提高服务质量。这是新机制的潜在优势。

（三）直接进入公共文化服务单位管理运行的最先进模式。

五、管理措施

（一）建立法人治理新机制。通过采用理事会形式，建立一种制度化的公众代表参与形式，形成政府、社会人士、专业人士、服务对象等多元主体共同参与治理的制度平台。

（二）建立严格的考核机制。图书馆要建立系统量化的考核指标和考核办法。指标力求按照国家评估定级一级图书馆标准设定，做到量化、细化，既是标准要求，又是考核依据。考核办法要体现科学严密、奖惩并用的原则。

（三）建立退出机制。每季度市图书馆都将按照协议内容进行考核，并邀请第三方测评机构，对专业服务单位的服务内容进行测评，测评机构连续两次给出“不合格”的结果，市图书馆法人单位就有权解除与专业服务单位之间的合作，重新进行招投标。

（四）实施奖惩兑现。按照考核与测评结果，严格奖惩兑现，让财政资金更安全、更效益。

六、费用概算

总费用约需 739.08 万元（三个季度运营费用约需 554.31 万元）。其中市图书馆事业单位费用 240 万元（含人员费 20 万、资源建设费 160 万、互联网接入费 40 万、财产与人身安全保险费 20 万），购买专业服务费用 499.08 万元，购买服务价格每平方米 252.06 元。（通过公开招标确定专业服务公司，最终预算以财政评审和公开采购招标结果为准。水电暖保安保洁等后勤服务由机关事务管理局负责，约 540 万元。）

晋中市文化局

2018 年 2 月 5 日

附录四　晋中市图书馆章程（草案）

晋中市图书馆章程（草案）

第一章　总则

第一条　为规范本馆运行，确保公益目标的实现，根据《事业单位登记管理暂行条例》及其实施细则和国家有关法律法规、规章，制定本章程。本章程是理事会、监事、管理层的运行规则，对理事会、监事及本馆全体人员具有约束力。

第二条　本馆名称：晋中市图书馆。

第三条　本馆性质：面向社会公众开放的，收集、整理、保存、传播、研究和利用文献信息资源的公益性服务机构。

第四条　本馆住所：晋中市榆次区凤鸣街 209 号。

第五条　本馆经费来源：财政核拨。

第六条　本馆开办资金：人民币 60 万元。

第七条　本馆的举办单位：晋中市文化局。

第八条　本馆的登记管理机关：晋中市事业单位登记管理局。本馆自觉接受登记管理机关的监督管理。

第二章　宗旨和业务范围

第九条　宗旨：根据决策权力机构、管理执行机构、监督约束机构相互分离、相互制衡和精干高效的原则，建立以理事会为核心的事业单位法人治理结构，明确图书馆各个利益相关者的权利、义务与责任，使图书馆形成独立运作、自我发展、自我约束、自我管理的现代运行新模式，为社会提供优质高效的公共文化服务。

第十条　业务范围：

（一）文献资源采选、分编、加工、收藏；

（二）文献资源借阅；

（三）文献数字化加工、地方特色数字资源建设；

（四）举办公益文化活动（包括公益讲座、公益展览、公益培训等）；

（五）文献信息服务；

（六）图书馆工作业务研究；

（七）面向全市承担国家主导的全市文化信息资源共享工程、数字图书馆推广工程、公共电子阅览室计划、古籍保护工程和民国文献保护工程建设与组织实施工作；

（八）全市总分馆建设；

（九）全市基层图书馆（室）建设业务指导、队伍培训、技术保障等延伸工作；

（十）承担公共图书馆其他业务工作。

第三章　权利和义务

第十一条　本馆的权利：

（一）依法自主开展业务活动，对文献信息资源享有自主采购权，有收藏和利用收藏举办活动的权利；

（二）按照有关规定使用和管理本馆的法人财产；

（三）依照有关程序和规定推选本馆内部人员担任理事；

（四）按照有关规定行使内部人事管理和其他事务管理职责；

（五）接受单位和个人向本馆捐赠各类合法的出版物和资料；

（六）依法定权限接受机构、组织与个人自愿捐赠的合法财产，并依法完成捐赠事宜；

（七）法律法规规定的其他权利。

第十二条 本馆的义务：

（一）按照法律法规和国家政策，在核准登记的宗旨和业务范围内开展活动，为读者提供优质、高效、便捷的图书服务；

（二）执行图书馆行业的政策法规、行业规划、标准规范；

（三）按照有关规定向举办单位和政府有关部门报告重大事项；

（四）依法接受举办单位和政府有关部门的监管和社会监督；

（五）依法公开有关信息；

（六）法律法规规定的其他义务。

第四章 理事会

第十三条 理事会的基本职能：

（一）审议决定图书馆章程和基本管理制度；

（二）审议决定图书馆的长期发展战略和发展规划；

（三）审议决定图书馆的年度工作计划、年度工作报告；

（四）审议和决定本馆的财政预决算方案和重大财政支出；

（五）审议市文化局提名推荐的馆长、副馆长人选；

（六）评估馆长和管理层的年度工作，组织对图书馆的绩效评估工作；

（七）对理事会决议事项执行的监督。

（八）促进图书馆与政府、社会公众等的沟通。

第十四条 理事会通过理事会章程和理事会会议行使议事权和决策权，支持管理层工作，不直接参与图书馆管理；馆长是图书馆的法定代表人，负责图书馆日常工作，馆长及副馆长等组成图书馆的管理层，管理层执行理事会决议，接受理事会监督，为理事会工作提供便利和保障。

第十五条 理事会通过的决议按管理权限须报有关部门批准或备案的，应当报有关部门批准或备案。

第五章　理事会的组成与产生

第十六条　理事会由政府部门代表、社会人士、图书馆系统代表等组成，理事暂定9名。其中政府部门代表4人（财政、机关事务管理局、人社、文化局各1人）、社会代表3人、图书馆系统代表2人（图书馆法人单位、专业服务单位各1人）。

第十七条　理事采用选任制产生。政府部门代表理事由与图书馆服务相关的政府职能部门推荐，副处级以上干部按规定报组织部门核准；社会人士理事由文化局认可的其他民间组织推荐。在推荐的基础上进行选举确定。

第十八条　理事每届任期三年，可以连选连任。理事空缺时按第十六条规定的程序补充并委任，新任理事完成当届余下任期。

第十九条　理事的任职资格：

（一）热心社会公益，具有社会责任心及个人诚信；

（二）热爱图书馆事业，维护图书馆的权益和社会声誉；

（三）坚持共产党领导和正确的政治方向，未受过刑事处罚；

（四）在所属领域拥有较高的资历和声望，能客观、独立地表达专业意见；

（五）具备担任理事所需的相关知识和技能，身体健康。

第二十条　理事会设理事长、副理事长、监事各1名。理事长由市文化局委任，副理事长由图书馆法人担任，监事由文化局委任，理事由图书馆履行聘任手续。理事会组织机构报市文化局人事科备案，同时报知公共文化科。

第二十一条　理事会设兼职秘书1名，负责理事会的会议筹备、文件保管等事宜。理事会秘书由理事会聘用，向理事会负责。理事会秘书应当严守秘密，不得私自公开理事会内部信息。

第六章　理事的权利与义务

第二十二条　理事享有以下权利：

（一）出席理事会会议，行使表决权；

（二）监督、检查图书馆对理事会决议的执行情况；

（三）对管理层执行职务的行为进行监督，对违反法律法规、图书馆章程或理事会决议的人员提出罢免建议；

（四）监督图书馆资金有效使用情况；

（五）提议召开临时理事会会议；

（六）向理事会提出提案。

第二十三条　理事承担以下义务：

（一）遵守理事会章程和工作纪律；

（二）秉持诚信和勤勉精神，认真履行职责，谨慎决策；

（三）了解图书馆的使命、政策、服务内容，关注图书馆变化与发展；

（四）执行理事会会议的决议；

（五）完成理事会委托的任务；

（六）不得通过理事会任职获取任何非法利益；

（七）审议有关议案可能会产生相关利益冲突时，应申请回避。

第二十四条　理事为不授薪的社会公益职位。

第七章　理事长、副理事长与监事责权

第二十五条　理事长除享有理事权利外，还行使以下职权：

（一）召集和主持理事会会议；

（二）当理事会会议的表决票数相同时，有权投决定票；

（三）签署理事会重要文件；

（四）督促、检查理事会决议的实施情况；

（五）理事会授予的其他职权。

第二十六条　副理事长行使以下职权：

（一）参与理事会决策，组织实施理事会决议，定期向理事会汇报图书馆运行管理状况，接受理事会监督；

（二）决定聘任或解聘除应由理事会决定聘任或解聘以外的人员；

（三）组织实施图书馆年度工作计划，编制年度报告；

（四）组织拟订或建议修改图书馆用人规模、机构设置、基本管理制度和图书馆章程；

（五）组织考核运行服务管理方，抓好季度考核和年度考核工作。

（六）理事会授予的其他职权。

第二十七条　监事的职责

监督本馆的整体运行及管理情况；

（二）监督理事、管理层人员履职情况；

（三）向馆长提出工作质询和改进工作的建议等。

第八章　理事会议事规则

第二十八条　理事会会议一般由理事长定期召集，一般一年不少于两次。

第二十九条　出现以下情况之一时，理事长应在 10 个工作日内召开理事会临时会议：

（一）理事长认为必要时；

（二）三分之一以上的理事联名提议时；

（三）图书馆馆长提议时。

重大突发事件发生时，理事长应当立即召集理事会会议。

第三十条　理事会议题根据理事会章程确定。理事在职权范围内可提交补充议题，补充议题须在理事会会议召开前以书面方式提出，由理事长决定是否列入当次会议议题。

第三十一条　理事会会议应由三分之二以上理事出席方可举行。

第三十二条　理事在审议理事会各项议题前，应做好充分的调查研究，重大专业事项应向有关专业机构或专家进行咨询。

第三十三条　理事会会议的有关材料一般应提前以电子邮件、书面或口头形式通知各位理事，并载明会议内容等事项。理事会会议如有变动，应提前通知各位理事。理事会会议之后应形成会议纪要。

理事会会议形成的决议原则上应在五个工作日之内以文件或会议纪要形式发给图书馆执行，特殊情况除外。

第三十四条　理事会会议的表决，实行一人一票。会议决议实行多数表决原则，即必须超过参会理事的二分之一方为通过。当表决票数相同时，理事长有权投决定票。

表决方式根据具体表决事项由理事长决定。经协商一致，所有参会理事一致同意的，可采用举手或口头表决方式；经协商意见不一致的，采用无记名投票表决方式。

第三十五条　理事因故不能出席理事会会议的，政府部门的理事可书面授权本单位一名代表发表意见和行使表决权；社会人士理事可以书面委托其他理事发表意见和行使表决权。

第三十六条　在理事会闭会期间，可以通过传真、电子邮件等通讯表决方式处理事务。由过半数成员以通讯表决方式通过的决议，具有与理事会会议通过的同等效力。

第三十七条　涉及全体职工切身利益的重大事项，按照有关规定提请职工代表大会讨论或审议。理事会在决策时应充分考虑职工代表大会的意见。

第三十六条　出席会议的理事应当在会议记录上签名，并承担责任。出席会议的理事有权要求在记录上对其在会议上的发言做出说明性记载。

第三十八条　理事会会议记录包括以下内容：

（一）会议召开的日期、地点和召集人姓名；

（二）出席理事的姓名；

（三）会议议程和议题；

（四）理事发言要点；

（五）每一决议事项的表决方式和结果。

第三十九条　理事会决议、会议纪要经理事长签署后生效，所决议事项按管理权限须报有关部门批准的，须履行报批手续。

第四十条　如有必要，经理事长同意，相关人员可以列席理事会会议，以阐明具体事项。

第九章　责任追究制度

第四十一条　理事如没有合适理由，疏于履行理事职责，未能应尽理事义务的，给予不良评价；理事未征得理事长同意，多次缺席理事会会议且缺乏正当理由的，取消理事资格。

第四十二条　理事会违反法律法规和图书馆章程导致决策失误，致使严重损失或造成严重社会后果的，参加决策的理事应承担相应的责任，但经证实在表决时曾表示异议并记录在案的，可免除责任。

第四十三条　理事利用职务非法牟利，触犯法律的，承担相应法律责任。

第十章　理事的进入、退出制度

第四十四条　理事的进入按第十五条至第十七条执行。

第四十五条　理事长因人事变动须退出理事会的，由市文化局提议，经理事会审议退出。

第四十六条　理事退出遵照自愿原则，自愿退出的理事须向理事会递交自愿辞去理事的申请书，政府部门和社会团体的理事代表须同时递交委派部门的同意证明，经理事会同意后方可退出。

第四十七条　政府部门和社会团体的理事代表离开原单位或社会团体的，取消理事资格。

第四十八条　理事不履行义务或触犯法律的，按第九章执行。

第十一章　管理层

第四十九条　本馆管理层是理事会的执行机构，实行馆长负责制。

第五十条　管理层向理事会负责，履行下列职责：

（一）执行理事会决议；

（二）拟定和实施年度工作计划；

（三）按要求编制年度经费预算和财务决算，执行上级审定的经费预算，按规定进行财务核算和资产管理；

（四）拟定本馆基本管理制度；

（五）拟定本馆机构编制方案；

（六）本馆日常工作管理；

（七）定期向理事会汇报工作；

（八）理事会赋予的其他职权。

第五十一条　本馆馆长、副馆长由理事会提名，报举办单位任免。党支部书记按《党章》有关规定产生，由举办单位任免。

第五十二条　馆长行使下列职权：

（一）在理事会领导下按章程开展工作，定期向理事会汇报本馆运行管理状况，接受理事会、监事监督；

（二）全面负责本馆业务、人事、财务、资产等各项管理工作；

（三）决定聘任或解聘管理层以外的管理人员；

（四）法律法规和理事会授予的其他职责。

第五十三条　馆长作为拟任法定代表人人选，经登记管理机关核准登记后，取得本馆法定代表人资格，依法履行法定代表人职责。

第五十四条　管理层班子及其成员定期向理事会和职工（代表）大会述职，接受理事会的考核和职工（代表）大会的监督，并将考核和评价结果作为管理层绩效考核的重要依据。

第十二章　员工管理

第五十五条　员工享有下列权利：

（一）按规定使用本馆的公共资源的权利；

（二）公平获得自身发展所需机会和条件的权利；

（三）在品德、能力和业绩等方面获得公正评价的权利；

（四）对本馆工作的知情权、参与权、监督权；

（五）依照法律、法规、规章、规定和聘用合同约定，获得薪酬及其他福利待遇的权利；

（六）对岗位聘用、福利待遇、奖励或处分等事项表达异议和提出申诉的权利；

（七）法律、法规、规章与聘用合同规定的其他权利。

第五十六条　员工应履行下列义务：

（一）遵守本馆规章制度，履行岗位职责；

（二）钻研业务，提高专业素养；

（三）遵守职业道德，爱岗敬业，热情服务；

（四）维护读者权益，保护读者个人信息安全；

（五）尊重知识产权，依法利用文献信息资源；

（六）维护本馆权益和声誉；

（七）法律、法规、规章和聘用合同规定的其他义务。

第五十七条　经评定具备任职条件的员工，由管理层按照岗位职责、条件和任期进行聘任（用）。

第五十八条　实行绩效考核制度，每年对员工的思想品德、业务水平、工作态度和工作业绩进行考核，考核结果作为其岗位聘任（用）、薪级调整、职务变动、职称评定的重要依据。

第五十九条　依法保障员工的工资、福利待遇，其工资、保险、福利待遇按照国家有关规定执行。

第六十条　加强对员工的业务培训，支持和鼓励员工从事图书馆事业研究、学术交流，参加专业学术团体。

第六十一条　按照有关规定，对本馆做出重大贡献的员工予以表彰、奖励，对违反法律法规和本馆规章制度的员工予以处分。

第六十二条　在本馆从事读者志愿服务、研究交流、后勤保障等活动的人员，依据法律法规和有关规定，享有相应的权利，履行相应的义务。

第十三章　资产管理和财务制度

第六十三条　图书馆的合法资产受法律保护，任何单位、个人不得侵占、私分、挪用。

第六十四条　图书馆的经费使用应符合办馆的宗旨和业务范围。

第六十五条　图书馆执行国家统一的事业单位会计制度，依法接受税务、会计、审计等主管部门监督。

第六十六条　图书馆财务人员按照有关法律法规和会计制度的规定配备、管理。

第六十七条　图书馆的人员工资、社保、福利待遇按照国家有关规定执行。

第六十八条　理事会换届和行政负责人（馆长）离任前，应当进行经济责任审计。

第十四章　信息披露

第六十九条　图书馆承诺按照国家法律法规和事业单位登记管理机关的规定，真实、完整、及时地披露以下信息：

（一）理事会通过的事业发展规划；

（二）图书馆的年度报告；

（三）图书馆的管理制度；

（四）本章程的修改情况；

（五）其他需要公布的重大事项。

第十五章　终止和剩余资产处理

第七十条　图书馆有以下情形之一，应当终止：

（一）经审批机关决定撤销；

（二）因合并、分立解散；

（三）因其他原因依法应当终止的。

第十六章　章程修改

第七十一条　图书馆有下列情形之一的，应当修改章程：

（一）章程规定的事项与修改后的国家法律、行政法规的规定不符的；

（二）章程内容与实际情况不符的；

（三）图书馆事业发展需要的；

（四）理事会认为应当修改章程的其他情形。

第七十二条　理事会决议通过的章程修改案，经举办单位审查同意后，报登记管理机关核准备案。涉及事业单位法人登记事项的，须向登记管理机关申请变更登记。

第十七章　附则

第七十三条　本章程经　年　月　日理事会表决通过，并报市文化局备案生效。

第七十四条　本章程的修改必须经理事会三分之二以上的理事赞成通过，并报市文化局备案。

第七十五条　本章程内容如与法律法规、行政规章及国家政策相抵触时，应以法律法规、行政规章及国家政策的规定为准。涉及事业单位法人登记事项的，以登记管理机关核准颁发的《事业单位法人证书》刊载内容为准。

第七十六条　本章程的解释权属于理事会。

第七十七条　本章程自事业单位登记管理机关核准备案之日起生效。

附录五　晋中市图书馆绩效评估调查问卷

调查问卷[①]

亲爱的读者朋友：

您好！

感谢您参加此次调查。公共图书馆作为公共文化服务机构，坚持免费开放、公益服务，创造更多的社会效益。但同时，这也造成公共图书馆的价值难以用一个具体直观的数值进行展现。此次调查旨在为晋中市图书馆的价值作出量化评估，从而让人们更明确地了解、认识到公共图书馆存在的必要性及其重要价值。

完成这份调查问卷大约需要几分钟的时间，非常感谢您抽出时间来回答这些问题。这对我们非常重要。

您提供的任何信息将被严格保密。

晋中市图书馆

2021 年 10 月

① 本调查问卷是参照2013年《大英图书馆的经济价值评估报告》，并结合晋中市图书馆馆情编制而成。

以下问题如无备注，均为单选。

关于你的个人情况

1. 你持有晋中市图书馆读者证吗？

□有

□没有

2. 你的年龄是多大？

□ 18 岁以下

□ 18—24 岁

□ 25—34 岁

□ 35—44 岁

□ 45—54 岁

□ 55—64 岁

□ 65 岁以上

3. 你的性别是什么？

□男性

□女性

□不想说

4. 你的最高学历是什么？

□小学

□初中

□高中

□大专

□本科

□硕士研究生

□博士研究生

□其他，请补充________________________________

5. 你的主要职业是什么？

□政府机构工作人员

□非营利机构（如学校、医院、科研机构等）工作人员

□企业管理者或员工

□自由职业者

□学生

□离退休人员

□待业人员

□其他，请补充________________________________

6. 你的月收入（税前）属于以下哪一个范围内？

□低于 1000 元

□ 1001—3000 元

□ 3001—5000 元

□ 5001—8000 元

□ 8001—11000 元

□ 11000 元以上

7. 你是晋中市的常住人口吗？（即你在晋中市居住了 6 个月以上）

□是的

□不是

关于你使用图书馆的一般情况

8. 以下哪一项最好地描述了你使用图书馆的主要目的？

□课外学习

□学术研究

□工作充电所需

□个人阅读兴趣

□文化娱乐休闲

□其他，请补充____________________

9. 在过去 12 个月里，你使用过图书馆的哪些服务？（多选）

□查找资料

□借阅图书

□听歌看电影

□文献传递

□在线阅读数字资源

□下载数字资源

□查阅公开的政府信息

□参观展览

□听讲座

□参加培训

□参加其他读者活动（如读者沙龙、影音鉴赏以及各类比赛等）

□其他，请补充____________________

10. 你平均每年去晋中市图书馆多少次？

□每年 1—2 次

□每年 3—5 次

□每年 6—12 次（即一至两月 1 次）

□每年 13—24 次（即每月 1—2 次）

□每年 25—52 次（即一至两周 1 次）

□每年 53—100 次（即每周 1—2 次）

□每年 101—200 次（即每周 2—4 次）

□每年 201—300 次（即每周 4—6 次）

□每年 300 次以上（即几乎每天一次）

11. 从你家（或工作地点）到晋中市图书馆来回大约需要多长时间？如果你是来晋中出差或旅游，请选择你在晋中所住地方到晋中市图书馆来回大约需要多长时间。

□不到 30 分钟

□ 30 分钟到 1 小时

□ 1—2 小时

□ 2—3 小时

□ 3—4 小时

□ 4—5 小时

□ 5—6 小时

□ 6 小时以上

12. 平均来说，你每次在晋中市图书馆里待多久？

□不到 30 分钟

□ 30 分钟到 1 小时

□ 1—2 小时

□ 2—3 小时

□ 3—4 小时

□ 4—5 小时

□ 5—6 小时

□ 6 小时以上

13. 你通过什么交通工具来的晋中市图书馆？如果你使用的交通工具超过一种，请选择占你行程时间最多的交通工具。

□私家车

□打车

□公共交通工具（含地铁、公交）

□自行车（含共享单车）

□步行

□其他，请补充____________________

14. 平均来说，你每次来回晋中市图书馆要花多少钱？

□ 2 元以下

□ 2—5 元

□ 6—10 元

□ 11—30 元

□ 31—50 元

□ 51—100 元

□超过 100 元

15. 你选择来图书馆而不是去其他信息服务场所的原因是什么？（可多选）

□丰富而系统的馆藏文献资源

□独具特色的馆藏文献资源

□最新的馆藏文献资源

□图书馆工作人员的支持和帮助

□舒适的环境

□比其他地方花费更少

□更有可能交到志同道合的朋友

□其他，请补充________________________________

关于图书馆对你的重要性

16. 如果你不能使用晋中市图书馆的服务，你的学习 / 研究 / 工作 / 生活将会受到什么影响？

□不受影响

□有些影响

□严重影响

17. 如果你不能使用晋中市图书馆的服务，那么你选择其他来源的相应服务每年需要额外支付多少费用？其中包括相关交通、住宿和获取资料的费用。（例如借阅图书，一些书店提供付费借阅图书服务，按年费办理借阅卡或者按每次借阅图书的数量付费，如果你不能在图书馆免费借阅，而只能去书店付费借阅，你大约一年需要额外支付多少费用？）请在空行填写，如果无法确定具体数额，请在列出的选项中尽量选择一个答案。当然，做出这个选择并不要求你真的那么去做。

____________元

□ 1—100 元

□ 100—500 元

□ 500—1000 元

□ 1001—5000 元

□ 5000 元以上

□无，除图书馆之外我别无选择

□无，选择其他替代服务不会增加我的成本

18. 晋中市图书馆的经费主要是政府财政拨款，如果，这笔资金停止拨付（虽然这不太可能），你是否愿意支付一笔款项，例如通过捐赠或订阅，来帮助晋中市图书馆继续开馆运行并提供服务？（特别说明：这类问题并不是意味着政府将停止向图书馆拨款或图书馆将对服务收费，而是为了了解你对晋中市图书馆及其服务的重视程度。请务必回答这些问题，这对于我们准确评估晋中市图书馆及其服务的价值十分重要。）

□是的，我愿意

□不，我不愿意

□无法回答

19. 为了支持晋中市图书馆及其服务的继续提供，你愿意每月支付的捐款或订阅的最高金额是多少？

____

20. 试想一下，晋中市图书馆停止发放读者证，但允许现有的读者出售他们的读者证，你愿意接受的最低每月付款金额是多少？或者说，你有一张晋中市图书馆的读者证，你现在愿意以每月获得多少钱来永远放弃使用这张读者证？

____

21. 请对晋中市图书馆的以下方面对你的重要性进行评级。从 1—10 之间选择一个数字，1 表示对你一点也不重要，10 表示对你非常重要。

● 图书馆作为学习 / 研究 / 阅读的信息资源中心，对你有多重要？

1	2	3	4	5	6	7	8	9	10

● 图书馆作为一个值得信赖的信息来源，对你有多重要？

1	2	3	4	5	6	7	8	9	10

● 远程在线访问图书馆馆藏资源对你来说有多重要？

1	2	3	4	5	6	7	8	9	10

● 图书馆的馆舍环境（布局设计、装修等）作为一个高效的学习 / 研究 / 阅读场所，对你有多重要？

1	2	3	4	5	6	7	8	9	10

● 图书馆独具特色的馆藏文献，对你有多重要？

1	2	3	4	5	6	7	8	9	10

● 图书馆丰富而系统的馆藏，对你有多重要？

1	2	3	4	5	6	7	8	9	10

● 图书馆作为一个能够激发和实现创新的孵化器，对你有多重要？

1	2	3	4	5	6	7	8	9	10

● 图书馆提供的各种免费服务（如免费借阅等），对你有多重要？

1	2	3	4	5	6	7	8	9	10

● 图书馆面向特殊人群（如少年儿童、老年人、残疾人、农民工等）提供的特定用户服务（如面向少儿群体开展的晋小图系列活动），你觉得有多重要？

1	2	3	4	5	6	7	8	9	10

● 图书馆员工专业且可靠的知识服务，对你有多重要？

1	2	3	4	5	6	7	8	9	10

● 图书馆免费提供的海量数字资源，对你有多重要？

1	2	3	4	5	6	7	8	9	10

● 图书馆提供的晋韵美展等公开展览服务，对你有多重要？

1	2	3	4	5	6	7	8	9	10

● 图书馆提供的凤鸣讲坛等公益讲座服务，对你有多重要？

1	2	3	4	5	6	7	8	9	10

● 图书馆提供的免费培训服务，对你有多重要？

1	2	3	4	5	6	7	8	9	10

● 图书馆免费提供的读书沙龙、比赛等各种读者活动，对你有多重要？

1	2	3	4	5	6	7	8	9	10

● 在满足你的自我实现和总体幸福感方面，图书馆的作用对你有多重要？

1	2	3	4	5	6	7	8	9	10

● 你认为图书馆在保存传承区域文化、地方记忆方面的作用有多重要？

1	2	3	4	5	6	7	8	9	10

关于图书馆的数字化服务

22. 在过去 12 个月里，你使用过晋中市图书馆的网站（网址为 https：//www.jzstsg.com）吗？

□有

□没有

如回答“有”，请继续回答问题 23—25。

23. 你使用晋中市图书馆网站的频率是？

□这是我第一次访问晋中市图书馆网站

□经常使用（即一周一次或多次）

□偶尔使用（即一个月一次或多次）

□很少使用（即一年一次或多次）

24. 你一般是通过什么渠道访问晋中市图书馆网站的？

□馆内登录访问

□互联网搜索（如百度搜索）后访问

□直接通过晋中市图书馆网站网址访问

□其他，请补充________________

25. 使用晋中市图书馆网站时，你常用哪些服务或栏目？（多选）

□文献的在线检索

□资源导航

□阅览、下载数字资源

□个人借阅情况查询

□办理网上续借

□查阅新闻资讯

□查阅服务指南

□查阅、咨询读者活动信息

□查阅、咨询图书馆之城的相关信息

□晋中市公共图书馆数字资源共享平台

□政府信息公开专栏

□其他，请补充________________

26. 在过去 12 个月里，你使用过“晋中市图书馆”App 手机端（也称移动图书馆）吗？

□有

□没有

如回答“有”，请继续回答问题27—29。

27. 你使用“晋中市图书馆”App手机端的频率是？

□这是我第一次使用“晋中市图书馆”App手机端

□经常使用（即一周一次或多次）

□偶尔使用（即一个月一次或多次）

□很少使用（即一年一次或多次）

28. 你是通过什么渠道下载“晋中市图书馆”App手机端的？

□馆内宣传推广时扫描二维码下载

□扫描晋中市图书馆网站上的二维码下载

□互联网搜索（如百度搜索）后下载

□他人（如朋友）推荐分享后下载

□其他，请补充＿＿＿＿＿＿＿＿＿＿＿＿＿＿＿＿

29. 使用“晋中市图书馆”App手机端时，你用过哪些服务或栏目？（多选）

□时间轴

□每日打卡

□移动图书馆

□少儿绘本

□馆藏查询

□新闻资讯

□晋图推荐

□晋中文化

□服务指南

□公开课

□百城共读

□活动报名

□名师讲坛

□其他，请补充____________________

30. 在过去 12 个月里，你使用过晋中市图书馆的微信公众号吗？

□有

□没有

如回答“有”，请继续回答问题 31—33。

31. 你使用“晋中市图书馆”微信公众号的频率是？

□这是我第一次使用“晋中市图书馆”微信公众号

□经常使用（即一周一次或多次）

□偶尔使用（即一个月一次或多次）

□很少使用（即一年一次或多次）

32. 你是通过什么渠道关注“晋中市图书馆”微信公众号的？

□馆内宣传推广时扫描二维码关注

□互联网搜索（如微信公众号搜索）后关注

□他人（如朋友）推荐分享后关注

□没有关注，但看过这个微信公众号推送的内容

□其他，请补充____________________

33. 使用“晋中市图书馆”微信公众号时，你用过哪些服务或栏目？（多选）

□微服务大厅

□微阅读

□微应用

□阅读推送的消息

□活动预约报名

□检索图书

□数字阅读

□凤鸣传书（即线上“你选书，我买单”）

□图书续借预约

□读者证挂失

□有声阅读（即听书）

□参观网上展厅

□新书推荐

□入馆预约

34. 除了图书馆网站、手机 App、微信公众号等以互联网为渠道开展的数字化服务之外，晋中市图书馆还在馆内外设置多种设施设备（如电子借阅机、触摸屏数字阅读一体机等）提供数字化、智能化服务。在过去 12 个月里，你使用过晋中市图书馆以下的哪些设施设备？

□电子阅读本（晋中市图书馆拥有 6 寸电子阅读本 50 个，9 寸阅读本 10 个，可借出用于阅读电子书。）

□个人视听室（主要进行视频在线观看）

□电子阅览区

□朗读亭（可进行朗读练习、演讲练习、英语口语练习、音频录制）

□歌德电子借阅机

□触摸屏数字阅读一体机

□瀑布流电子图书借阅机

35. 以上这些形式丰富多样的数字化服务，和到馆通过人对人的现场服务相比，有没有让你感觉更加便利？

□有

□没有

36. 如果你不能使用晋中市图书馆的数字化服务，你是否需要去图书馆更多次？

□是的

□不会

37. 如果你不能使用晋中市图书馆的数字化服务，你的学习/研究/工作/生活将会受到什么影响？

□不受影响

□有些影响

□严重影响

38. 如果你不能使用晋中市图书馆免费提供的在线阅读、下载数字资源服务，那么你选择其他来源的相应服务每年需要额外支付多少费用？请在空行填写，如果无法确定具体数额，请在列出的选项中尽量选择一个答案。当然，做出这个选择并不要求你真的那么去做。

_______元

□ 1—100 元

□ 100—500 元

□ 500—1000 元

□ 1001—5000 元

□ 5000 元以上

□无，除图书馆之外我别无选择

□无，选择其他替代服务不会增加我的成本

39. 如果你不能使用晋中市图书馆免费提供的在线文献传递服务（即图书馆根据你提出的需求将你所需的文献通过 Email 发到你的邮箱），那么你选择其他来源的相应服务每年需要额外支付多少费用？请在空行填写，如果无法确定具体数额，请在列出的选项中尽量选择一个答案。当然，做出这个选择并不要求你真的那么去做。

______元

□ 1—100 元

□ 100—500 元

□ 500—1000 元

□ 1001—5000 元

□ 5000 元以上

□无，除图书馆之外我别无选择

□无，选择其他替代服务不会增加我的成本

40. 如果你不能使用晋中市图书馆免费提供的虚拟参考咨询服务（虚拟参考咨询是指通过实时在线交谈、电子邮件、网络表单、电话等方式为读者提供参考咨询服务，解答读者在利用图书馆过程中产生的各种问题，内容涉及馆藏资源及其利用、文献查找途径及查找中遇到的问题、图书馆的各项服务与规则，等等，以帮助读者更有效地利用图书馆），那么你选择其他来源的相应服务每年需要额外支付多少费用？请在空行填写，如果无法确定具体数额，请在列出的选项中尽量选择一个答案。当然，做出这个选择并不要求你真的那么去做。

______元

□ 1—100 元

□ 100—500 元

□ 500—1000 元

□ 1001—5000 元

□ 5000 元以上

□无，除图书馆之外我别无选择

□无，选择其他替代服务不会增加我的成本

关于图书馆开展的读者活动

41. 你对图书馆读者活动的开展情况是否了解？

□非常了解

□有所了解

□不太了解

□不知道图书馆有什么读者活动

42. 目前，图书馆会经常性地举办各种读者活动，以促进全民阅读。在过去 12 个月里，你参加过晋中市图书馆开展的读者活动吗？包括但不限于线上线下举办的讲座、展览、培训以及读书沙龙、各类比赛等读者活动。

□有

□没有

如回答“有”，请继续回答问题 43—44。

43. 你参加过晋中市图书馆的以下哪些活动？（多选）

□凤鸣讲坛

□晋韵美展

□晋小图系列活动，包括但不限于“我和老外学口语”、艺术早教、欢乐拼搭、国学课堂等

□音乐诵读会

□“E时代·共分享”公开课

□“文化助盲·光明前行”盲人读书沙龙

□“第七放映厅”活动

□“阅读在路上”活动

□“凤鸣读书节”活动

□“非遗听我说”活动

□“你选书，我买单”活动

□“凤鸣荐书”活动

□“品读经典·感悟人生”活动

□其他，请补充________________________________

44. 你参加晋中市图书馆读者活动的频率是？

□这是我第一次参加晋中市图书馆读者活动

□经常参加（即一周一次或多次）

□偶尔参加（即一个月一次或多次）

□很少参加（即一年一次或多次）

45. 在不考虑其他问题（如时间、交通等方面）的情况下，你对参加图书馆读者活动的意愿是？

□非常愿意参加

□有兴趣参加

□一般，可有可无

□不想参加

46. 如果你不能参加晋中市图书馆的读者活动，你的学习 / 研究 / 工作 / 生活将会受到什么影响？

□不受影响

□有些影响

□严重影响

47. 无论你是否参加过晋中市图书馆的读者活动，在你看来，这些读者活动对促进个人和社会发展有价值吗？

□有

□没有

□不知道

48. 如果你不能参加晋中市图书馆的各种讲座活动，那么你选择其他替代活动每年需要额外支付多少费用？请在空行填写，如果无法确定具体数额，请在列出的选项中尽量选择一个答案。当然，做出这个选择并不要求你真的那么去做。

__________元

□ 1—100 元

□ 100—500 元

□ 500—1000 元

□ 1001—5000 元

□ 5000 元以上

□无，除图书馆之外我别无选择

□无，选择其他替代活动不会增加我的成本

49. 如果你不能参观晋中市图书馆的各种展览活动，那么你选择其他替代活动每年需要额外支付多少费用？请在空行填写，如果无法确定具体数额，请在列出的选项中尽量选择一个答案。当然，做出这个选择并不要求你真的那么去做。

________元

□ 1—100 元

□ 100—500 元

□ 500—1000 元

□ 1001—5000 元

□ 5000 元以上

□无，除图书馆之外我别无选择

□无，选择其他替代活动不会增加我的成本

50. 如果你不能参加晋中市图书馆的各种读者培训活动，那么你选择其他替代活动每年需要额外支付多少费用？请在空行填写，如果无法确定具体数额，请在列出的选项中尽量选择一个答案。当然，做出这个选择并不要求你真的那么去做。

________元

□ 1—100 元

□ 100—500 元

□ 500—1000 元

□ 1001—5000 元

□ 5000 元以上

□无，除图书馆之外我别无选择

□无，选择其他替代活动不会增加我的成本

51. 如果你不能参加晋中市图书馆的读书沙龙、征文比赛等读者活动，那么你选择其他替代活动每年需要额外支付多少费用？请在空行填写，如果无法确定具体数额，请在列出的选项中尽量选择一个答案。当然，做出这个选择并不要求你真的那么去做。

__________元

□ 1—100 元

□ 100—500 元

□ 500—1000 元

□ 1001—5000 元

□ 5000 元以上

□无，除图书馆之外我别无选择

□无，选择其他替代活动不会增加我的成本

后　记

非常高兴能够与晋中市图书馆合作共同完成本书的研究写作。

从20世纪末我国图书馆界开始实施编目等的部分业务外包到2010年后出现整体业务外包，社会化运营在图书馆界引发了大量讨论，人们对其褒贬不一，很多人担心把图书馆业务交给营利性的企业去做会使图书馆的公益性丧失。实践证明，社会化运营不仅没有使图书馆的公益性丧失，反而为图书馆发展注入了新的活力，部分业务外包降低了图书馆的用工和管理成本，使图书馆能够有精力发展核心业务，为读者提供更好的服务。整体外包则以政府购买服务的方式，短时间内达到了低成本、见效快、群众满意的图书馆服务目标。党的十八大以来，随着国家对公共文化服务的重视，一系列支持、鼓励社会力量参与公共文化服务体系建设的政策和法规相继出台，图书馆社会化运营有了法律依据和保障。全国各地不同规模、不同级别的公共图书馆越来越多地开始探索和实施社会化运营。

不可否认，随着图书馆社会化运营实践的增多，它也逐渐暴露出一些问题，如：由于地方相关政策或决策导致的图书馆社会化运营不能持续的问题，评价和监督机制不建全导致的评价有效性问题，财政资金不足导致的合作不稳定问题，承接主体准入、退出机制与激励机制的平衡问题，政府、图书馆、运营商、公众的关系和职能问题，等等。这些问题得不到有效解决将直接影响图书馆社会化运营效果。然而，我国图书馆的社会化运营还处在初级发展阶段，实践还不够丰富，理论研究也不够充分和深入，因而将已实施社会化运营图书馆的成功经验和失败教训进行总结和分析，对解决上述问题有着重要的现实意义，尤其是对中小型城市的公共图书馆来说，囿于资金、人力等的限制，想实现低成本、见效快的公共文化服务体系建设，借鉴类似图书馆的建设案例，可以让这些图书馆少走很多弯路。这也正是本书出版的初衷所在。

毫无疑问，晋中模式是成功的，其领导机制、决策机制、管理机制、执行机制、监督和考核机制在理论和实践上都形成了逻辑自洽，并带有鲜明的晋中特色，是晋中市根据实际情况摸索形成的一整套公共图书馆社会化运营模式，对这一模式的研究和总结，可以为公共图书馆的社会化运营提供有益的借鉴。本书首先梳理了公共图书馆社会化运营的发展背景和国内外发展现状，以及公共图书馆社会化运营的基本问题如运营主体、模式、绩效、保障以及目前实践中出现的问题等，这也有益于本书后面的章节对晋中模式的提炼和总结能够更加深入和通透，也能够给读者呈现出更加完整的可资借鉴和参考的资料。

本书的研究和写作，得到了晋中市文化和旅游局领导、晋中市图书馆同人的大力支持和鼓励，在此对他们表示衷心的感谢。

由于水平有限，本书难免有不足和错漏之处，还请读者朋友海涵并指教。

刘锦山

2022 年 5 月 10 日